U0125882

超越巴菲特的伯克希尔

股神企业帝国的过去与未来

BERKSHIRE
BEYOND
BUFFETT

The Enduring Value of Values

[美] 劳伦斯·A.坎宁安 —— 著　王冠亚 —— 译
Lawrence A. Cunningham

机械工业出版社
CHINA MACHINE PRESS

图书在版编目（CIP）数据

超越巴菲特的伯克希尔：股神企业帝国的过去与未来 /（美）劳伦斯・A. 坎宁安（Lawrence A. Cunningham）著；王冠亚译 . —北京：机械工业出版社，2023.10
书名原文：Berkshire Beyond Buffett: The Enduring Value of Values
ISBN 978-7-111-73935-7

Ⅰ . ①超… Ⅱ . ①劳… ②王… Ⅲ . ①企业管理－经验－美国 Ⅳ . ① F279.712.3

中国国家版本馆 CIP 数据核字 (2023) 第 211229 号

机械工业出版社（北京市百万庄大街22号　邮政编码100037）
策划编辑：王　颖　　　　　责任编辑：王　颖　顾　煦
责任校对：樊钟英　陈　越　　责任印制：郜　敏
三河市宏达印刷有限公司印刷
2024年1月第1版第1次印刷
170mm×230mm・24.25印张・1插页・299千字
标准书号：ISBN 978-7-111-73935-7
定价：119.00元

电话服务　　　　　　　　网络服务
客服电话：010-88361066　　机 工 官 网：www.cmpbook.com
　　　　　010-88379833　　机 工 官 博：weibo.com/cmp1952
　　　　　010-68326294　　金 书 网：www.golden-book.com
封底无防伪标均为盗版　　机工教育服务网：www.cmpedu.com

谨以此书献给我心爱的妻女：

斯蒂芬妮、丽贝卡和萨拉，

你们是永恒价值的源泉。

赞　誉[⊖]

在价值投资界，伯克希尔－哈撒韦公司是一个传奇。从一家名不见经传的美国中部小公司起家，这家公司在 2023 年的总资产超过 7 万亿元人民币，净资产接近 4 万亿元人民币（与中国工商银行的体量几乎相当）。而它的创立者和大股东，就是赫赫有名的传奇投资者沃伦·巴菲特。尤其值得注意的是，伯克希尔的成功，并不是建立在某一个行业的基础上，而是建立在许许多多成功的企业投资的基础上。也就是说，对任何行业中的企业和从业者，这家公司的成功都有非常重要的借鉴意义。那么，伯克希尔－哈撒韦公司是如何取得让人震撼的成功的？它的企业文化是怎样的？巴菲特是如何带领这样一家公司发展起来的？我们能从中学到哪些商业智慧，从而让我们自己的投资和事业也获得更大的成功？翻开这本书，你就会找到答案。

——陈嘉禾

九圜青泉科技首席投资官、《证券时报》专栏作者、CGTN 财经评论员

⊖　撰写者按姓氏首字母排序。

在长达 50 多年的投资历程中，巴菲特创造了一个奇迹，他将伯克希尔打造成世界上最大的企业集团之一，其子公司达到 400 多家，在各自领域都是佼佼者，其中不乏优秀的上市公司。所有的管理者都追求企业永续发展，所有的投资者都追求长期投资成功，巴菲特在这两方面都取得了令人瞩目的成就。本书揭示了巴菲特价值千亿美金的投资之道与经营之道。

——管清友

如是金融研究院院长、首席经济学家

巴菲特的投资理念深受追捧，但他的管理哲学罕为人知。能否把伯克希尔打造为一家可持续发展的好公司，答案或许就在坎宁安这本《超越巴菲特的伯克希尔》里，他梳理总结伯克希尔企业文化九大特质，对所有管理者都是很好的借鉴和提醒。

——何刚

《财经》杂志主编、《哈佛商业评论》中文版主编、

《巴伦周刊》中国联创人

这是一本详细描写伯克希尔－哈撒韦前生、今世和未来的好书。感谢劳伦斯·A.坎宁安，也感谢冠亚的翻译。没有巴菲特的伯克希尔－哈撒韦？真不敢想象。但是巴菲特毕竟是 90 多岁的老人了，这又是所有人不得不面对的话题。真的建议大家好好读完这本书，我相信会有不一样的结论。

——马喆

北京中海富林投资管理有限公司创始合伙人

作为一名企业的管理者，我深刻认识到：企业文化是企业发展唯一的护城河，也是企业的核心竞争力，它将引领企业中的每一个人坚守共同的价值观、行稳致远。本书视角独特，巴菲特背后的伯克希尔是一家什么样的企业？它又有哪些文化特质？后巴菲特时代的伯克希尔如何应对挑战？……诸多问题都能从书中找到答案。罗马并非一天建成，伯克希尔的成功也并非一蹴而就，巴菲特为伯克希尔注入的卓越价值观，对伯克希尔的发展影响深远，也值得我们学习与思考！

——孟辉

中庚基金管理有限公司总经理

在大家的印象里，巴菲特是股神，是伟大的投资家。但其实巴菲特的逻辑是一级市场的逻辑，是控股公司逻辑，本书揭示了这种逻辑。巴菲特真正的伟大之处，是利用伯克希尔创造了一种用永续现金流去投资的商业模式，所以他其实也是伟大的企业家。这种商业模式保证了巴菲特在任何市场环境下都可以立于不败之地，这也是巴菲特的持仓几乎都是明牌，却从未被超越的原因。

——齐俊杰

齐家私募基金管理（海南）有限公司董事长

一提到巴菲特，许多人都会将其简化为"股神"，但深入了解之后，你会发现，他也是企业投资和经营大师。本书基于翔实的案例，生动直观地阐述了伯克希尔投资企业的九项价值观，涵盖企业家、经营管理与投资三个层面。在我看来，如果你能有效地践行这九项价值观，就可以将你的企业打造成学习型组织，实现永续经营。

——邱昭良

畅销书作者，北京学而管理咨询有限公司首席顾问在超过半个世纪的投资生涯里，沃伦·巴菲特已经和伯克希尔融为一体，以致"如果你被卡车撞了，伯克希尔会如何？"成为被反复追问的经典问题。是的，没有了巴菲特的个人魅力，伯克希尔旗下那些分布在不同行业，看上去几乎没什么关联的企业群，还能凝聚在一起，继续优秀下去吗？这是投资领域经久不衰的话题。

作为《巴菲特致股东的信》的编者，作为伯克希尔的深度研究者，坎宁安教授再次奉献佳作。他通过对伯克希尔大量并购案例的细致研究，将伯克希尔企业文化从虚无缥缈的术语，落实为一项项具体而清晰的企业及企业管理者特质，不仅可信地回答了上述问题，填补了对巴菲特投资理论研究领域的一项空白，也从另一个角度揭秘了巴菲特挑选投资对象的一些非数据规则。这一切让《超越巴菲特的伯克希尔》成为一本不容忽视的佳作。

锦上添花的是，译者王冠亚不仅中英文俱佳，长期热衷于研究巴菲特投资案例和理念，而且自己就是一名具备实战经验的基金经理。懂英文加上懂投资，不仅让本书拥有完美的阅读体验，而且我们还能通过书里大量的译者注，一次次享受到冠亚额外奉送的惊喜。

我认为任何对投资有兴趣的朋友，都不应该错过这本书。

——唐朝

财经作家

坎宁安创造了"价值观的价值"的全新概念，即将无形价值转化为经济价值的实践。这个价值观的价值使得伯克希尔拥有独特的企业特质和强大的企业文化，即便在巴菲特离开后也能屹立不倒。

——一只花蛤姚斌

财经作家，《在苍茫中传灯》作者

《超越巴菲特的伯克希尔》采用独特的视角来阐述著名投资大师的思想全貌，巴菲特的成功得益于他年轻时候就明白了很多投资真谛，信念、信仰、信心在关键时候无疑会起关键的作用，这其中伯克希尔的经营方式和思想，更值得我们在不断学习和研究中进一步传承。

——张延昆

厚恩投资创始人、《静水流深》作者

推 荐 序
价值观的价值

　　如果巴菲特不在了，伯克希尔的明天会怎样？伯克希尔能否继续保持繁荣？这是一个萦绕财经界很多年的话题，因为一般而言，人们都认为巴菲特是伯克希尔的灵魂，是无可替代的护城河。坎宁安教授的这本《超越巴菲特的伯克希尔》，试图帮助人们找到答案，同时，也是在试图回答一个朴素的问题：做一个好人有什么用？

　　自巴菲特1965年接手伯克希尔－哈撒韦以来，经过近六十年的发展壮大，该公司已经成为全球最大的公司之一，市值超过7000亿美元，每股价格高达50万美元。历史上有很多伟大的公司，在其强有力的领导人离开之后便一蹶不振，例如大名鼎鼎的通用电气公司（GE），在其传奇CEO杰克·韦尔奇的领导下如日中天。当年韦尔奇的一本《赢》风靡世界，是所有企业高管的必读书。但他离任之后，二十多年过去，GE的市值跌去了80%，至今也没能再现昔日辉煌，韦尔奇的继任者后来更是写了一本书，名为《如坐针毡》。可见核心人物是企业的灵魂，失去灵魂是每个企业不可承受之痛。

毋庸置疑，巴菲特就是伯克希尔的灵魂，每年近五万人从世界各地涌向奥马哈，不是为了寻求股票代码，而是为了聆听巴菲特和芒格的人生智慧。经过多年的积累，伯克希尔旗下业务众多，从保险到铁路、从钻石到巧克力、从报纸到家具、从能源到百科全书，令人目不暇接。这些业务看似风马牛不相及，如果不是因为巴菲特，很难想象还有谁能将它们凝聚在一起。

曾经有企业家问我："为什么那么多优秀的企业愿意被巴菲特收购？"答案或许藏在历史的数据里，据统计，**只有30%的家族企业能传到第二代，15%的家族企业能传到第三代，仅4%的家族企业能传到第四代**，优秀的企业家怎能不知道这些。中国有句老话："滴水不成海，独木难成林。"对于那些将企业卖给了巴菲特，却依然在工作岗位上乐此不疲的企业家而言，他们加入伯克希尔，就像一滴水融入了大海一般，既获得了永不枯竭的生命，又拥有了更为强大的信用背书，谁不希望在自在又安心的环境里，过上永续经营的日子。

巴菲特是一个好企业收藏家，也是一个好人收藏家。在致股东信中，巴菲特曾经写过这样一句话："对于那些对的公司和对的人，我们可以提供一个好归宿。"在数次阅读其150万字的致股东信之后，我得出与坎宁安一样的结论，真正吸引大家的是：伯克希尔独特的企业文化。无论多么令人眼花缭乱的公司，最终都被一套独特的核心价值观聚拢在一起。结果是造就了一种与众不同的企业文化，这也是伯克希尔的护城河。

伯克希尔旗下有超过425家运营子公司、75个业务部门、25家分支机构和25个业务单元。除此之外，还有众多附属公司、合资企业和工厂。为了寻求真相,作者收集了历年伯克希尔的年报和致股东信,研究了所有新闻稿,尤其是有关其收购的新闻。此外,作者还采访了众多子公司高管,获得了珍贵的一手资料。鲜活的人物、深刻的案例,所有这些线索累积在一起之后,答案逐渐显现。当对每家子公司进行分析时,相同的特征开始反复出现,总共出现了 9 项共同特质。并不是每一家子公司都有全部的 9 项特质,但至少体现了 9 项特质中的 5 项。这些特质都有一个共同指向:**这些无形价值,都经由管理者之手,转化为经济价值。**

作者就此提出了一个观点——"价值观的价值"(the value of values)。在不同的交易中,相对于一般交易都是考虑价格为主,伯克希尔创造了用无形资产代替金钱的收购场景。例如 1995 年在收购一家家族企业威利家居公司的过程中,竞争对手出价超过 2 亿美元,伯克希尔的出价低于对手,以 1.75 亿美元胜出。在不同的交易中,价值观的价值也体现出双向的特征,例如 2011 年,伯克希尔收购伯灵顿北方圣达菲(BNSE)铁路公司,巴菲特称其内在价值约为 95 美元 / 股,但他最终支付了 100 美元 / 股。是不是有些意外?

全书分为三个部分,共有 16 章。

引言部分描绘了伯克希尔企业文化的全景图,并阐述了所谓"价值观的价值"——将无形价值转化为经济价值的实践。

第一部分回顾了伯克希尔当年并不辉煌的产业状况,以及最初十年为后来形成的企业文化奠定了基础。

第二部分描绘了伯克希尔一些子公司的文化历史,并显示了它们如何适应内涵更丰富、外延更宽广的伯克希尔文化。这一部分包含了很多珍贵的历史资料,其中一些标志性的公司,在偶像式的创始人去世之后，依然屹立不倒。

第三部分强调，即使是再强大的企业文化，也需要吐故纳新，因此有必要对伯克希尔文化持续进行再投入。

通过一个个投资案例、一个个公司故事，人们可以看到伯克希尔文化元素包括厉行勤俭节约，精打细算，将成本最小化，将利润再投资于有前途的业务，这是伯克希尔文化推动其收购的核心。最重要的是，强调诚信为本，这是伯克希尔众多故事的核心。

在严格的原则之下，也有温情灵活的一面。不同于韦尔奇在通用电气时只保留行业数一数二的业务，伯克希尔的做法是，认真挑选对象，一旦收购，就绝不轻易关闭或出售一家企业，伯克希尔本身的纺织业务就是一个绝佳的例子。

与集权式的管理模式不同，伯克希尔实行彻底的去中心化，旗下各公司的管理者拥有充分的自主经营权，所有的经营决策，包括招聘、制造、采购、仓储、营销、分销、定价等，都是由各子公司的经理人自行做出的。换言之，巴菲特成功建立了一个在他离开之后，仍然会继续运转的体系。

在书的后记部分，作者提到了"卡车"的典故，用如今的流行语来说，这是一个"梗"，圈内人闻之都会相视一笑。之所以会尽人皆知，是因为多年以来，巴菲特不止一次被问到："万一你被卡车撞了会怎么样？这结果我可承受不起。"对此，巴菲特以其特有的幽默回答说："我也承受不起。"根据目前看到的所有历史资料，最早有明确文字记载关于"巴菲特万一不在了"的时间，发生在其30岁的时候。屈指算来，如今已经过去六十余年，不知道当年提问的人还在不在？

所谓"价值观"是人基于一定的思维感官而进行的认知、理解、判断、抉择，也就是人认定事物、辨别是非的一种思维或取向。价值观除了具有历史性、选择性、主观性的特点之外，还具有稳定性和持久性的特征。巴菲特以数十年如一日的不懈坚持，凝聚了一批三观一致的股东群体和管理层，积之既厚，延之必久，这是一个大有希望的成功秘诀。勤俭节约、精打细算、自我驱动、充分放权、珍惜声誉、诚信为本、持之以恒、永续经营等，**这些无法计算的特质具有无可估量的价值，也必然具有稳定性、持久性、传承性。**

从书里到书外，我们能领悟到，做个德才兼备的好人，秉承正确的价值观会创造出永恒的价值。巴菲特是伯克希尔的灵魂，但并不是伯克希尔唯一的护城河，伯克希尔最重要的护城河是以其价值观为核心形成的伯克希尔文化。

一气呵成读完本书，赏心悦目之余，忽然想起古人的两句诗来："汝果欲学诗，工夫在诗外。"本书作者劳伦斯·坎宁安现在已过花甲之年，1996 年他在高校的一次交流研讨会上初见巴菲特和芒格，那时他才 34 岁，从那一刻起，他便认定了自己人生的方向——**一生专门研究巴菲特**。三十年弹指一挥间，今天坎宁安已然著作等身，将梦想化为现实，成为世上所有喜欢研究巴菲特的人绕不开的人物。本书译者王冠亚，如今正与坎宁安初见巴菲特时的年纪相仿，堪称"恰同学少年"。这本书可以说是，**一个 30 岁的人翻译的、一个 60 岁的人写作的、关于一个 90 岁的人的书**，这也算是一种价值观的传承吧。

杨天南

北京金石致远投资管理有限公司 CEO

译 者 序
经营之神巴菲特

　　1942 年 3 月，巴菲特买进人生第一只股票——城市服务优先股。在此后长达 80 年的投资生涯里，巴菲特创造了不少投资神话，其中的经典案例包括美国运通、《华盛顿邮报》、可口可乐、卡夫食品、苹果公司，等等。因为擅长股票投资，巴菲特也被世人誉为"股神"。在我看来，巴菲特的身份远不只"股神"这一面，作为伯克希尔的董事长兼 CEO，巴菲特还是名副其实的"经营之神"。

　　1965 ～ 2022 年，伯克希尔每股市值的复合增长率为 19.8%；1964 ～ 2022 年，伯克希尔每股市值累计增幅为 3.79 万倍。2022 年 3 月 16 日，伯克希尔 A 类股票的每股收盘价首次突破 50 万美元大关。按照当时的汇率计算，1 股伯克希尔 A 类股票，大约价值 320 万元人民币。与之相对应的是，伯克希尔的总市值突破 7400 亿美元，约合 4.7 万亿元人民币。缔造伯克希尔企业帝国的关键因素，既包括二级市场的股票投资，也包括一级市场的股权投资。

与市面上大多数侧重于讲述巴菲特股票投资的书籍不同，《超越巴菲特的伯克希尔》将关注的焦点更多地放在了伯克希尔为数众多的子公司身上。这些子公司大多是因为巴菲特的收购，而纳入伯克希尔的事业版图。这些子公司从事的业务极其广泛，涵盖衣（如范奇海默兄弟公司）、食（如卡夫－亨氏）、住（如克莱顿房屋公司）、行（如美国运通）、保险（如盖可保险）、能源（如中美能源）、金融（如富国银行）、传媒（如《华盛顿邮报》）等方方面面。

既然这些子公司业务各不相同，那么伯克希尔为什么能够把它们聚拢在一起呢？原因在于，在多年的运行和发展中，伯克希尔已经建立起一套行之有效的企业文化，几乎所有的伯克希尔高管和员工，都有着相同或相近的价值观。很多子公司在加入伯克希尔以前，就已经因为具有伯克希尔的某些品质而为巴菲特所欣赏；它们在加入伯克希尔以后，这些品质得到了进一步的强化和淬炼。伯克希尔企业文化内涵丰富，可以概括为 9 项特质。

特质1：精打细算

巴菲特多次提到，保险业产品同质化的现象非常严重。对于客户而言，他们在选择保险公司的时候，非常看重保单价格。对于保险公司而言，要想赢得客户，打折降费似乎是一种必然选择。由于保险是先收取保费，然后承担可能的赔付义务，这种特殊的商品属性，导致从业人员有一种做大规模的冲动。但不考虑效益的发展，就如同不考虑价值的成长，到最后必然是一地鸡毛。

在伯克希尔的业务版图里，保险业占据着非常显要的位置，因为巨额的浮存金为巴菲特的投资提供了源源不断的"弹药"。那么，在这样一个缺乏竞争优势的行业，巴菲特是如何打造旗下保险公司"护城河"的呢？最重要的举措之一，就是精打细算，千方百计降低成本，然后让利给客户。比如盖可保险，通过直销的方式将综合费用率降到最低，选择低风险承保人群，从而将综合赔付率降到最低，最终形成了独特的竞争优势，在红海里杀出了一条血路。

特质2：真诚友善

在我的第一本译著《巴菲特的嘉年华》的译者序里，我曾指出，巴菲特赢得"众人爱"的原因之一就是待人坦诚。一方面，巴菲特将自己多年来的投资心法毫无保留地分享给大家，知无不言，言无不尽；另一方面，巴菲特从来不试图为自己的投资失误做任何掩饰或者辩护，反而一再声称自己一定会有出错的时候。当你真诚待人的时候，他人也会报之以真诚。

1967年，巴菲特买下了国民赔偿保险公司。这家公司的创始人林沃尔特有一句名言："没有糟糕的风险，只有糟糕的费率。"在林沃尔特的价值观里，保单只是一纸承诺，而这一纸承诺背后，要有强大的财务实力才能保证其履约能力。所以，巴菲特和林沃尔特宁愿忍受保费收入的短期下滑，也绝不愿意去承担超过赔偿能力的风险。始终信守承诺，其实就是对客户的一种真诚。

特质3：珍视声誉

巴菲特说过："建立良好的声誉需要20年时间，毁掉它只需要5分钟。"巴菲特并不是危言耸听，他非常清楚，声誉才是最宝贵的资产。伯克希尔旗下的子公司，大多把声誉看得比金钱更为重要。

比如克莱顿房屋公司的创始人詹姆斯·克莱顿就明确表示："众多股东、投资者和供应商对我们公司的信任，以及8000名员工对我们公司的忠诚是如此重要。我们必须始终坚持职业操守，珍视公司信誉。"在美国楼市火爆的时候，很多同行会放宽房贷标准以刺激自家的生意，但詹姆斯·克莱顿却始终保持谨慎。2008年全球金融危机期间，克莱顿房屋公司独善其身，业主没有发生大规模的断贷，住房抵押贷款证券的买家也未发生本息损失。

特质4：重视家风

俗话说，打江山不易，守江山更难。对于大多数家族企业而言，如何打破"富不过三代"的魔咒，顺利完成家族财富传承，是必须思考的重要命题。在伯克希尔内部，就有很多传承三代、四代甚至五代的家族企业，因为和巴菲特相互欣赏、相互认同，最后被巴菲特收入麾下。这些家族企业之所以能够基业长青、经久不衰，其核心原因在于，家族企业的创始人重视家风，身体力行，以身作则，为子孙后代树立了极好的榜样。

比如内布拉斯加家具城的创始人B夫人，她的人生经历充满传奇色彩。B夫人在美国以500美元起家，打造出全美最大的家具商城。在B夫人的感召下，她的儿子和孙子们也先后加入公司，并始终保持着对工作的热情。

特质5：自我驱动

世界上有三类人：第一类人是"火柴"，他们自己就会点燃热情，属于"自我驱动型"；第二类人是"木头"，虽然不会自燃，但是有火就能点燃，属于"他人驱动型"；第三类人是"石头"，即便是费尽心力，也捂不热、点不燃，属于"无法驱动型"。大多数企业家和创业者，都怀揣梦想，不甘平庸。毫无疑问，他们属于"自我驱动型"人格。在伯克希尔，有很多"自我驱动型"的创业者的故事。

比如冰雪皇后采取的是"总部授权，分店运营"的特许经营和加盟模式，其典型的分店经营者大多是夫妻。对于他们来说，冰雪皇后既是赖以维持生计的营生，又是圆创业之梦的舞台。为了成功，他们投入毕生的积蓄，夜以继日地工作，然后日复一日，年复一年，久久为功，衔枚疾行，坚持不懈。这种创业精神过去是，现在是，未来也是冰雪皇后的命脉。

特质6：充分放权

巴菲特在创业早期，几乎自己包揽了合伙公司的全部事务，他对雇用人手保持着极度的克制。这种作风一直伴随着巴菲特的事业成长，从未改弦更张。作为一家拥有超过30万名员工的大型企业集团，伯克希尔总部始终保持着高效与精简，总部员工从未超过30人。巴菲特之所以能将管理成本最小化，是因为他始终秉持着"疑人不用，用人不疑"的管理原则，让旗下的明星经理人尽情施展才华。

伯克希尔的很多子公司也是如此，比如生产厨具的宠厨公司，其商业模式的内核就是充分放权。宠厨公司的创始人克里斯托弗建立起一支规模庞大的销售队伍，她从来不把厨房顾问看成公司的员工，而认为他们是从事自由职业的商人。在这群厨房顾问的助推下，公司的销售额从1981年的6.7万美元一路增长至2002年的7亿美元。20年时间里，营业收入增长超过1万倍，能够缔造这样的商业奇迹，离不开克里斯托弗对厨房顾问的高度授权。

特质7：智慧投资

巴菲特卓越的投资能力，很大程度上得益于其高超的资本配置水平。巴菲特进行资本配置的主要手段包括：①如果公司具有成长空间，可以容纳更多资本，则投入利润开展再投资；②如果公司无法容纳更多资本，则将利润以分红的形式返还总部，由总部再去收购或投资其他企业；③偿还债务，改善资本结构；④如果股价明显低于内在价值，则实施回购。还有一种情况，当没有合适的投资机会时，发放股息给股东，但巴菲特很少这样操作。

和伯克希尔一样，麦克莱恩也一直将利润投资于回报最丰厚的机会，让自己一步步走向强大。20世纪中后期，麦克莱恩加快扩张步伐，在全美建立起十余家配送中心，确立了自己在杂货批发和经销领域的领导地位。1964～1993年，麦克莱恩的营业收入年均增幅高达30%。截至2013年，麦克莱恩的营业收入达到460亿美元，超过很多国家的GDP数值。这样一家管理优秀的公司，自然不会逃过巴菲特的法眼。

特质8：恪守本分

巴菲特认为，一家必须不断面临科技快速变化的公司，让人无法对其经济前景进行可靠的评估。"改变世界的公司"固然激动人心，但巴菲特更喜欢投资"不被世界改变的公司"。比如，巴菲特说过，无论世界如何变化，都不会改变人们嚼箭牌口香糖的方式。所以，我们能够看到一种现象：巴菲特从不屑于"跟上时代潮流"，伯克希尔旗下的子公司，从事的大多是铁路、能源、消费、金融等基础业务。

在我看来，"新经济"听起来虽然很美好，但既然是当下热门的行业或者公司，就必然会得到市场的热捧，从估值上说就占不到"市场先生"的任何便宜；"旧经济"听起来虽然缺乏想象空间，但它既然是上一个时代的产物，能够从上一个时代走到今天，我们就有理由认为它更有可能存活到下一个时代。投资追求的是长久的存在，与其迷恋昙花一现的"流星"，不如坚守始终如一的"恒星"。

特质9：永续经营

2019 年、2023 年伯克希尔股东大会期间，我参加了伯克希尔旗下运动品牌布鲁克斯承办的 5 公里健康跑活动。这项名为"Invest in yourself"的主题活动，是每年"股东大会周"的必备活动。布鲁克斯作为与亚瑟士、新百伦、索康尼齐名的国际四大跑鞋品牌之一，在全球范围内享有很高的知名度和美誉度。然而，鲜为人知的是，布鲁克斯的发展历史上曾经有过非常惨痛的经历。

早在 20 世纪 70 年代，布鲁克斯就制造出了当时最先进的跑鞋，引领着美国乃至世界的慢跑潮流。但由于扩张速度过快，公司现金流非常紧张，此后 20 年时间里频繁更换了 5 家主要股东。股权结构的高度不稳定让管理层根本无心经营，布鲁克斯陷入长期的业务停滞和亏损。2004 年，罗素公司以 1.15 亿美元收购了这家跑鞋公司。2006 年，伯克希尔旗下的鲜果布衣以 11.2 亿美元收购了罗素公司。从此以后，布鲁克斯才重新走上正轨。

也就是说，在伯克希尔入主之前，布鲁克斯一直是个"流浪儿"，被大股东轮番倒手，卖来卖去。在如此动荡的局面下，布鲁克斯又怎么可能成为"好孩子"呢？直到伯克希尔入主以后，布鲁克斯才找到了真正的"家"，业务才重新走上正轨。因为伯克希尔股东大会每年举办的健康跑活动，布鲁克斯也为全球广大的投资者所熟知。可以说，正是巴菲特的"永续经营"原则，才让如今的布鲁克斯重新焕发出勃勃生机。

正如本书的作者坎宁安教授所说，伯克希尔及其子公司可能同时拥有多项特质。比如华盛顿邮报公司，既珍惜自身声誉，坚持独立报道，又精于智慧投资，多次回购股票；既重视家族传承，三代接力经营，又恪守新闻主业，绝不轻易出圈……在我看来，这9项特质无一不是经营企业的"制胜法宝"。其中，我认为最重要的两项特质，分别是"充分放权"和"永续经营"。

"充分放权"是一种高明的领导艺术。从巴菲特的角度讲，如果他事无巨细、事必躬亲，那么即便是耗尽心力，可能也无法承受管理繁杂事务之重，也势必会影响投入到投资研究上的精力；从经理人的角度讲，既然自己早就实现了财务自由，那么继续工作只是为了一种成就感，是不希望受到外界过多干扰的。巴菲特很巧妙地捕捉和利用到了这一点，所以他选好了人，就充分放权，任鱼跃鸟飞。

"永续经营"则是一项宝贵的无形资产。在2021年度致股东的信里，巴菲特深切缅怀了一位故人，那就是TTI公司的创始人兼CEO保罗·安德鲁斯。2006年，保罗有一位好友英年早逝，这也让他开始思考，万一自己哪一天离世，事业和员工怎么办？如果将企业卖给竞争对手，那么势必会出现大幅裁员的情况；如果将企业卖给杠杆收购商，那么公司有可能被转手或者拆分。最后，保罗选择了伯克希尔，他和巴菲特仅仅会面了一次就达成了这笔交易。

保罗愿意加入伯克希尔的大家庭，其核心原因就在于巴菲特可以给他提供一个永久的"家园"。在当今的资本市场，"门口的野蛮人"

恶意收购的案例比比皆是。但巴菲特不愿意这样做，他既温和又善良，不喜欢剧烈对抗的人际关系，也不愿意得到"冷血资本家"的恶名。巴菲特的温和善良，让他在收获财富的同时，也收获了世人的尊重与美誉。

在 TTI 和保罗的这个故事里，我们还可以清晰地看到人际交往和事业发展之间的良性循环在巴菲特身上是如何发生的。2000 年，巴菲特收购了沃斯堡的一家公司，约翰·罗奇曾在此担任 CEO，经罗奇的介绍，巴菲特认识了保罗。巴菲特收购 TTI 以后，有一次去沃斯堡访问，顺便见了伯灵顿北方圣达菲铁路公司（BNSF）的 CEO 马修·罗斯，最后促成了伯克希尔对 BNSF 的收购。这种经熟人介绍的生意，往往可以极大地减少摩擦成本，提高工作效率。

伯克希尔的大部分企业收购，都没有经过投行等中介机构，原因有两个方面：一方面，从 20 世纪 80 年代起，巴菲特就在致股东的信里广而告之，只要符合条件的企业，都可以来找他谈收购事宜；另一方面，巴菲特积累了很多人脉，在业界也享有很好的口碑，经常就是朋友的朋友想卖公司，朋友第一时间就想到了巴菲特。巴菲特很少主动寻求收购机会，大部分收购都是卖家主动找上门的，这可以说是掌握人生主动权的最高境界。

正是因为巴菲特是伯克希尔商业帝国的主要缔造者，很多观察人士认为，巴菲特才是伯克希尔的核心竞争力。但是，巴菲特毕竟已经 93 岁高龄了，万一哪天他从舞台离开，伯克希尔又将何去何从呢？众多股东又将如何抉择呢？离开了巴菲特的伯克希尔还会保持原来的状态吗？作为一名伯克希尔的迷你型股东，以及巴菲特投资理念的忠实拥护者，我也一直非常关注这一话题。

我和坎宁安教授的看法相近，倾向于认为在后巴菲特时代，伯克希尔这艘巨轮仍然会扬帆远航。这是因为，巴菲特一手打造了伯克希尔，也将善良、真诚、专注等企业文化注入伯克希尔的灵魂。伟大的商业人物，无论他是否在位，都会给这家企业打上深深的个人印记，巴菲特和伯克希尔也不会例外。当然，从个人感情上讲，我更愿意看到，巴菲特能继续作为伯克希尔的掌舵人，陪伴我们走过很多年的春夏秋冬……

感谢机械工业出版社华章分社的编辑多次给予我翻译著作的机会；感谢杨天南老师，为我的译著欣然提笔作序，其中提及的"一个 30 岁的人翻译的、一个 60 岁的人写作的、关于一个 90 岁的人的书"，让我深深铭感于心，这也是我在投资、写作、翻译道路上的不竭动力；感谢唐朝老师，不但为我题写了推荐语，还认真审阅了我的全部书稿，并提出了极其宝贵的意见和建议。唐朝老师有道有术，对价值投资的理念熟稔于心，对价值投资的运用炉火纯青。他严谨务实的专业素养、通透达观的处世态度、风趣幽默的人格魅力，无一不深深地感染和激励着我。

麦克阿瑟将军有一句名言："老兵不死，只是逐渐凋零。"巴菲特实现了自我超越，伯克希尔也必将实现组织对个人的超越。价值投资的星星之火、萤烛之光，在中国这片热土上正不断得到发扬和传承，似乎也具有了一种鲜明的昭示意义：巴菲特的思想和精神是不朽的。

王冠亚

2023 年 7 月于武汉

原书推荐序
巴菲特的管理哲学：伯克希尔基业长青的基石

在伯克希尔–哈撒韦公司2014年的年度股东大会结束之后，我问沃伦·巴菲特，这本书应该由谁来写推荐序。他立即提议让汤姆·墨菲来写。汤姆·墨菲是一位富有传奇色彩的经理人，巴菲特曾说，墨菲是他学习的标杆。后来，巴菲特又进一步解释说："我学到的大部分关于经营管理方面的知识，都是墨菲教给我的。我恨自己没能更早一点运用这些知识。"当我把巴菲特的意见转达给墨菲时，墨菲谦虚地说，自己够不上成为巴菲特的人生榜样，但他还是同意为本书撰写推荐序。对此，我深感荣幸。

——劳伦斯·坎宁安

不知道从什么时候开始，巴菲特渐渐变得广为人知。1986年，一家名为大都会（Capital Cities）的小型传媒公司收购了广播巨头美国广播公司（ABC），巴菲特为这笔交易提供了18%的资金，当时几乎没有人知道他的名字。只有少数投资者知道巴菲特的投资经历，华尔街也在试图增进对他的了解。但公众还没有见过这位低调的奥马哈分析师。人们不曾想到，日后巴菲特会成为美国商业领域的首席导师，吸引大批国际媒体的关注，大家都对他的洞见求知若渴。人们更不曾想到，有朝一日，巴菲特还会赢得美国顶级金融精英人士的关注和尊重，是他让商业变得通俗易懂，使之能够为普罗大众所接受。

但那还是1986年，没人能预测到巴菲特未来的人生走向。在随后的几十年里，巴菲特缔造了一家价值3000亿美元的伟大公司。[○]巴菲特每次收购一家公司，其投资艺术都会让我们这些相交多年的老友惊叹不已。劳伦斯·坎宁安教授撰写的这本书，内容翔实，案例丰富，全面介绍了巴菲特打造伯克希尔的伟大征程，系统总结了一个组织长期保持繁荣发展的经验教训。

1969年，我通过一位哈佛商学院的朋友认识了巴菲特，他和巴菲特一起做过投资。我立刻意识到自己有多幸运：巴菲特可以说是我见过最聪明的人。没过多久，我就飞到奥马哈，邀请他收购我所在的大都会通讯公司，并加入我们的董事会。巴菲特说我们公司开价太高了，我说并没有，但还是没能做成这笔生意。巴菲特说，他不想做董事，但他又主动提出，如果需要的话，他愿意做我的顾问。最终，我得到了一位最有价值的导师，尽管他不是我们的董事，这已经是最棒的了。有多少人能像我这么幸运？顺便说一句，我当时的开价没问题！

在大都会和美国广播公司的交易完成之前，我记得巴菲特对我说过一席话。他提醒我，我低调隐秘、闲云野鹤的快乐生活即将面临改

○ 截至2023年11月24日，伯克希尔A股股价已达55万美元/股，总市值接近8000亿美元。——译者注

变。我肩负着新的使命，责任重大，事无巨细。但有一件事是肯定的：因为我将领导一家电视广播网络公司，我再也不能隐姓埋名了。我准备好接受这种翻天覆地的改变了吗？

巴菲特很可能也问过自己这个问题。大都会和美国广播公司合并，巴菲特最终加入了我们的董事会。巴菲特更频繁地出现在纽约和华盛顿，他曾是《华盛顿邮报》的董事会成员，这让他曝光在公众面前，并引起媒体广泛报道。巴菲特继续婉言谢绝采访和演讲的邀约，但是他的人格魅力已经发散出来，他就像是一个色彩斑斓的精灵，弹着尤克里里向我们款款走来。从后视镜里看，我们这些早就了解巴菲特的人很清楚他与众不同的独特性和由内而外的吸引力。巴菲特的国民度，以及随之而来的新闻关注度，并不令人感到意外。

距离大都会以30多亿美元的价格收购美国广播公司已经过去了近30年。与今天的交易规模相比，那笔交易显得"小巫见大巫"，但在当时，这已经是全球规模最大的非石油类并购案。在此期间，巴菲特的事业快速发展，甚至呈现出指数级增长。伯克希尔的发展轨迹始终如一，天衣无缝，以至于巴菲特自身的职业转型几乎无人注意。从商之初，巴菲特是一位早熟的"选股人"和投资者，如今他已成为全球最大企业集团之一的CEO。劳伦斯·坎宁安教授的这本书，按照时间顺序，巧妙地记录了这一发展历程。与此同时，坎宁安教授结合多年来撰写巴菲特投资人生、研究伯克希尔公司业务的经验，帮助我们理解这一切是如何发生的。

我们这些早年就认识巴菲特的老友，都清楚了解那些让他变得卓然超群的技能。巴菲特邀我给他提供建议，我欣然领命。很快地，我就见识到巴菲特看企业时除了面面俱到，还着眼于长期的展望。我把我们的谈话看作"企业并购入门"——巴菲特闭着眼睛也能教这门课。在那些日子里，我将百分之百的精力都专注于大都会的成长和发展。后来，我遇到了一位很好的搭档——丹·伯克（Dan Burke），他负责公司的运营，在他的帮助和支持下，我才有机会去实现梦想。巴菲特让这些梦想变得更加宏大。我专注于寻找那些可以购买和改善的资产，比如逐步壮大的电视台和广播电台，还有报社。在伯克希尔及其子公司，巴菲特做了大量这样的工作。如果我需要倾听其他人的意见，巴菲特总是在我身边。从巴菲特身上，我真的收获良多；他也慷慨地声称，从我这里受益匪浅。作为伯克希尔－哈撒韦董事会的一员，巴菲特一直在教导我，并给我带来源源不断的惊喜。

巴菲特非常擅长学习成功的企业家精神，他非常理解一门生意是如何从一砖一瓦到发展壮大的，这需要有精妙绝伦的主意、永不枯竭的动力，以及坚忍不拔的品格。我们都是分权管理哲学的坚定支持者：谨慎地雇用关键人员，然后把决策权下放，总揽大局并拒绝事必躬亲的诱惑。换言之，疑人不用，用人不疑。

然而，去中心化并不总是灵丹妙药。我们常常提醒自己，在错误的环境中，与去中心化相伴相存的，是混乱和无序。高层一项错误的用人决策会影响整个条线的招聘结果。我们都有过这样的经历。如果我们走运的话，这样的判断错误很少，而且很快就会被发现。如果不走运的话……我的话点到为止。

对于大都会来说，去中心化是行之有效的。因为这家公司是一个松散的联盟，在大多数时候，它是由很多分散的独立运营单元组成的。但考虑到大家相隔的距离较远，让经理人确切地知道我们想让他们做什么，这一点是至关重要的。我们努力让大家树立成本意识，使其成为我们公司基因的一部分。我们希望经理人能够自主决策，我们承诺会在一个相对较长的时间周期内评价经理人的业绩表现。在所有的管理会议上，我们始终强调一种基本的、自主的管理哲学，以至于经理人们几乎对这些话倒背如流——每次大型会议和年度报告都从以下信条开始：

> 去中心化是我们管理哲学的基石。我们的目标是雇用我们能找到的最优秀的经理人，并赋予他们履行工作职责所需要的责任和权力。每个部门自己做决定，由公司管理层负起基本责任，符合公司管理的基本原则。在财务预算方面，每年制定一次，每季度审查一次，由负责预算的运营单位发起。我们对我们委任的经理人寄予厚望。我们希望他们永远保持成本意识，充分认识并大力挖掘销售潜力。但最重要的是，我们希望他们能像优秀的市民一样，认真管理他们的业务，并利用他们的资源造福社区。

在管理实践中，上述原则发挥了积极作用。我们的高管们都以保持低成本运营为荣。事实上，在财务预算会议上，你经常会发现高管们竞相争当最有效率的"守财奴"。成本控制是我们公司文化的基石，我们就是以此为基础建立的。还有两项要素是为了让所有这些原则发挥作用。其中之一是激发经理人对自身职业的使命感和自豪感。他们有自己的底线，也拥有自己事业上的成功和声誉。他们很珍视组织赋予他们的权力，并且认为这种充分授权是一种激励。另一项要素是，我们建立了一套系统，对经理人进行了适当的奖励，认可他们的表现，鼓励他们对公司做出长期贡献。

时光回到1986年，我们完成了与美国广播公司的合并。一夜之间，我们公司的规模扩大为原来的四倍。当时，我们评估了快速合并这两家公司的最佳方式。我们认识到，在业务方面，我们面临着经济上的急剧变化。在交易结束后的几天内，我们召集了两家公司的高管，在一个场外会议上宣布对管理层进行调整，并缩减人员规模。

巴菲特参加了我们的会议，并通过问答环节强化了我们的管理哲学。后来，这成为我们每年的传统节目。大约有200名企业高管开始了解到巴菲特的能力和特点，以及他与众不同的思维方式。巴菲特是一位天赋极佳的老师，拥有化繁为简的超能力。他的才华、他的幽默感，以及他将问题和事件置于历史背景下考量的能力，都令高管们赞叹不已。他们看到的巴菲特务实而又理性，骨子里是一名乐观主义者。除此之外，巴菲特每次展现出来的幽默都恰到好处。

例如，巴菲特曾经告诉我们："在招聘时，你应该看重三项品质，刚正不阿、富有智慧、充满活力。如果不具备第一项品质，那么另外两项品质就会害了你。"

通过这句话，巴菲特传递的信息是，员工的品格是建立一家公司的关键，这也是我们的观点。巴菲特明白，高层要善于传递关键信息，这样每个人都有明确的心理预期。我们达成了共识，我们选择的沟通方式之一就是遵从我们的信条。我们从"去中心化是我们公司的基石……"开始，并以下面的思想作为结尾：

> 关于利润，你已经听得很多了。你可以不做预算，你也可以犯错，但只能是诚实的错误。如果你用不道德或不诚实的行为败坏了自己和公司的声誉，在大都会/美国广播公司就没有第二次机会了。

如果我还年轻，这就是我想要为之工作和成长的公司。我希望你也这么想。

我们试图在大都会／美国广播公司灌输的价值观，与伯克希尔－哈撒韦及其旗下子公司的价值观相似。从表面来看，伯克希尔五花八门的各种业务似乎各不相同，但事实上，正如坎宁安教授在书中所讨论的那样，尽管它们跨越了多个行业，但被某些关键的价值观联系在一起，比如自主管理权、企业家精神、节俭和正直。这不是巧合和偶然。

巴菲特希望与他尊重和钦佩的人一起工作，这对他非常重要。巴菲特一直在寻找那些价值观与他相同的公司，然后在伯克希尔－哈撒韦公司不断巩固这些价值观。

正如本书所展示的那样，这些伟大的举措和成就，为公司维系稳定基础、保持基业长青做出了重大贡献。

汤姆·墨菲

　　我着手创作这本书的原因，是人们对沃伦·巴菲特的普遍赞誉变得似是而非：他的目标一直是把伯克希尔－哈撒韦打造成一家可持续发展的公司。然而，即使是巴菲特的崇拜者也表示，没有巴菲特，伯克希尔就无法生存。[1]这也成了伯克希尔－哈撒韦公司2013年年会的热门话题之一。作为伯克希尔－哈撒韦二十多年来的股东，以及1997年首次出版的《巴菲特致股东的信》（ *The Essays of Warren Buffett: Lessons for Corporate America* ）一书的编辑，我对伯克希尔－哈撒韦的未来充满信心。与此同时，我对质疑它的投资者也很感兴趣。

　　尽管关于介绍巴菲特生平和投资的著作已经汗牛充栋，但很少有人从伯克希尔的机构视角来看待问题。我的设想是，伯克希尔拥有独特的企业特质和强大的企业文化，这些特质和文化将在后巴菲特时代延续下去。巴菲特的投资哲学表面上是收购由杰出经理人经营的伟大企业。我明白，要想识别和解释这种文化，就必须透过现象看本质。我需要从高层入手，自上而下观察每个角落，特别是伯克希尔旗下50家重要的子公司。[2]

当然，我也有可能找不到自己想要捕捉的企业特质。也许，并没有所谓的伯克希尔文化，子公司之间也没有共同点。大型企业集团不一定拥有可辨别的企业文化，尤其是在每个子公司都独立运营的情况下，抑或母公司收购的理由很简单，仅仅是以公平的价格收购一家好企业而已。

即便是最简单的公司，其企业文化也可能是一个谜，更何况是伯克希尔公司这样的大型企业集团；对伯克希尔公司的解读，似乎就相当于解释"土星环"⊖。在我工作之初，我通过仔细研究伯克希尔和巴菲特的相关出版物来寻找企业文化的产物，希望借此来应对这种挑战。我搜罗的材料包括伯克希尔的年报和巴菲特致股东的信，尤其是那些针对子公司及其历史和高管的内容。我还研究了伯克希尔所有的新闻稿，尤其是有关其收购的新闻稿，以及伯克希尔几十年来每份年报中都出现的关于其信条（巴菲特称之为"与股东相关的商业原则"）和收购标准的声明。这些材料让我初步勾画出伯克希尔在母公司层面的文化轮廓。

然后我将目光转向伯克希尔旗下的子公司。对于以前的上市公司，我查阅了它们提交给美国证券交易委员会（SEC）的文件，并特别留意这些公司出售给伯克希尔－哈撒韦时披露的描述。我广泛阅读了一些介绍子公司及其创始人和高管团队的书籍，包括自传、传记和公司历史。我研究了许多由独立档案保管员编写的百科全书条目，以及十几本有关巴菲特主要著作的简介。我以书面调查和当面访谈的方式，

⊖ 土星环是指土星赤道面上的环系，由绕土星运转的碎块和微粒组成。此处土星指伯克希尔，而土星环指伯克希尔旗下的众多子公司。——译者注

对数十名伯克希尔子公司的现任和前任高管及董事，以及数百名股东进行了采访，并补充完善了所有这些调研，包括赞美和批评的观点。

这些线索很快就累积起来，形成了一种模式：对每家子公司进行分析时，相同的特质开始反复出现，总共出现了9项共同特质。并不是每一家子公司都有全部的9项特质，但也有很多子公司全部都有，而且大多数子公司至少有9项特质中的5项。[3] 此外，这些特质还有一个共同特点：这些无形价值都经管理者之手转化为经济价值。伯克希尔公司的企业文化特质开始显现，它与众不同、历久弥新，对伯克希尔来说也是独一无二的。更重要的是，我认为这种文化可以让这家公司在巴菲特离开后继续发展下去。

以下是本书内容的路线图。引言部分描绘了伯克希尔企业文化的全景图，并阐述了我所说的"价值观的价值"——将无形价值转化为经济价值的实践。第一部分回顾了伯克希尔糟糕的起步，最初的十年为后来形成的企业文化奠定了基础。接着，着重介绍了伯克希尔如今非凡的多样性，并简要回顾了将其维系在一起的企业文化。在这个过程中，我们可以窥见伯克希尔子公司的一些企业文化样本。

在第二部分，我们将每项特质都单列一个主题，进行详尽的讨论。我们描绘了伯克希尔子公司的文化历史，并展示了它们如何适应内涵更丰富、外延更宽广的伯克希尔文化。这些章节的大部分内容，都包含若干和子公司企业文化相关的故事，这样就为每个主题都安排了相应的例证。由于常见的特质环环相扣，很难割裂，所以每一章都暗示了其他章节中明确的主题。在这些故事里，我们描述了所遇到的挑战和挫折，以及由于特定的企业特质而产生的优势和成就。它们共同展示了伯克希尔企业文化独特的经济价值。

第二部分的最后几章介绍了其他一些标志性的公司，尽管偶像式的创始人去世了，但它们依然屹立不倒。第二部分的倒数第二章对伯克希尔及其子公司玛蒙集团（Marmon Group）进行了类比。玛蒙集团也是一家由杰出人物（普里茨克兄弟）创建的企业集团，许多人错误地认为，它将随着创始人的去世而走向灭亡。第二部分的最后一章着眼于伯克希尔拥有少数股权的一些上市公司，它们的重要性不是那么强，但值得一看，看看它们的企业文化如何与伯克希尔融合。无论是山姆·沃尔顿之后的沃尔玛，还是凯瑟琳·格雷厄姆之后的《华盛顿邮报》，它们都反映了伟大的企业是如何超越灵魂人物的个人印记的。

第三部分强调，即使是再强大的企业文化，也很少能自我维持，因此有必要对伯克希尔文化进行持续的再投入，以保证它在巴菲特离开后依然会生机勃勃。根据一项包含众多主题的继任计划，巴菲特的遗产将以基金的形式存在，继续作为伯克希尔的控股股东。基金会以后会逐步将股份转让给慈善组织，这种所有权将有助于伯克希尔与一大群志同道合的伯克希尔股东一起，抵御关注短期业绩的压力。

伯克希尔未来的投资和运营，将由一群从伯克希尔现任高管中挑选出来的继任者负责。这些继任者都拥有不俗的能力和巨大的成就，不过他们面临的工作挑战比巴菲特更为艰巨，因为巴菲特深入参与了伯克希尔建设的每一步。第三部分为巴菲特的继任者提供了借鉴，并将伯克希尔的经验分享给其他公司，包括那些想要效仿伯克希尔模式的公司。

某些人出于种种误解，质疑伯克希尔的持久力，但伯克希尔强大的企业文化为其永续经营提供了充足的内部保障。伯克希尔作为一家杰出的上市企业集团，其更大的威胁来自外部的短期主义。无论巴菲特是昨天退休还是永远工作，相关的压力都会一直存在。伯克希尔的企业文化建设令人印象深刻，本书就是有力证明。本书还探讨了可能使其陷入危险的外部压力，并以这个新问题作为全书的结尾。

2014 年 10 月

坎宁安写于纽约

致　谢

感谢沃伦·巴菲特对这本书的支持，也感谢他创造了这样一个迷人的主题，让我有机会来完成这本书的创作。巴菲特慷慨地给予了我特殊关照，他允许伯克希尔－哈撒韦公司的同事们，对我的研究提供帮助，纠正我文章里的错误，并允许在书的封面使用伯克希尔公司的标识。与此同时，我还要感谢巴菲特让我出版了《巴菲特致股东的信》，并亲自参加了1997年举办的关于这本书的研讨会。《巴菲特致股东的信》是一部巴菲特致伯克希尔－哈撒韦公司股东的信的精选集。

在1997年的那场研讨会上，巴菲特把我介绍给伯克希尔的其他内部人士，他们在这本书里给予了我诸多鼓励，他们是：**霍华德·巴菲特**（Howard G. Buffett），巴菲特的儿子，自1993年以来担任伯克希尔董事，未来很可能是伯克希尔董事会主席；**阿吉特·贾因**（Ajit Jain），自1985年以来一直担任伯克希尔旗下保险事业的高管，经常被提及是接任首席执行官的可能人选；**卡罗尔·卢米斯**（Carol Loomis），《财富》（*Fortune*）杂志资深编辑，自1973年以来一直负责编辑和整理巴菲特致伯克希尔股东的信件；**查理·芒格**（Charles T. Munger），自 1978 年以来一直担任伯克希尔副董事长。在他的敦促下，我进一步强化了自主经营和持续发展之间的密切联系。

还有很多朋友，对我的手稿发表了广泛而犀利的评论，这些评论极大地改进了本书的内容和质量，在此深表感谢。他们是：**乔治·吉莱斯皮三世**（George R. Gillespie III），巴菲特的顾问和密友，自 1973 年以来就和巴菲特一道，共同担任皮克顿公司董事；**唐纳德·格雷厄姆**（Donald E. Graham），巴菲特的同事，自 1974 年以来他们就一起加入了华盛顿邮报公司董事会。华盛顿邮报公司是格雷厄姆的家族企业，也是伯克希尔的长期投资对象；**西蒙·洛恩**（Simon M. Lorne），现供职于千禧管理公司（Millennium Management），曾是伯克希尔主要的外部合作律师事务所—芒格 – 托尔斯 – 奥尔森律师事务所（Munger, Tolles & Olson）的前长期合伙人。还要特别感谢为本书倾情作序的**汤姆·墨菲**，自 1969 年以来，墨菲一直是巴菲特的合作伙伴和亲密战友，他对巴菲特和伯克希尔的影响，要比人们普遍认为的更为深远。

感谢伯克希尔子公司现任和前任高管和董事们提供的帮助，无论是接受让本书生动起来的采访，还是填写反映伯克希尔文化的管理调查，或者提供其他建议，都让本书增色不少，我要感谢的人有：创科集团的**小保罗·安德鲁斯**（Paul E. Andrews Jr）；本 – 布里奇珠宝公司的**埃德·布里奇**（Ed Bridge）；威利家居公司已退休的**比尔·柴尔德**；宠厨公司的**多丽丝·克里斯托弗**（Doris Christopher）；克莱顿房屋公司的**凯文·克莱顿**（Kevin T. Clayton）；在多家子公司工作过的**特雷西·布里特·库尔**（Tracy Britt Cool）；路博润的**詹**

姆斯·汉布里克（James L. Hambrick）；迈铁公司的**托马斯·曼尼蒂**（Thomas J. Manenti）；泰特公司的**富兰克林**（Franklin）、通用再保险的**蒙特罗斯**（Montross）；冰雪皇后的前任董事长兼大股东约翰·穆蒂（John W. Mooty）；本杰明－摩尔涂料公司的前任董事罗伯特·蒙德海姆（Robert H. Mundheim）；盖可保险公司的**托尼·奈斯利**（TonyNicely）；佳斯迈威集团的**玛丽·莱茵哈特**（Mary K. Rhinehart）；本杰明－摩尔涂料公司已退休的**理查德·罗布**（Richard Roob）；麦克莱恩公司的**格雷迪·罗齐尔**（W. Grady Rosier）；利捷航空公司（NetJets）已退休的**理查德·桑图里**（Richard T. Santulli）；本杰明－摩尔涂料公司的**迈克尔·瑟尔斯**（Michael Searles）；宠厨公司的**凯莉·史密斯**（Kelly Smith）；拉森－朱赫的**德鲁·范·佩尔**（Drew Van Pelt）；布鲁克斯的**吉姆·韦伯**（Jim Weber）；飞安公司的**布鲁斯·惠特曼**（Bruce N. Whitman）。

我还要感谢数百名协助我完成股东调查的伯克希尔股东们，其中包括：Charles Akre, Jeffrey Auxier, Christopher M. Begg, Arthur D. Clarke, Robert W. Deaton, Jean-Marie Eveillard, Thomas S. Gayner, Timothy E. Hartch, Andrew Kilpatrick, Paul Lountzis, Blaine Lourd, Nell Minow, Mohnish Pabrai, Larry Sarbit, Guy Spier, Kenneth H. Shubin Stein, 以及 Timothy P. Vick。感谢 Buck Hartzell 和"彩衣弄臣"网站（The Motley Fool）协助我实施了相关问卷调查；感谢 Robert P. Miles 在伯克希尔－哈撒韦公司 2014 年年度股东大会周末期间，在内布拉斯加州大学（University of Nebraska）主持了我的新书见面会；感谢 John 和 Oliver Mihaljevic，他们不仅为我联系了许多伯克希尔股东，还认真审阅了我的手稿，并

建议我时常在博客上发表文章，来阐述我在本书中提到的一些观点。

我要向 Steven Keating 和 Rodney Lake 致敬，他们为我提供了真知灼见、精彩评论和大量数据。多年来，他们一直在乔治·华盛顿大学商学院（George Washington University Business School）教授应用投资组合管理课程，他们还邀请我在拉姆齐学生投资基金（Ramsey Student Investment Fund）年度会议上讲授这本书的主要内容。感谢佛罗里达州立大学的 Kelli A. Alces、杜克大学的 Deborah A. DeMott、乔治城大学的 Prem Jain、曼哈顿研究所的 John Leo、佛蒙特法律学校的 Jennifer Taub、Vanshap 资本公司的 Evan Vanderveer 以及宾夕法尼亚大学的 David Zaring 对我的手稿提出的批评意见和有益建议。感谢乔治·华盛顿大学图书馆（George Washington University Library）的研究员 Nicholas Stark，他在为我查找资源、核实真相、整理信息等方面付出良多。感谢 Ira Breskin，自 2000 年以来，他一直是我的特约编辑，还负责我另一本书的编辑出版工作。我还要感谢我的三位优秀学生：Lillian Bond、Nathanial Castellano 和 Christopher Lee，他们对我的手稿进行了仔细的事实核查。

感谢那些或熟悉或陌生的朋友，他们好心地帮助我解决了作品中出现的诸多细节问题，他们是：来自美国顶级律师事务所 Cravath, Swaine & Moore 的 Scott A. Barshay；《麦克莱恩》的作者 Jeff Hampton；芒格 - 托尔斯 - 奥尔森律师事务所联合创始人 Carla 和 Roderick Hills；《查理·芒格传》的作者 Janet Lowe；《诚信是一个成长型市场》的作者 Peter Rea；休闲车研究专家 Joel Silvey；来自宾夕法尼亚铁路技术与历史学会的 Bruce Smith；来自《圣路易斯邮报》的 Michael Sorkin；迈铁公司创始人的孙女婿 Brent St. John。

感谢伯克希尔及其子公司的行政助理们，他们回答了我无数次的提问，他们是：来自巴菲特办公室的 Debbie Bosanek 和 Deb Ray；来自桑图里办公室的 Debby Hawkins 和 Griffin B. Weiler；来自墨菲办公室的 Patricia Matson；来自克莱顿房屋公司的 Denise Copeland；来自芒格办公室的 Doerthe Obert；来自路博润的 Julie Young；来自迈铁公司的 Julie Ring；来自飞安公司的 Linda A. Rucconich。感谢我在乔治·华盛顿大学办公室的优秀同事们，他们是：Bonnie Sullivan，Sara Westfall 和 Lillian White；感谢我在纽约市卡多佐法律学校办公室的热心朋友们，Matthew Diller 和 Edward Stein 促成了本书的诞生，还要感谢那里杰出的工作人员对我的支持，特别是 Lillian Castanon，Val Myteberi，Sandra Pettit 和 Josh Vigo。

我还要感谢迈尔斯·汤普森（Myles C. Thompson）领导的哥伦比亚大学出版社（Columbia University Press）团队全体人员。汤普森是一位具有远见卓识的出版人，20 年来我一直很欣赏他出版的各种书籍。除他以外，还有洞见深刻、极具潜力的编辑布里奇特·弗兰纳里－麦科伊（Bridget Flannery-McCoy）；务实高效的助理编辑斯蒂芬·韦斯利（Stephen Wesley）；由本·科尔斯塔德（Ben Kolstad）领导的、工作细致的森威欧公司场外制作团队。在本书的写作过程中，哥伦比亚大学编辑委员会和五位匿名的外聘同行评审人员提供了有益的评论。

最后，我要感谢我无与伦比的妻子斯蒂芬妮·库巴（Stephanie Cuba），她给予了我世上的一切。她是我的总编，也是我的挚友；是我的一生所爱，也是我的甜蜜配方。感谢我们两个可爱的女儿，丽贝卡（Rebecca）和萨拉（Sarah），让我感到幸运的是，她们几乎是一个模子刻出来的。在我为本书付出无数时间和心血的时候，她们给予了我坚定的支持。对于家庭为我的付出，我抱有最深的感谢。谨以本书献给你们——我的超级明星。

引　言

巴菲特和他的伯克希尔帝国

伯克希尔－哈撒韦公司是个意外之喜。没有人规划过它的蓝图，它也没有制定过任何战略计划。从公司治理到经营哲学，伯克希尔在诸多方面与众不同的特质，使得它在公司史上是独一无二的存在。1965 年，巴菲特开始执掌伯克希尔。如今，伯克希尔已经是有史以来全球最大的公司之一。

伯克希尔的标志性领袖沃伦·巴菲特，自 20 世纪 90 年代起，就以精明的选股而闻名于世，他购买了一些上市公司的少数股权，其中包括美国运通、可口可乐、华盛顿邮报公司和富国银行。如今，伯克希尔是一家大型企业集团，几乎在商业、金融和制造业的每一条动脉上都拥有全资业务。例如，伯克希尔拥有美国第二大受欢迎的汽车保险公司（盖可保险）、横贯北美大陆的主要铁路公司之一（伯灵顿北方圣达菲铁路公司，英文简称为"BNSF"）、世界上最大的两家再保险公司（通用再保险和国民赔偿保险公司）、一家辐射全球的能源供应商

（伯克希尔－哈撒韦能源公司，曾用名为"中美能源公司"）。伯克希尔旗下的子公司，还有珠宝钻石和移动住宅等不同领域的领军者。

如果把伯克希尔比作一个国家，把它的营业收入比作国内生产总值（GDP），那么这家公司将跻身世界经济50强之列，可以与爱尔兰、科威特和新西兰相媲美。如果把伯克希尔比作一个州，它可以排在全美第30位，与艾奥瓦州、堪萨斯州和俄克拉何马州大体相当。伯克希尔的子公司雇用了超过30万人，大约相当于匹兹堡的人口总数。历数美国企业，只有少数几家大公司能与伯克希尔的规模相匹敌，如埃克森美孚和沃尔玛（伯克希尔持有这两家公司的股票）。近年来，伯克希尔仅账面上的现金就高达400亿美元甚至更多。这一天文数字，超过了除美国百强企业之外的所有企业的总资产。

在80%的时间里，伯克希尔公司的业绩都能超过股票市场的整体表现，通常会给股东带来两位数的年化回报率。截至2013年，伯克希尔的平均年化收益率为19.7%，是标准普尔500指数的两倍多。伯克希尔的市值高达3000亿美元[⊖]，为它的员工、客户、供应商以及众多支持者们，直接或间接地创造了可观的财富。

因为伯克希尔的成功，巴菲特成为一名超级富豪，还有很多股东也都变成了千万富翁和亿万富翁。[1]伯克希尔的子公司也造就了成千上万的百万富翁，而且不仅仅限于创始人或高管群体。[2]很多普通民众通过这些企业提供的许多商机，积累了巨额财富，包括：本杰明－摩尔涂料公司的经销商、克莱顿房屋的销售中心经理、[3]冰雪皇后的加盟商、[4]宠厨的厨房顾问、[5]斯科特－费泽公司的产品直销商（其旗下产品包括寇比吸尘器、《世界百科全书》、金厨刀具等）。

⊖ 截至2022年1月，伯克希尔的市值已经超过7000亿美元。——译者注

尽管伯克希尔取得了举世瞩目的成就，但它是由如此多元化的子公司组成的，因此它是如何成功运作的，至今仍然是个谜。从表面上看，这些子公司之间似乎没有共同点。除了由数十家上市公司少数股权构成的股票投资组合，伯克希尔还直接全资控股 50 家重要的子公司，这些子公司又拥有另外 200 家子公司。伯克希尔集团包括 500 多家企业经营实体，涉及数百个不同的业务领域（清单详见本书附录）。

伯克希尔旗下的大多数子公司，科技含量较低，比如制造和销售砖块的顶点砖材公司。当然，也有一些高科技公司，比如使用复杂的飞行模拟器训练飞行员的飞安公司，以及为建筑行业制造先进工程设备的迈铁公司。包括通用再保险和国民赔偿保险在内的一些子公司，向福特汽车和百事可乐等跨国公司提供复杂的金融服务。而其他公司，比如克莱顿房屋公司，则向购买商品房的美国中产阶级提供简易便捷的贷款服务。在伯克希尔公司内部，还有一些嵌套的大型企业集团，如玛蒙集团和斯科特 - 费泽公司（其中，玛蒙集团经营着超过 100 种产品业务），还有许多小型家族企业，如范奇海默兄弟公司（Fechheimer Brothers），这家公司不仅生产警服，还是伯克希尔 - 哈撒韦公司的运动服饰产品线之一。

尽管伯克希尔的子公司各不相同，但如果仔细观察它们，以及思考伯克希尔收购这些子公司的初衷，就会发现它们具有一些独特的共同特征。在评估潜在的收购对象时，伯克希尔使用的最重要的判断标准是，一家公司是否有办法保护其盈利能力不受市场竞争的侵害。管理专家称之为"进入壁垒"，这种壁垒使得竞争对手很难抢走其市场份额。关于商业价值的持久性，迈克尔·波特教授创造了"可持续竞争优势"一词来表达类似的观点。[6] 巴菲特则引用了中世纪的比喻，将企业描绘成一座"城堡"，并有诸如"护城河"之类的屏障和优势。"护城河"是指在城堡周围开挖的灌满水的沟渠，用来抵御入侵者。伯克希尔旗下子公司的共同特征之一是，它们都有一条护城河。

在伯克希尔中，伯灵顿北方圣达菲铁路公司和伯克希尔－哈撒韦能源公司等企业的进入门槛很高，复制它们的业务成本高到它们实现了"自然垄断"——如果由单个运营商而不是多个竞争对手实现，社会就会受益。因为相对于回报而言，所需的资本投入是如此之大。伯克希尔其他的一些子公司，通过维系和客户之间的密切关系来保持竞争优势。例如，润滑油公司路博润的化学专家与设备制造商以及石油公司的客户合作开发新产品，而杂货批发与经销商麦克莱恩的物流专家则与零售客户合作经营商店。品牌忠诚度是布鲁克斯、鲜果布衣、贾斯廷公司、利捷航空和喜诗糖果的护城河。

伯克希尔的护城河是巴菲特吗

每一项业务都需要一条护城河来维持现状和促进发展。为了在收购和投资方面击败竞争对手，伯克希尔必须拥有这样一条护城河。如果伯克希尔的每一家子公司都必须有一条护城河，那么人们不禁要问：伯克希尔的护城河是什么？大家首先想到的答案是沃伦·巴菲特。然而，在本书中，我要提出的观点是，除了巴菲特以外，伯克希尔的护城河还远远不止于此。这是有原因的：人生在世，终有一别，这意味着没有"任何个体"可以成为护城河，因为这不是一项持久的优势。

有观点认为，巴菲特的核心地位对伯克希尔的未来发展不利。例如，长期以来，信用评级机构惠誉一直强调，巴菲特是一个"关键人物"，伯克希尔"在识别和收购有吸引力的企业方面的能力，与巴菲特密切相关"，[7] 这是伯克希尔面临的一大风险。如果你不能将一家公司的地位与其领导者分开，那么这家公司的可持续性就值得怀疑。[8]

我的观点恰恰相反，我认为，一家公司往往可以通过一群高管（甚至是标志性人物）来证明其可持续性。比如伯灵顿北方圣达菲铁路公司（BNSF），它在 1849 年的合并早就说明了这一点。这家公司最早的领导者之一，是 19 世纪的铁路大王詹姆斯·希尔（James J. Hill），他强调，一家公司只有"不再依赖于任何个人的生命或劳动"时，才能实现"永恒的价值"。[9] 在伯克希尔的子公司中，传承和延续多代的家族企业比比皆是。其中有些子公司已经传承了四代或五代，还有许多子公司目前是在第二代或第三代。据统计，只有 30% 的家族企业能传到第二代，15% 的家族企业能传到第三代，仅有 4% 的家族企业能传到第四代。[10] 大多数家族企业都以失败告终，而伯克希尔这里却聚集了很多长寿企业，这令人印象深刻。

要保证企业的持久性，领导层的顺利交接不一定是必要条件。伯克希尔的许多子公司在加入伯克希尔前后，核心高管人员流动率很高。就在不久前，在伯克希尔持股期间，本杰明 – 摩尔涂料、通用再保险和利捷航空等公司的 CEO 在几年内发生了几次突然更换。引用一位 BNSF 高管最近说的话，他在回顾公司 150 年的历程时说："这是一家很棒的公司，它经历了这么多磨难，现在还有这样的行业地位，这是对这家公司及其员工的认可与褒奖。"[11]

因此，伯克希尔的护城河不可能是沃伦·巴菲特。那么，另一个潜在的护城河就是伯克希尔旗下保险公司的实力和财力，它们的护城河相当宽广。盖可保险是一家低成本的汽车保险公司，而通用再保险和国民赔偿保险公司则拥有谨慎承保风险的声誉和强大的财务实力。

所有这些公司产生的保费收入，都远远超过其赔付额，这就产生了可投资的零成本资金，我们称之为"浮存金"。这些保险费由保险公司持有，直到受理索赔才会被支付出去。话说回来，没有任何一家保险公司能幸免于难，盖可保险和通用再保险在历史上也都经历过危及命运的困难。这些保险公司令人印象深刻，因为它们产生的浮存金为投资其他兄弟公司和有价证券提供了充足的资金。尽管如此，仍然只能说这些保险公司是伯克希尔护城河的一部分，而不是它的全部。

同理，伯克希尔的证券投资业务扩宽了它的护城河，但并不构成其护城河。因为即使没有它们，伯克希尔也将是令人敬畏的。伯克希尔长期持有的大量普通股，曾在其全部业务中占有很大比重，但如今它们只是冰山一角（占伯克希尔资产的 1/5，收入的 1/10）。[12] 此外，尽管伯克希尔长期持有许多股票，但它并不像控制其子公司那样控制其投资对象。伯克希尔仍然拥有自 1970 年以来收购的所有子公司；然而，在其投资组合多年来报告的数百种股票中，有些企业已不复存在（比如伍尔沃斯百货公司），有些企业被收购（比如比阿特丽斯食品公司、通用食品公司），还有许多股票头寸被出售（如房地美、麦当劳、华特 - 迪士尼公司）。投资加固了伯克希尔的经济堡垒，但与保险公司一样，投资也只是伯克希尔传奇的一部分。

卓越的企业文化才是伯克希尔的护城河

那么问题来了，伯克希尔的护城河究竟是什么呢？答案是：伯克希尔独特的企业文化。在过去 50 年里，伯克希尔收购的一批形形色色、令人眼花缭乱的全资子公司，被一套独特的核心价值观聚拢在一起，造就了一种与众不同的企业文化，这才是伯克希尔的护城河。

在进行商业收购的时候，伯克希尔的文化提供了独特的价值，它提高了伯克希尔相对于其他买家的竞争优势。举个例子，1995年，伯克希尔收购了一家家族企业——家具零售商威利公司，价格比竞争对手的出价低12.5%。伯克希尔支付了1.75亿美元，击败了那些出价超过2亿美元的竞争者。[13] 威利公司之所以选择伯克希尔，是因为其富有魅力的企业文化价值观，包括其诚信的声誉，给予高管经营自主权，以及它承诺永远持有所收购的子公司，等等。[14]

价值观的作用是双向的。2011年，伯克希尔收购了伯灵顿北方圣达菲铁路公司。当时在标准普尔500成分股里，这家上市公司被公众广泛持有（伯克希尔在收购后将其取代）。尽管巴菲特称其内在价值仅约95美元/股，但他还是为这家公司支付了100美元/股。[15] 许多观察人士对此感到困惑，但正是共同价值观的价值解释了这5%的差距。当买家和卖家都对特定的一组无形资产进行估值时，就像伯克希尔及其子公司那样，结果是可以在一个更宽的价格区间内达成交易。[16]

在企业收购中，双方通过对彼此公司的深入理解，与对方达成价格协议是很常见的。例如，如果双方不能在价格上达成一致，卖方可能提出保留一些或有负债，或者买方可能提出放弃一些知识产权资产（比如专利）。考虑到不同的需求和风险状况，这些要素也具有不同的估值。这样的交易方式可以促使价格达成一致。[17]

相比之下，伯克希尔创造了用无形资产代替金钱的收购场景。本杰明·格雷厄姆是巴菲特的投资启蒙老师，他写了很多著名的投资书籍，是他教会了巴菲特如何寻找投资机会——购买那些价格明显低于价值的股票，能带来投资上的安全边际。[18] 价格是你所付出的，价值是你所得到的。通常用净利润或净资产，来衡量一家企业的价值。

在伯克希尔，除了考虑净利润和净资产以外，还必须将企业无形的文化特质也纳入等式的价值一边。人们对这些无形资产的重视程度不同——就像买方和卖方对或有负债和专利技术的重视程度不同一样。

伯克希尔在这一创造价值的成就上值得称赞。巴菲特发现，利用格雷厄姆的安全边际原则，按照其保守的出价，潜在的收购对象太少了。因此，巴菲特完善了一套商业模式，其中增加了对价值因素的考量。这使得伯克希尔在任何给定的价值上，既可以支付较低的价格，也可以接受较高的溢价，这取决于伯克希尔的喜好，以及被投资企业的特征。

巴菲特在伯克希尔完善了这一模式，而这些价值观的价值超越了任何个人。伯克希尔的子公司，同样因其无形价值而享有经济价值。正如本书所讲述的故事那样，它们之间的共同价值观形成了伯克希尔独特而持久的企业文化。

目　录

第一部分

第 1 章　缘起／2

第三部分

第一部分

BERKSHIRE
BEYOND
BUFFETT

第 1 章

缘起

伯克希尔–哈撒韦的前世今生

1956年，26岁的沃伦·巴菲特在家乡奥马哈成立了投资公司——巴菲特合伙公司。巴菲特的投资哲学是寻找那些市场价格低于账面价值的公司。这种捡烟蒂股的投资机会在当时俯拾即是，尽管有一些公司因为缺乏持久的竞争优势而最终失败，但总体上还是给巴菲特带来了不菲的收益。1965年，巴菲特接管的其中一家公司，就是伯克希尔–哈撒韦公司。

在巴菲特收购的时候，伯克希尔–哈撒韦还是一家新英格兰地区的纺织品制造商。它是1955年两家公司合并的产物，这两家公司的前身都可以追溯到19世纪末。其中一家是伯克希尔精细纺纱联合公司，这家公司是一些纺织企业于1929年合并而来，包括成立于1889年的伯克希尔棉花制造公司。另外一家是成立于1888年的哈撒韦制造公司。1955年合并以后，伯克希尔–哈撒韦的控制权由蔡斯家族和斯坦顿家族共同享有，这两大家族控制伯克希尔–哈撒韦已有好几代了。

这些公司曾经是著名的纺织品制造商，但它们面临着竞争的冲击，这主要是因为，美国南部地区以及国外的劳动力成本更低。伯克希尔–哈撒韦公司靠关闭工厂、裁撤员工等方式削减成本，顽强地生存了下来。斯坦顿家族经常发生争吵，尤其是奥蒂斯和西伯里两兄弟。并且，他们与蔡斯家族在战略问题上存在分歧，比如对一家境况不佳的企业应当再投资多少，两家各执己见。这家公司交投清淡，其股价仅为账面价值的1/3至1/2。1965年，伯克希尔的账面价值为19.24美元/股，相当于公司的整体价值为2200万美元。

巴菲特第一次听说伯克希尔，是在买入它的10年以前，当时他在格雷厄姆–纽曼投资公司工作，老板是他的导师本杰明·格雷厄姆。1962年，巴菲特个人获得了伯克希尔–哈撒韦公司的股份，经纪人提醒他，有机会以低于8美元/股的价格购买更多的股份。由于伯克希尔定期回购股票，巴菲特认为，他可以大量买进这些折价股票，并在伯克希尔回购时以更高的价格抛售给公司。在伯克希尔股价不到10美元/股的时候，西伯里·斯坦顿问巴菲特会以什么价格出售他的持股，巴菲特说11.50美元/股。西伯里让巴菲特承诺，如果公司提出收购要约，他会参与竞购，巴菲特同意了。巴菲特以为他们达成了交易，便停止了收购股票。然而，不久后这家公司仅出价11.38美元/股，巴菲特认为自己受到了欺骗。

作为对西伯里不守信用的回应，巴菲特转而掉头，买入了更多股票，并最终说服奥蒂斯和西伯里也把股票卖给了他。巴菲特决定更好地了解他的投资。他参观了伯克希尔的工厂，去了车间，与经理们交谈——这是商业买家的常规做法，但巴菲特在他后来的职业生涯里很少这样做了。巴菲特开始了解纺织制造业，并且很欣赏陪他参观的向导——主管生产的副总裁肯尼斯·蔡斯（肯尼斯·蔡斯与伯克希尔的所有者蔡斯家族没有亲戚关系，只是碰巧同姓）。巴菲特合伙公司刚刚获得伯克希尔的控股权，斯坦顿一家就从管理层辞职。巴菲特被选为董事，董事会任命肯尼斯·蔡斯为公司总裁。

当地媒体将巴菲特对伯克希尔-哈撒韦公司的收购描述为一种恶意收购，从而引发了针对巴菲特的谣言和中伤——巴菲特是一位专业收购人，他准备加快这家陷入困境的公司的清算进度。巴菲特不愿被世人称作清盘人，并竭力避免表现得像一名清盘人。然而，随着全球化对纺织业的打击，多年来伯克希尔的纺织业务每况愈下。得益于蓬勃发展的多式联运集装箱业务，竞争对手开始将制造工厂转移到国外，那里的劳动力成本更低，出口运输成本也更低。在整个20世纪70年代，即使在公司勒紧腰带、忍受股东损失的情况下，伯克希尔还是被迫逐年缩减经营规模。直到1985年，巴菲特终于永久关闭了这些纺织工厂。

收购伯克希尔-哈撒韦公司，对巴菲特来说是一次很好的学习经历——他明白了什么是自己的"不为清单"。从那时起，巴菲特制定了伯克希尔的政策，即永远不去参与恶意收购，并发誓永远不会清算被收购的子公司。伯克希尔有一个原则，就是只收购那些拥有理想高管的公司，以避免不得不插手管理层的人事变动。最重要的是，伯克希尔会寻找那些具有长期经济价值的业务，并愿意为它们支付合理的价格。关闭纺织业务的痛苦经历，让巴菲特下定决心要投身那些可以持久经营的业务。20世纪80年代中期，伯克希尔公司逐步剥离了其他失败的业务，这些业务大多是在巴菲特合伙公司时期收购的，比如连锁百货公司多元零售公司、联合零售商店和霍克希尔德-科恩百货公司，后来巴菲特再也没有收购过类似的业务。⊖

巴菲特说，如果他从来没有听说过伯克希尔-哈撒韦公司，他的境况会好得多。但从第一次收购中吸取的教训，为公司未来的发展打上了不可磨灭的印记。

⊖ 巴菲特实际控制的多元零售公司曾拥有霍克希尔德-科恩百货公司100%的股份，1966年的买入价是1200万美元，1969年的卖出价大约为1100万美元左右。——译者注

巴菲特早期的投资版图：保险、报纸、零售

1965年之后，伯克希尔-哈撒韦公司的纺织业务继续恶化，巴菲特在保险业建立起一项新的业务，成为投资领域的堡垒，并发展成为历史上最不寻常的企业集团。1967年，伯克希尔收购了两家位于奥马哈的保险公司——国民赔偿保险公司和国民火灾与海运保险公司，总共花费了850万美元。

这些保险业务为伯克希尔提供了重要的资金来源，因为客户缴纳保险费，保险公司持有这些资金，直到收到索赔的时候才需要支付。作为一名投资者，巴菲特喜欢这种被称为"浮存金"的资本。在随后的50年里，伯克希尔主要以三种方式运用了保险公司留存的"浮存金"：继续投入并发展保险业务；购买大公司的少数股权；收购全资子公司。

20世纪70年代，伯克希尔利用国民赔偿保险公司和其他保险公司产生的大量浮存金，进一步开拓了保险业务，包括收购盖可保险公司（GEICO）的少数股权。为了加强资本利用和扩大保单范围，伯克希尔还成立或收购了许多其他保险公司。一直到今天，所有这些公司都还在运行。[1]

但是，保险业务并不是巴菲特唯一的兴趣。伯克希尔第一批非保险类收购包括奥马哈太阳报公司（Sun Newspapers of Omaha, Inc.）。1969年，巴菲特收购了这家区域性的周报集团。这家公司的经营者是巴菲特家族的朋友、奥马哈本地居民斯坦福·利普西。虽然从财务角度看，这家公司对伯克希尔并非意义重大，但它让伯克希尔引以为荣。[2]1973年，《奥马哈太阳报》因为报道位于奥马哈郊区的孤儿院——孤儿乐园（Boys Town）事件而荣获普利策奖。孤儿乐园因1938年由斯宾塞·屈塞主演的同名电影而为大众所知。在电影里，斯宾塞·屈塞饰演的是孤儿

乐园的创始人爱德华·弗拉纳根神父。孤儿院占据一个相当庞大的寄宿学校校园，向社会开展了无休无止的募捐活动，不断强调自己肩负的崇高使命，以及经济上的拮据。正因如此，到1972年时，许多人知道这个慈善项目，但很少有人知道，学校收到的捐赠基金已经超过了2亿美元。[3]《奥马哈太阳报》对此进行了调查报道，向公众披露了基金管理不善等问题，真相得以大白于天下。

报纸行业是伯克希尔最早开展的普通股投资领域之一。1973年，伯克希尔收购了华盛顿邮报公司的少数股权，这是一家由格雷厄姆家族控制的控股公司，以其拥有的在首都华盛顿发行的报纸命名。1971年，家族的女主人凯瑟琳·格雷厄姆通过发行与员工所持股份相同的B类股票，让公司上市。

在公开市场上收购了华盛顿邮报的大量股份后，巴菲特向凯瑟琳保证，他尊重格雷厄姆家族的传统和管理，不会干预公司具体的经营事务。[4]在随后的几十年里，巴菲特和凯瑟琳建立起一种"神仙友谊"，一方是睿智的股东，另一方是以股东利益为导向的经理人，这种超越工作关系的友谊，可以被视为股东与经理人之间的典范关系。凯瑟琳向巴菲特寻求建议，巴菲特支持凯瑟琳的经营决策。[5]

20世纪70年代初，伯克希尔又开展了一次大规模的投资，买入了蓝筹印花公司的大部分股票。这家公司与伯克希尔的纺织品制造公司以及保险公司有一些共同点。像保险公司一样，蓝筹印花公司也会产生浮存金；像纺织业一样，蓝筹印花的业务也是日薄西山。

印花交易是20世纪五六十年代流行的一种营销手段。像绿邮公司和蓝筹印花这样的公司，将印花券卖给加油站和杂货店等零售商，这些零售商按销售额的比例将印花券分发给顾客。顾客可以用累积的印花券兑换咖啡机和烤面包机等消费品。印花券公司预先从零售商那里获得现金，但在兑现奖品前不会产生资金成本，因此创造了可投资的浮存金。

　　一群来自加利福尼亚的零售商组建了蓝筹印花公司，取代了绿邮公司的地位，然后垄断了加州的印花市场。包括绿邮在内的竞争对手起诉蓝筹印花公司，要求其赔偿损失，政府要求蓝筹印花公司将其大部分所有权出售给非关联方。这使得蓝筹印花公司成为许多人的投资机会，其中不仅包括巴菲特，还有加州一家投资合伙企业的老板查理·芒格。芒格博学多才，1962年他作为联合创始人在洛杉矶创立了一家律师事务所，也就是今天著名的芒格-托尔斯-奥尔森律师事务所。[6]通过伯克希尔和其他经营实体的持股，巴菲特成为蓝筹印花公司的最大股东，而芒格的合伙公司则是蓝筹印花公司的第二大股东。[7]

　　凭借各自对蓝筹印花公司的投资，巴菲特和芒格成为业务上的合作伙伴，并开始了一段维系终身的友谊。芒格是土生土长的奥马哈本地人，当时住在加州的帕萨迪纳，他从一开始就为伯克希尔的文化做出了杰出贡献。芒格鼓励巴菲特以"长期主义"的眼光看待商业机会，超越了巴菲特在职业生涯早期所采用的"捡烟蒂股"的投资方法。芒格建议，以合理的价格购买优质的企业，胜过以低廉的价格购买普通的企业。此外，芒格比巴菲特更多地采用定性投资方法，他不仅会考量有关财务报表中营业收入和利润的统计分析，还会考量企业家精神、诚信和声誉等软实力的影响。

　　早年间，蓝筹印花公司创造的投资回报是合理的，当时它解决了诉讼问题，公司继续产生着一定数量的浮存金。[8]但随着客户偏好和经济环境的变化，这种积分换购的商业模式逐渐消失。消费者对集券和换购失去了兴趣，[9]而通货膨胀和不断上升的油价使零售商更专注于降低价格，而不是进行昂贵的额外补贴。[10]尽管在此后的数十年间，蓝筹印花公司允许客户来兑换尚未结清的印花券，但最终由于零售商停止购买印花券，蓝筹印花公司的生意逐渐萧条。伯克希尔通过合并，将蓝筹印花公司纳入其企业集团，最终从美国民众和伯克希尔的历史上消失。但在蓝筹印花公司存续期间，它在三项收购中发挥了重要作用，为伯克希尔的文化奠定了坚实基础，这三项收购分别是：喜诗糖果、韦斯科金融和《布法罗新闻报》（*Buffalo News*）。

喜诗糖果：巴菲特投资思想的分水岭

1971年，蓝筹印花公司的一位高管威廉·拉姆齐打电话给巴菲特，告诉他有一个潜在的收购对象——喜诗糖果。[11]巴菲特让拉姆齐给芒格打电话。对于这家在加州各地都拥有忠实客户的知名巧克力公司，芒格表示很看好收购它之后的发展前景。

这家传承三代的家族企业，其历史可以追溯到1921年，当时查尔斯·西伊为了寻求更好的生活，从加拿大北部搬到了加州南部。[12]大火摧毁了查尔斯的药店生意，在做了一段时间的巧克力销售员后，他决定在糖果生意上一展拳脚。查尔斯和母亲玛丽、妻子弗洛伦丝，以及两个年幼的孩子在洛杉矶定居，他与当地商人詹姆斯·里德成了很好的朋友。1922年，他们共同创办了喜诗糖果公司。

喜诗糖果的店铺，仿照玛丽的家庭厨房设计风格，制作并销售盒装巧克力。这些巧克力大多选用新鲜优质的上乘原料，用玛丽的秘密配方制作而成的。玛丽戴着眼镜，满头银发，面容慈祥，她和蔼可亲的形象成了公司的门面。公司的标识是简约的黑白设计，正中央是慈眉善目、笑容满面的玛丽。这种设计传递出查尔斯喜欢的老式手工糖果的意味，负责送货的车辆是带着边车的哈雷·戴维森摩托车。喜诗糖果还开创了一种创新的营销模式——以极低的折扣向教堂、俱乐部和其他团体组织提供散装巧克力，这些团体组织将这些糖果转售给募捐人以赚取利润。1939年，玛丽去世，享年85岁，但她的精神，以及企业的精神，却一直存在。

当时，喜诗糖果已经拥有了十多家店铺，并在洛杉矶设有一家生产工厂。然后，他们将业务扩展到了旧金山，很快又在那里开设了另外九家店铺和一家工厂。在此期间，查尔斯的儿子劳伦斯加入了公司。1949年查尔斯去世后，劳伦斯成为公司总裁。

20世纪50年代是美国郊区城市化的时代，劳伦斯勇抓机遇，引领潮流，在加州如雨后春笋般涌现的新购物中心里开了很多家喜诗糖果的店铺。到1960年，喜诗糖果的连锁店达到了124家。20世纪60年代，喜诗糖果进军亚利桑那州、俄勒冈州和华盛顿州，并发展到150家连锁店。凭借着稳定的盈利，喜诗的表现超越了当地的竞争对手，与好时、罗赛尔斯托福以及其他美国国民品牌一较长短。

1969年，劳伦斯去世，他的弟弟哈里是公司的股东和董事，哈里应该继承劳伦斯在公司里的职位。但是，哈里在继承问题上犹豫不决，因为他在美国的其他地方还经营着一家葡萄酒庄园。拥有喜诗糖果67%股份的喜诗家族最后极不情愿地决定出售公司。1969年，巴菲特和芒格参观了喜诗糖果位于洛杉矶的工厂。这一举动，后来被认为是伯克希尔-哈撒韦公司进行收购时的非凡之举。[13]

喜诗家族为他们的生意开价3000万美元（严格来说是4000万美元，但公司手头有超过1000万美元的现金）。然而，巴菲特注意到公司的税前收入只有400万美元，资产负债表上显示的净资产只有700万美元。当时，巴菲特还没有为无形资产支付额外费用的习惯，[14]但芒格说服了巴菲特，让他关注这项业务的定性指标，他们一致决定，可以给出的最高买价是2500万美元。喜诗家族接受了这一报价。若干年后，巴菲特承认出价很低。巴菲特认为，这是因为当时他对特许经营权的价值一无所知。[15]

但为什么拥有特许经营权并传承三代的喜诗家族，会接受巴菲特如此低的出价呢？不太可能是因为经营的自主权，因为喜诗家族将不再参与公司的经营管理。巴菲特和芒格亲自挑选了公司的新总裁查尔斯·哈金斯，大家心照不宣，哈金斯会保留喜诗的传统，不会试图改变公司。从1951年起，哈金斯就一直在喜诗工作，直到2005年退休。自哈金斯上台以后，公司几乎没有什么变化，公司继续沿用着过去50年的方式：以老派的方式生产和销售手工巧克力。至少在事后看来，永续经营是促成这笔交易的重要因素。到20世纪90年代中期，喜诗糖果的盒装巧克力销量在世界上仅次于罗赛尔斯托福，[16]如今，喜诗糖果的年净利润为8000万美元。[17]

韦斯科金融公司：信誉重于金钱

如果说对喜诗糖果的收购是以低于内在价值的价格进行的，那么在催生了伯克希尔文化的"三重奏"⊖中，第二次收购的情况正好相反。1972~1973年，蓝筹印花公司收购了韦斯科金融公司8%的股份。韦斯科金融公司的总部位于帕萨迪纳，由卡斯珀家族创立，芒格曾是这家公司的合伙人。韦斯科金融的核心业务是互助储蓄和贷款，主要面向退伍军人，并因坚持低成本运营而蓬勃发展。1973年，韦斯科金融的管理层提议将其并入圣巴巴拉金融公司，韦斯科金融的股东将获得圣巴巴拉金融公司的股份。对此，股东们存在分歧。巴菲特和芒格认为，韦斯科金融的股票被低估了，而圣巴巴拉金融公司的股票被高估了。因此，他们反

⊖ 指伯克希尔对喜诗糖果、韦斯科金融、《布法罗新闻报》的三次里程碑式的收购。——译者注

对合并。

芒格提议，可以购买足够多的韦斯科股票来阻止这笔交易。而巴菲特则认为，他们应该干脆一点，承受损失。芒格没有这样做，而是恳求韦斯科金融的CEO路易斯·文森特放弃合并计划。芒格表示，蓝筹印花公司有兴趣收购韦斯科金融。但文森特表示，矛盾的焦点是韦斯科金融的股东，而不是他本人。因此，巴菲特会见了伊丽莎白·卡斯珀·彼得斯，她是卡斯珀家族集团（也就是韦斯科金融的实控人）的大股东和大家长。巴菲特向彼得斯解释了被蓝筹印花公司控股的潜在好处，包括无形资产的价值。巴菲特还特别强调，作为同一家公司的股东，应当拥有共同的价值观。彼得斯乐于看到家族企业的发展，因此支持巴菲特关于终止合并的决定。

韦斯科金融和圣巴巴拉金融的合并没有成功，这导致韦斯科金融的股价下跌，从18美元/股的高点一路跌至11美元/股，这是企业并购失败后通常会发生的情况。此时，蓝筹印花公司本来可以以较低的市场价格收购韦斯科金融的股票，这正是巴菲特和芒格阻挠合并所导致的。但巴菲特和芒格认为，在他们干预合并导致股价下跌后以低价收购韦斯科金融是不公平的。因此，巴菲特和芒格命令他们的经纪人以高达17美元/股的价格收购韦斯科金融的股票，随后以15美元/股的价格发出了正式的收购要约。最终，蓝筹印花公司获得了韦斯科金融的大部分股权，芒格也说服了文森特继续留任。

关注此次收购的人都惊呆了。为什么蓝筹印花公司付出了比市场更高的价格？美国证券交易委员会对此展开了一项调查，[18]当然，这完全是由于圣巴巴拉金融公司的唆使。[19]有关部门怀疑，蓝筹印花公司支付的价格高于韦斯科金融的市价，这表明蓝筹印花公司要么非法操纵了韦斯科金融的股价，要么违反了竞购者通过收购要约进行股票交易的相关法律。调查人员感到困惑，因为他们坚信，理性的商人总是会以最低的价格买入，以最高的价格卖出。巴菲特和芒格之间"剪不断、理还乱"的关系，以及他们参与的各种业务的复杂结构，在一定程度上激发了调查人员的好奇心。

巴菲特和芒格花了一年时间来解释这件事情：他们为了表现正直的品格，为这次收购付出了更高的价格。但是，人们很难理解这种做法。其实，这种溢价收购是有经济价值的，因为诚信是一种声誉上的优势。在随后的交易中，其他人会认真权衡这种声誉的价值。巴菲特和芒格强调，通过收购韦斯科金融，他们获得了两种价值：直接价值是赢得了文森特的尊重，长期价值是维护了蓝筹印花公司的"整体商业声誉"。[20]监管当局最终被说服。[21]蓝筹印花公司收购了韦斯科金融公司80%的股份，此后，韦斯科金融一直被伯克希尔部分持有，直到2011年被全资收购。[22]

《布法罗新闻报》：好事多磨

巴菲特和芒格早期标志性的第三笔收购是《布法罗新闻报》（*Buffalo Evening News*），这笔收购有点不落俗套的意味，成为日后伯克希尔商业模式的重要特征。从1881年开始，《布法罗新闻报》等媒体逐渐树立起塑造美国公民辩论环境的报业传统，这一切要归功于创刊人老爱德华·巴特勒。[23]一本关于巴特勒的传记，将他描述为"19世纪晚期新生代记者的象征，他们通过将公民的话语权从狭隘的党派之争中挣脱出来，为报纸创造出重要的文化、社会、经济和政治角色，从而建立了现代媒体"。[24]1913年巴特勒去世后，他的儿子小爱德华继承了父亲的遗志，全心全意地经营这家公司。1956年，小爱德华去世后，他的妻子凯特·巴特勒接手了这家公司。[25]

长期以来，一直有人建议凯特在生前转移财产，以尽量减少她死后应缴纳的税款。[26]他们指出，如果不这样做，可能就必须"贱卖"报纸来支付这笔款项。1974年8月，在没有听从这些建议的情况下，凯特与世长辞，她的遗嘱执行人最终还是决定出售报纸。1976年12月，凯特·巴特勒的这份遗产摆在了华盛顿邮报公司的案头。当时，巴菲特正在担任华盛顿邮报公司的董事。[27]巴菲特告诉凯瑟琳·格雷厄姆，如果华盛顿邮报公司不想收购《布法罗新闻报》，他可以收购。在华盛顿邮报公司放弃这一机会后，巴菲特和芒格决定出手。

布法罗（又名"水牛城"）当时有两份报纸——《布法罗新闻报》（后简称为"《新闻报》"）和《布法罗信使快报》（Buffalo Courier Express，后简称为"《信使快报》"）。《新闻报》的广告收入高于《信使快报》，其在工作日的市场发行量也高于《信使快报》。然而，自20世纪20年代以来，《新闻报》就再也没有出过周日版，这相当于将周末的报纸市场拱手让给了《信使快报》。不过，《新闻报》在周六下午推出了简化的"周末版"，内容涵盖了全国范围内的艺术、漫画、观点、电视指南等方方面面。在对报业的定期分析中，巴菲特指出，大多数城市的第二份报纸正在消亡，并且他预测，这一趋势还将持续下去。巴菲特敏锐地察觉到，《新闻报》可能是"机不可失，时不再来"。于是，在没有进行任何尽职调查的情况下，巴菲特同意以3550万美元的协议价格，收购巴特勒留下的这份报纸遗产。[28]

巴菲特和《新闻报》的执行主编默里·莱特一道，很快就开始了和竞争对手的正面交锋。《新闻报》对其周末版进行了调整，将发行时间移至周日上午，并开始发行堪比平日版的周六早间版。在此之前，这家报纸刊登了一则促销广告，宣布以原来的价格向客户提供五周的新增刊物，实际上是免费赠送新的周日报纸。由于承诺在5周内送达这些免费报纸，《新闻报》通过向广告商保证在这一期间的周日发行量来提高广告收入。

在新版《新闻报》发布前两周，《信使快报》意识到《新闻报》的举措对竞争构成严重威胁，于是起诉了《新闻报》，指控其企图非法垄断当地报纸市场。《信使快报》声称，《新闻报》提供的免费报纸，显示出破坏《信使快报》的掠夺性意图。为了赢得当地人的支持，《信使快报》大肆开展宣传活动，把巴菲特描绘成垄断者、清算者的形象。他们言之凿凿，说巴菲特准备摧毁布法罗这个只有两份报纸的小镇。在法庭上，《信使快报》聘请的律师痛斥巴菲特，指控他从未实地调研过《新闻报》，也从未聘请过并购顾问对交易进行评估。

联邦初审法官查尔斯·布里安特同意《信使快报》的说法。他表示，一张报纸最多可获得两份免费赠品。随后，布里安特对此案及其涉及的人物进行了详细评判，他将巴菲特讥讽为一个外部入侵者，并指责巴菲特使用"反竞争的伎俩和手段"。[29]布里安特以巴菲特没有进行尽职调查为理由，用以支持他认为巴菲特是掠夺性垄断者的观点。后来，由亨利·菲力德领导的上诉法院驳回了布里安特的裁决，认为它在法律上和事实上都有缺陷。[30]但这起诉讼花了两年时间才解决，耗费了数百万的法律费用，而且推迟了《新闻报》周日报纸的出版计划。

为了妥善应对危机，巴菲特说服曾将《奥马哈太阳报》卖给伯克希尔-哈撒韦的斯坦福·利普西来接管《新闻报》。利普西发现，这份报纸的编辑质量很好，但财务状况很差。在经历了几年的亏损之后，利普西建立起《新闻报》的竞争优势，并在此基础上不断壮大。直到1980年，《新闻报》才开始实现盈利。彼时，《新闻报》风头日劲，而《信使快报》则黯然失色，最后消失在历史长河里。利普西稳稳掌舵着《布法罗新闻报》这艘巨轮，直到2012年。与此同时，伯克希尔在当年和转年收购了大量当地报纸，包括《奥马哈世界先驱报》（*Omaha World-Herald*）。[31]

所罗门兄弟公司：伯克希尔充当"白衣骑士"

在20世纪80年代的公司控制权之争中，作为一种防御措施，许多公司将大量股票交到友商手中。有几次，伯克希尔就扮演了友商的角色，根据购买的是少数股权还是控股权，这种角色被称为"白衣护卫"或"白衣骑士"⊖在伯克希尔扮演过"白衣骑士"的公司中，其中一家是投资银行所罗门兄弟公司。

1987年，所罗门兄弟公司的最大股东米诺克反对公司最近的扩张政策，并觉察到公司管理层在商业战略上存在分歧。[32]米诺克对管理层的回应感到不满，于是开始与罗纳德·佩雷尔曼接洽，拟将所罗门公司12%的股份出售给佩雷尔曼。佩雷尔曼是一个"企业狙击手"，曾通过恶意收购获得了化妆品巨头露华浓的控制权。以约翰·古特弗罗因德为首的所罗门公司高管，担心他们的公司会成为佩雷尔曼的下一个目标。

所罗门公司采取了众多防御性措施，比如，回购米诺克对所罗门公司的持股，还比如，古特弗罗因德恳求伯克希尔担任所罗门公司的"白衣护卫"。巴菲特提出了条件：所罗门公司向伯克希尔发行9%票面利率的优先股，允许伯克希尔转换为普通股，或者从1995年到1999年，所罗门每年以1/5的比例赎回。作为交易条件，这些优先股不能整体出售给第三方。此外，伯克希尔在进行任何出售之前，所罗门公司有权优先回购。伯克希尔还同意，至少在7年内，不会购买超过20%的所罗门公司股票。[33]

这笔投资对塑造伯克希尔文化的意义，在四年后得以体现。当时，所罗门公司卷入了一桩丑闻，其中一些员工涉嫌操纵债券市场。监管机构和检察人员准备起诉所罗门公司，这对任何公司而言，都将是灭顶之灾，

⊖ 当一家公司成为其他企业的恶意并购目标后，公司的管理层为阻碍恶意并购的发生，会去寻找一家"友好"公司进行合并，而这家"友好"公司被称为"白衣骑士"。"白衣护卫"是"白衣骑士"的修正形式，区别在于不允许其掌握控股权。——译者注

因为这会严重损害公司的声誉。这一丑闻将引发惊慌失措的客户和员工夺路而逃，而这种逃离可能最终导致所罗门公司的毁灭。为了避免这种命运，所罗门公司的董事会决定清理门户，并请巴菲特担任临时董事长。

在1991年5月的一次新闻采访中，巴菲特向所罗门公司的员工下了一道指令，这道指令传递的思想已深深植入伯克希尔的DNA：如果你不愿看到自己做的事被一位聪明但不怀好意的记者在报纸大版上报道，那就不要做这件事。后来，巴菲特在相关的国会证词中重申了这一指令。巴菲特还会定期向伯克希尔子公司的CEO重申这一指令。[34]

巴菲特有意识地致力于改善所罗门公司的企业文化。所罗门公司以严格遵守法律条文和规章制度而闻名，而巴菲特则提倡在适当的边界范围内表现得体。除了改善员工的价值观外，巴菲特还通过精挑细选，任命了一批新高管，建立了一种新基调——其中包括受人尊敬的银行家德里克·莫恩；杰出的企业律师，当时担任芒格–托尔斯–奥尔森律师事务所管理合伙人的罗伯特·德纳姆；以及著名的商法教授、宾夕法尼亚大学法学院院长罗伯特·蒙德海姆。在今天的伯克希尔子公司中，预设的企业文化具有一项关键特征：对声誉和诚信的投资。通过所罗门兄弟公司的案例，巴菲特上了关于"价值观的价值"的生动一课，强调了道德和利润的关系。

本章小结

在巴菲特和芒格最初的合作中，他们结下了维系终身的友谊，并形成了有助于定义伯克希尔的原则。巴菲特和芒格的交易，表明了支付的价格与交换的价值之间的差异：他们为喜诗糖果支付了便宜的价格，同时用永续经营作为对卖家的补偿；他们以诚信为名，为韦斯科金融支付了昂贵的价格。由于对韦斯科金融支付了过高的价格，没有对《布法罗新闻报》进行尽职调查，他们被怀疑为垄断者。巴菲特和芒格早期的交易表明，尽管要付出代价，但他们愿意打破常规。巴菲特在所罗门兄弟公司扮演的角色，进一步体现了伯克希尔诚信文化的重要性。

美国证券交易委员会对韦斯科金融的调查，让巴菲特和芒格意识到简化事情的重要性。巴菲特和芒格澄清了他们之间的关系，并精简了公司组织架构。巴菲特和芒格将子公司整合到伯克希尔中，使其成为各项业务经营的主要企业实体。与此同时，伯克希尔任命巴菲特为董事长兼CEO，任命芒格为副董事长。最终，巴菲特成为伯克希尔的化身，主导投资收购，以及塑造企业文化，芒格则扮演了德尔斐式的顾问角色。[⊖]1999年，也就是他们共同创业几十年后，巴菲特在解释各自的角色时说："芒格比我更加兴趣广泛。他对伯克希尔的热情不像我，这不是他的孩子。"[35]芒格表示同意："巴菲特把全身心的热情都投入到了伯克希尔。"

⊖ 德尔斐是一处重要的"泛希腊圣地"，即所有古希腊城邦共同的圣地，著名的德尔斐神谕就在这里颁布。作者以此比喻芒格的贤能。——译者注

第 2 章

多元化

斯科特-费泽公司：微缩版的伯克希尔

到1986年，伯克希尔旗下已经拥有了一系列公司，从糖果生意到保险业务，并通过接下来的两笔收购继续进行多元化投资。那一年的早些时候，由拉尔夫·谢伊领导的斯科特-费泽公司，其管理层提出了一项杠杆收购计划。这项收购计划引起了股市狙击手们的注意，其中包括臭名昭著的资本大鳄伊万·博斯基。[1]巴菲特在报纸上关注到了这场引人注目的股权之争，并最终给谢伊写了一封信。巴菲特强调，伯克希尔对恶意收购非常厌恶。他告诉谢伊，如果谢伊想达成一项友好交易，请打电话给他。这次收购为伯克希尔带来了一系列新的业务，包括金厨刀具、寇比真空吸尘器和《世界百科全书》。

斯科特-费泽公司成立于1914年，当时乔治·斯科特和卡尔·费泽在克利夫兰建立了一间机械工厂，他们在那里生产军用手枪。[2]20世纪20年代，他们与当地发明家吉姆·寇比成立了一家合资企业，生产同名吸尘器。斯科特、费泽和寇比三人一起做生意，不仅完善了产品，而且通过独立的经销商开展了直销业务。在随后的几十年里，寇比真空吸尘器成为美国家庭的主要生活用品，累计卖出了数百万台。从20世纪20年代到20世纪60年代，除了销售这种产品之外，斯科特-费泽几乎什么也没做。

但在20世纪60年代末，借助当时出现的一波建立大型企业集团的浪潮，斯科特-费泽将自己转变为一家多元化的公司。很快，它就建立了31个不同的业务运营部门，提供从链锯到拖车栓钩的产品，每个部门都由部门主管自主管理。1974年，谢伊成为公司总裁，他卖掉了一些子公司，并增加了一些新的子公司，其中就包括1978年收购的"皇冠上的明珠"——世界图书出版公司。

到1986年，斯科特-费泽已经发展成为一家规模可观的上市企业集团，且维持着较低的债务水平。对那个时代的收购者和杠杆收购运营商来说，斯科特-费泽的业务组合颇具吸引力。杠杆收购者可以通过出售单个部门来偿还贷款，并由目标公司承担额外的信贷，从而为收购提供资金。而且，斯科特-费泽的管理非常专业，在许多领域拥有行业领先的产品服务和已被证明的盈利能力。不出所料，斯科特-费泽的业务组合对巴菲特也颇具吸引力，因为斯科特-费泽就是未来伯克希尔的微缩版。伯克希尔支付了3.15亿美元，承诺给予谢伊和他的团队在管理上的自主权，并向公司和股东承诺永续经营。巴菲特的这两项承诺，与博斯基的所作所为形成了鲜明的对比。[3]

范奇海默兄弟公司：投入伯克希尔的怀抱

1986年，伯克希尔还进行了另一笔收购，这笔收购将公司带入了下一个新行业。1986年1月15日，伯克希尔的长期股东，来自辛辛那提的罗伯特·赫德曼给巴菲特写了一封信。赫德曼自我介绍说，他是范奇海默兄弟公司的董事长，而巴菲特从未听说过这家公司。后来，巴菲特和赫德曼在奥马哈见面时，赫德曼解释说，从1842年开始，范奇海默就开始生产和销售制服，业务面向劳教、消防、军事、警察、邮政和运输等公共服务行业。范奇海默公司的客户包括美国海军、辛辛那提和洛杉矶的警察部门，以及波士顿、芝加哥和旧金山的交通运输部门。

赫德曼的父亲沃伦·赫德曼于1941年加入范奇海默公司。在沃伦之后，继任者先是他的儿子罗伯特和乔治，最后是罗伯特和乔治的后代加里、罗杰和弗雷德。创新一直是范奇海默的灵魂，它生产的商品包括与联邦当局合作，为执法人员设计的专业裤装。由于一系列法律要求政府机构"购买美国货"，来自政府部门的合同和订单帮助这家纺织品制造商有效应对了外国廉价劳动力和国际航运发展带来的挑战。[4]

然而，1981年，在一次杠杆收购中，范奇海默公司被卖给了一家外部投资集团。不过，作为管理层的赫德曼家族保留了部分股权。尽管债务负担沉重，但公司对预算的重视，使其有能力履行偿债义务。到1985年，范奇海默公司已经偿还了很大一部分债务，并提高了其股本的内在价值。赫德曼认为，是时候让外部投资者离开了。

在赫德曼看来，伯克希尔会是一个很好的买主。这个家族的几代人都喜欢经营自己的生意，他们希望能这样一直继续下去，不受新所有者的干涉，也不担心因为新所有者的一时兴起被卖掉。

巴菲特同意了，他喜欢范奇海默公司出色的历史盈利记录和卓越的行业领导能力，并钦佩其尽心尽力的家族管理作风。伯克希尔-哈撒韦公司以4600万美元的对价收购了范奇海默公司84%的股份，赫德曼家族保留了剩余16%的股份。值得注意的是，伯克希尔没有派人到辛辛那提进行实地考察，范奇海默公司也没有派人进行任何针对伯克希尔的尽职调查。事实上，自从联邦法官无理地指责巴菲特在收购《布法罗新闻报》的交易中没有进行尽职调查以来，巴菲特就一直以不做尽职调查为荣。这么看来，巴菲特之前对伯克希尔-哈撒韦纺织厂和喜诗糖果巧克力工厂的实地调研，和他后来的风格相比，显得有些格格不入。

范奇海默公司和斯科特-费泽公司完全不同。范奇海默公司是一家历史悠久的、延续多代的私人家族企业，专门为机构客户量身定制业务。这是一家巴菲特闻所未闻的小公司，它是由所有者（同时也是管理者）经营的。在伯克希尔收购范奇海默公司之前，它的管理者带领公司幸运地扛过了来自杠杆收购的挑战。斯科特-费泽公司则是另外一种情况，它在20世纪60年代后期形成了企业集团，并从事多种业务，通过独立的分销商和经销商网络开展商品零售业务。作为一家大型上市公司，它的一举一动都备受巴菲特关注。斯科特-费泽一直由一群职业经理人管理，他们将公司出售给伯克希尔，而不是杠杆收购者。两家公司甚至连交易结构也有所不同：伯克希尔持有斯科特-费泽公司100%的股权，但是范奇海默公司的家族所有者保留了16%的股权。

吸引巴菲特的是这两家公司的共同之处，即高效优良的经营管理、久经考验的盈利能力和保持领先的行业地位。另一个共同点是他们都看重公司经营的自主性和持久性。斯科特-费泽的管理层和股东都拒绝博斯基的杠杆收购——事事过问的控制和一一拆分的清算，支持巴菲特和伯克希尔提倡的自主管理和永续经营。在经历了杠杆收购之后，赫德曼家族向巴菲特求助，巴菲特在伯克希尔为他们提供了永远的港湾，并放手让他们自主管理。

伯克希尔四大业务领域：保险、能源、金融、实体

今天，伯克希尔旗下的子公司从事着许多互不关联的业务，每个子公司都以自己的方式为伯克希尔做出贡献。为了有效管理这些多元化的

经营部门，在致伯克希尔股东的年度信件中，巴菲特概述了四大业务领域，并进一步细分。第一大业务领域是保险业，在伯克希尔公司的历史上，保险业务对其商业价值贡献最大。第二大业务领域是受监管的或资本密集型的行业，这是伯克希尔的新业务，它在收入和利润方面的贡献正变得越来越重要。第三大业务领域是金融和金融产品事业群，金融业是四大业务领域中体量最小的，但绝对规模也相当可观。第四大业务是一系列分布广泛的公司集群，业务范围涵盖各种类型的制造业、服务业和零售业，其中包括范奇海默公司和斯科特-费泽公司。

伯克希尔的保险业务，既有承保个人汽车保险（比如盖可保险）和承保大型商业风险（比如通用再保险和国民赔偿保险公司）的大公司，也有从事各种保险业务的数十家小公司，其承保范围涵盖从船舶海运到工伤赔偿的各种保险。总而言之，伯克希尔的保险部门，几乎可以为你能想到的一切提供保险——从你邻居的汽车到城市的摩天大楼，从街角附近的咖啡小店到世界上最大的航空公司，都在承保的业务范围内。

伯克希尔的第二大业务领域，受监管的或资本密集型行业，涉及两项不同的业务活动。一个是能源，仅有一家公司，即伯克希尔-哈撒韦能源公司（前身为中美能源公司），这是一家投资于能源领域的全球企业集团，业务领域包括太阳能和风能，并对天然气管道业务有所涉猎。另一个是交通运输，以伯灵顿北方圣达菲铁路公司（北美最大的铁路公司之一）为首。伯克希尔在运输领域的业务还包括两家专业航空公司：提供飞行员培训的飞安公司，以及率先开展飞机部分所有权业务的利捷航空。此外，还包括森林河房车，它是游艇和大型旅行车制造商。

伯克希尔的金融业务包括三家公司，它们的融资业务可能相似，但产品却大相径庭。这三家公司分别是：房屋制造领域的建筑商、销售商和融资者——克莱顿房屋公司，从事家具租赁业务的CORT商业服务公司，以及从事卡车设备租赁业务的XTRA公司。

伯克希尔的最后一个业务领域，也是范奇海默公司和斯科特–费泽公司所在的领域，包括八个细分领域。这些细分领域，商业活动有类似的方面，也有完全不同的方面。例如，喜诗糖果和冰雪皇后同属于食品饮料行业，但这两家公司的商业模式明显不同，喜诗糖果是自营连锁的模式，而冰雪皇后则采取特许经营的模式。

伯克希尔的珠宝子公司包括三家零售商——本-布里奇珠宝、波仙珠宝和赫尔兹伯格珠宝公司，还有一家珠宝制造商和批发商Richline。家居家具业务与珠宝业务平行，包括四家同类型的零售商：乔丹家具、内布拉斯加家具城、威利家居，以及明星家具，还有一家生产相框的企业拉森–朱赫（Larson-Juhl）。同样地，新闻媒体领域也包括许多当地报纸，比如《布法罗新闻报》《奥马哈世界先驱报》《里士满时讯报》（*Richmond Times-Dispatch*），以及一家名为美国商业新闻社（Business Wire）的国际新闻发布服务商。

伯克希尔的建筑业务领域包括佳斯迈威（生产建筑材料）、顶点砖材公司（墙砖）、本杰明–摩尔涂料公司（油漆）和迈铁公司（钢材连接器）。服饰领域包括布鲁克斯、鲜果布衣、伽蓝、布朗鞋业和贾斯廷，这些品牌一起提供了几乎所有品种的鞋类——牛仔靴、正装鞋、工作靴、高尔夫球鞋和跑鞋，以及运动装备、儿童服装、内衣，服装部门还包括生产制服的范奇海默兄弟公司。

销售领域则是各种公司的"集合"，包括TexTronics或创科集团（负责销售电子产品）、宠厨（厨房用具）和东方贸易（派对礼品）。其细分领域还包括Chore-Time Brock（农业设备制造商）、路博润（特种化学品制造商）、伊斯卡（全球金属切削集团），以及综合企业集团斯科特–费泽和玛蒙集团。

按照业务条线划分，伯克希尔的子公司具有多元化的特征，这几乎与每一项可衡量的指标的多元化相匹配——包括估值、收购价格、公司规模、就业人数、对伯克希尔的经济贡献，以及各种财务表现，等等。人们可能会预期，把所有这些公司放在同一个屋檐下，它们会呈现某种程度的同质性。比如说，这些公司都遵循着巴菲特最初的投资原则，保持着一致的低市净率，或者采用传统价值投资的过滤方法，维系着最低的市盈率水平。但事实并非如此。伯克希尔旗下子公司的共性不会在这些指标中找到，而是隐于无形之中。

伯克希尔旗下事业群像

1986年，伯克希尔为收购范奇海默公司支付了4600万美元，为收购斯科特–费泽支付了3.15亿美元。这预示着，在之后数十年时间里，伯克希尔支付的收购价格区间将非常宽泛。在接下来的10年里，伯克希尔的收购价格从不到1亿美元到23亿美元不等（这笔23亿美元的交易，用于收购盖可保险50%的股权）。在接下来的20年里，伯克希尔收购的规模和范围不断扩大，许多交易的规模在4亿～9亿美元之间，有几笔超过10亿美元，还有几笔超过100亿美元（见表2-1）。

这些收购价格意味着，就市盈率或市净率而言，伯克希尔对不同的子公司有着不同的估值基准。伯克希尔各子公司的市盈率范围从8∶1到超过30∶1，市净率从低于1∶1到超过5∶1（见表2-2）。市盈率或市净率倍数的范围，反映了子公司的多元化，以及在不同时期，针对不同业务类型（如保险、金融、制造、零售、服务和公用事业），适用着广泛的估值标准。例如，与服务或零售业务相比，资产密集型的制造业公司可能在市净率上的估值更低。

表2-1　收购价格

收购价格 （单位：亿美元）	
440	伯灵顿北方圣达菲铁路公司
220	通用再保险公司
100	路博润公司
50～90	伊斯卡、玛蒙集团、中美能源公司（伯克希尔-哈撒韦能源公司）
20～40	盖可保险、肖氏工业
15～19	克莱顿房屋公司、飞安公司、佳斯迈威、麦克莱恩
10～14	本杰明-摩尔涂料、森林河房车、美国医疗保健公司
8～10	鲜果布衣、宠厨、TTI
6～8	冰雪皇后、利捷航空
4～6	德克斯特鞋业、贾斯廷公司、迈铁公司、斯科特-费泽、XTRA公司
3～4	美国商业新闻社、CORT公司
2～3	应用承保公司、本-布里奇珠宝、伽蓝、乔丹家具、拉森-朱赫
1～2	CTB国际公司、威利家居、赫尔兹伯格珠宝、布朗鞋业、明星家具
<1	波仙珠宝、《布法罗新闻报》、中部州保险公司、范奇海默兄弟公司、堪萨斯金融担保公司、内布拉斯加家具城、国民赔偿保险公司、喜诗糖果、韦斯科金融、Richline

注：表格中的数据，系伯克希尔各阶段收购的加总金额。

表2-2 价格比率

市盈率		市净率	
<8	鲜果布衣	<1.00	鲜果布衣
8~10	伽蓝	1.00~1.99	兑莱顿房屋公司、CTB国际公司、伽蓝、贾斯廷公司、XTRA公司
11~13	佳斯迈威、路博润、XTRA公司	2.00~2.99	本杰明·摩尔涂料、冰雪皇后、飞安公司、通用再保险、佳斯迈威
14~17	本杰明·摩尔涂料、克莱顿房屋公司、冰雪皇后	3.00~3.99	伯灵顿北方圣达菲铁路公司、喜诗糖果、肖氏工业
18~22	飞安公司、通用再保险、贾斯廷公司、肖氏工业	4.00~4.99	路博润
23~30	伯灵顿北方圣达菲铁路公司、CTB国际公司	>5	中美能源公司（伯克希尔-哈撒韦能源公司）
>30	中美能源公司（伯克希尔-哈撒韦能源公司）		

注：表格中的大部分数据来自彭博社（Bloomberg）。市盈率（PE）的计算公式是：用公开的交易总额除以目标公司过去12个月的净利润。市净率（PB）的计算公式是：用公开的交易总额除以目标公司的净资产。对于因破产而被并购的鲜果布衣（净利润和净资产均为负值），其市盈率的计算，以息税折旧摊销前利润（EBITDA）为基准；其市净率的计算，以企业价值为基准。飞安公司和喜诗糖果的数据，均来自伯克希尔-哈撒韦公司的年报。

伯克希尔旗下的子公司对总部做出的业绩贡献也大小不一。2013年，伯克希尔的总营业收入为1820亿美元：其中1300亿美元来自非保险业务，370亿美元来自保险业务，150亿美元来自投资和其他业务。[5]其中一些子公司的营业收入不到2.5亿美元，大多数子公司超过10亿美元，少数子公司高达100亿美元，其中有一家公司（麦克莱恩）的营业收入接近460亿美元。如果伯克希尔旗下子公司都是独立的公司，那么以2013年的营业收入是否达到50亿美元为标准，将有8家公司入选《财富》世界500强企业（见表2-3）。伯克希尔子公司雇用的员工数量也各不相同，少则不到一百人，多则达到三四万人（见表2-4）。

表2-3　伯克希尔子公司的营业收入和税前利润

	营业收入 （亿美元）		税前利润 （亿美元）
麦克莱恩	459	伯灵顿北方圣达菲铁路公司	59
伯灵顿北方圣达菲铁路公司	220	伯克希尔–哈撒韦能源公司	18
盖可保险	185	国民赔偿保险公司	17
伯克希尔–哈撒韦能源公司	127	玛蒙集团	12
国民赔偿保险公司	120	路博润	12
玛蒙集团	70	盖可保险	11
路博润	61	麦克莱恩	5
通用再保险	59	通用再保险	3

注：路博润的营收和利润数据只是估计值。国民赔偿保险公司的营收和利润数据，包含了伯克希尔–哈撒韦再保险集团和伯克希尔–哈撒韦基本保险集团的运营。

伯克希尔旗下子公司具有风格迥异的财务特征。利润率（利润除以营业收入）从1%到25%不等。相比起来，资本回报率的跨度稍小，但分布范围仍然很广。从资产回报率（税后利润除以非杠杆的有形资产净值）等指标来看，伯克希尔的子公司通常具有强劲的经济效益。伯克希尔的许多子公司资产回报率从25%到超过100%不等，大多数子公司资产回报率在可观的12%～20%。但也有子公司未能达到这个范围的最低值，这反映出伯克希尔在收购决策中偶尔也会犯下错误。[6]

表2-4　伯克希尔子公司的员工人数

员工人数	公司
>40 000	伯灵顿北方圣达菲铁路公司
>30 000	鲜果布衣
>25 000	盖可保险
>20 000	麦克莱恩、肖氏工业
>15 000	伯克希尔–哈撒韦能源公司、玛蒙集团
>10 000	克莱顿房屋公司、伊斯卡
>7500	森林河房车公司、路博润
>5000	佳斯迈威、利捷航空、斯科特–费泽
>2500	BH媒体、CTB国际公司、Richline、TTI、飞安公司、伽蓝、内布拉斯加家具城、喜诗糖果
>1000	国民赔偿保险公司以及一系列非保险类的子公司
<1000	数十家非保险类的子公司，其他保险子公司

德克斯特鞋业：代价最高的投资失误之一

代价最高的投资失误几乎是收购伯克希尔–哈撒韦公司的历史重演，这次涉及的是一家新英格兰的鞋业公司。1956年，哈罗德·阿方德在缅因州的德克斯特投资1万美元成立了德克斯特鞋业公司。这家公司发展迅猛，位于当地的工厂每年可生产数百万双鞋。德克斯特鞋业在高尔夫球鞋市场上建立了一个利基市场，并从一众供应商中脱颖而出，获得了百货商店等客户授予的卓越奖。德克斯特鞋业公司一直在美国本土生产产品，支付着比竞争对手更高的工资，而且在质量和风格上，德克斯特似乎超越了从低薪国家进口鞋类的竞争对手。

1993年，伯克希尔以价值4.43亿美元的伯克希尔股票作为对价，收购了德克斯特鞋业公司。⊖这笔收购具有伯克希尔其他早期收购表现出来的积极特质：一家类似于喜诗糖果的创业家族，一种类似于韦斯科金融

⊖　经查阅巴菲特2007年致股东信的原文，其记录的收购对价是4.33亿美元。——译者注

的预算意识，以及稳固的品牌、销售和客户关系。但德克斯特鞋业有一项潜在的负面特质，这项特质与伯克希尔-哈撒韦的纺织业务相同，在美国的制造工厂，其耗费的成本是在中国的10倍。最终，竞争对手将以十分之一的成本，生产出和德克斯特鞋业一样优质的鞋。到2007年，巴菲特承认，收购德克斯特鞋业是他做过的最糟糕的一笔交易。[7]

当时，伯克希尔将德克斯特鞋业的业务转让给了布朗鞋业。布朗鞋业是伯克希尔在1990年收购的一家生意兴隆的鞋类子公司。和德克斯特鞋业一样，布朗鞋业也是新英格兰血统。1883年，亨利·布朗在马萨诸塞州的纳蒂克创立了这家公司，当时纳蒂克是美国的制鞋工业中心。1927年，布朗以1万美元的价格将公司卖给了雷·赫弗南。此后，29岁的赫弗南一直经营着这家公司，直到1990年，赫弗南以92岁的高龄去世。[8]

多年来，赫弗南的业务稳步增长，他一边开展并购，一边探索了许多产品创新，包括在鞋的衬里中使用Gore-Tex面料⊖。到1990年，布朗鞋业经营着位于北美的四家工厂，雇用了3000多名员工，每年总收入为2500万美元。[9]随着赫弗南的健康状况每况愈下，布朗鞋业的领导权逐渐落到了他的女婿弗兰克·鲁尼手上，鲁尼曾长期担任另一家制鞋公司（也是布朗鞋业的竞争对手）的CEO。[10]赫弗南去世后，家族希望出售布朗鞋业。在一次高尔夫球会上，鲁尼向巴菲特的朋友、伯克希尔股东约翰·卢米斯提到了这一想法，卢米斯让鲁尼给巴菲特打电话。[11]很快，伯克希尔就以1.61亿美元的价格收购了布朗鞋业。巴菲特说服鲁尼留下来，这对伯克希尔来说很重要，因为它不想重新招募子公司经理人。

布朗鞋业是美国领先的工鞋和皮靴制造商，并有良好的盈利记录。这家公司在美国生产高端品牌的鞋子，卖出更高的价格以收回成本；在

⊖ Gore-Tex面料是美国戈尔公司独家发明和生产的一种轻、薄、坚固且耐用的薄膜，具有防水、透气和防风功能，突破了一般防水面料不能透气的缺点，被誉为"世纪之布"。——译者注

海外则生产标准品牌的鞋子，价格也更便宜。受益于美国联邦政府"购买美国货"的法律，布朗鞋业还通过美国军事基地的军靴交易所销售军靴，并根据联邦政府职业安全与健康管理局（Occupational Safety and Health Administration）的要求，为劳工生产工作靴。因此，布朗鞋业通过延续传统与适应当下，成功地生存了下来，并得以蓬勃发展，而这正是德克斯特鞋业未能做到的。

德克斯特鞋业和布朗鞋业的故事，除了展示出伯克希尔业务的多元化之外（即便是在单一业务领域），其引人注目之处还在于它们的结局。伯克希尔没有出售德克斯特鞋业，而是将其并入布朗鞋业。随后，布朗鞋业关闭了德克斯特鞋业在美国本土的工厂，将工厂转移到国外，使德克斯特鞋业的品牌得以延续。

伯克希尔旗下事业：不同视角的分类

伯克希尔收购子公司的时间跨度，长达半个多世纪（见表2-5）。其规模较小的收购通常发生在早期，如喜诗糖果、范奇海默兄弟公司、韦斯科金融、《布法罗新闻报》，而规模最大的收购则发生在近期。随着其资本的巨额增长，伯克希尔越来越重视规模明显更大的收购机会。但总体而言，大型收购仍然很少。大量的小型收购往往比长期持有现金或政府债券更加有利可图。

人们普遍认为，伯克希尔的收购目标是非上市公司。如果只看被伯克希尔收购的非上市公司数量，这是事实。但是，伯克希尔投入上市公司的总金额（高于1000亿美元）其实超过了并购非上市公司的总金额。在被收购的一半上市公司中，很大比例的股票由单一家族拥有，而且至少有一些家族成员担任董事或高管（见表2-6）。

表2-5 收购时间

	保险业务	非保险业务
20世纪60年代	国民赔偿保险公司、国民火灾与海运保险公司	
20世纪70年代	伯克希尔-哈撒韦本州保险公司	《布法罗新闻报》、喜诗糖果、韦斯科金融
20世纪80年代		波仙珠宝、范奇海默兄弟公司、内布拉斯加家具城、斯科特-费泽
20世纪90年代	中部州保险公司、盖可保险公司、通用再保险公司、堪萨斯金融担保公司	本-布里奇珠宝、布朗鞋业、冰雪皇后、飞安公司、赫尔兹伯格珠宝、乔丹家具、明星家具、中美能源公司（伯克希尔-哈撒韦能源公司）、利捷航空、威利家居
2000～2005年		本杰明-摩尔涂料、克莱顿房屋公司、森林河房车公司、鲜果布衣、伽蓝、佳斯迈威、贾斯廷公司、麦克莱恩、迈铁公司、宠厨公司、肖氏工业、XTRA公司、CORT公司、CTB国际公司
2006～2010年	应用承保公司、美国轮船公司、美国医疗保健公司、美国责任保险公司	美国商业新闻社、伊斯卡、拉森-朱赫、玛蒙集团、Rich-line、TTI公司
21世纪10年代	守护保险	伯灵顿北方圣达菲铁路公司、路博润、东方贸易公司

伯克希尔的大多数收购，从一开始就买入了被收购公司100%的股份，开始就意味着结束。但在有些案例中，伯克希尔一开始的持股比例很小，后来增长到100%。例如，伯灵顿北方圣达菲铁路公司、盖可保险公司和蓝筹印花公司。在有些情况下，比如像范奇海默兄弟公司的赫德曼家族那样，出售股份的大股东无限期或永久性地保留了一部分股份。[12]还有一些其他情况，伯克希尔的初始头寸不足100%，但根据巴菲特和芒格的计划，他们同意在适当的时候收购其余股权。[13]

表2-6　收购的企业类型

上市公司（相对分散的股权结构）	上市公司（家族持股的股权结构）
伯灵顿北方圣达菲铁路公司	本杰明–摩尔涂料公司
CORT公司	克莱顿房屋公司
鲜果布衣	CTB国际公司
通用再保险公司	冰雪皇后
佳斯迈威	飞安公司
路博润	伽蓝
中美能源公司（伯克希尔–哈撒韦能源公司）	贾斯廷公司、顶点砖材公司
XTRA公司	肖氏工业
	韦斯科金融公司

　　人们常常说，伯克希尔旗下的子公司都很古老，但事实却并非如此。与其说它们古老，还不如说它们分属不同的年代。其中，有10家子公司是19世纪的产物（范奇海默兄弟公司是历史最悠久的企业，它的历史可追溯到1842年）；有一半的子公司是在第二次世界大战（以下简称二战）之前成立的，另一半则是在战后成立的（见表2-7）。其中年轻的公司包括成立于2007年的珠宝制造商Richline，以及成立于1996年的大型旅游车制造商森林河房车。其实，森林河房车是在一家古老集团的资产废墟上建立和发展起来的。考虑到企业的合并重组等因素，最不好确认年代的是成立于1995年的伯灵顿北方圣达菲铁路公司，它的历史最早可以追溯到1849年，但到1995年才真正成形。还有成立于1998年的伯克希尔–哈撒韦能源公司，它是一家成立于1971年的公司兼并和收购的产物。

　　伯克希尔旗下的子公司地域分布十分广泛。美国近一半的州都有伯克希尔一家或多家子公司的总部，这些子公司遍布美国各地（见图2-1和表2-8）。奥马哈是伯克希尔总部、一些保险类子公司和其他四家非保险

表2-7 成立时间

成立时间	保险业务	非保险业务
19世纪	美国医疗保健公司	本杰明-摩尔涂料，伯灵顿北方圣达菲铁路公司，《布法罗新闻报》，范奇海默兄弟公司，布朗鞋业，佳斯迈威，贾斯廷公司，麦克莱恩，鲜果布衣
20世纪（二战以前）	盖可保险公司，通用再保险公司，国民赔偿保险公司	顶点砖材公司，本-布里奇珠宝，波仙珠宝，冰雪皇后，赫尔兹伯格珠宝，乔丹家具，路博润，内布拉斯加家具城，东方贸易公司，喜诗糖果，明星家具，威利家居
20世纪（二战以后）	应用承保公司，美国轮船公司，中部州保险公司，堪萨斯金融担保公司	美国商业新闻社，克莱顿房屋公司，CORT公司，飞安公司，森林河房车，伽蓝，伊斯卡，拉森-朱赫，玛蒙集团，中美能源公司（伯克希尔-哈撒韦能源公司），利捷航空，宠厨公司，斯科特-费泽，肖氏工业，XTRA公司，CTB国际公司，TTI公司
21世纪		Richline

表2-8 伯克希尔子公司的地域分布

美国中西部

内布拉斯加州 （均位于奥马哈）	应用承保公司、伯克希尔-哈撒韦本州保险公司、伯克希尔-哈撒韦传媒公司、波仙珠宝、中部州保险公司、内布拉斯加家具城、国民赔偿保险公司、东方贸易公司
伊利诺伊州	玛蒙集团、宠厨公司
印第安纳州	森林河房车、美国医疗保健公司、CTB国际公司
艾奥瓦州	伯克希尔-哈撒韦能源公司
堪萨斯州	堪萨斯金融担保公司
明尼苏达州	冰雪皇后
密苏里州	赫尔兹伯格珠宝、迈铁公司、XTRA公司
俄亥俄州	范奇海默兄弟公司、路博润、利捷航空、斯科特-费泽

美国西部

加利福尼亚州	美国商业新闻社、喜诗糖果、韦斯科金融公司
科罗拉多州	佳斯迈威
犹他州	威利家居
华盛顿州	本-布里奇珠宝、布鲁克斯

美国南部

佛罗里达州	Richline
佐治亚州	拉森-朱赫、肖氏工业
肯塔基州	鲜果布衣
田纳西州	克莱顿房屋公司
得克萨斯州	顶点砖材公司、伯灵顿北方圣达菲铁路公司、贾斯廷公司、麦克莱恩、明星家具、TTI公司

美国东部

康涅狄格州	通用再保险公司、布朗鞋业
弗吉尼亚州	美国轮船公司、盖可保险公司
马萨诸塞州	乔丹家具
新泽西州	本杰明-摩尔涂料公司
纽约州	《布法罗新闻报》、飞安公司、伽蓝
以色列/荷兰	伊斯卡

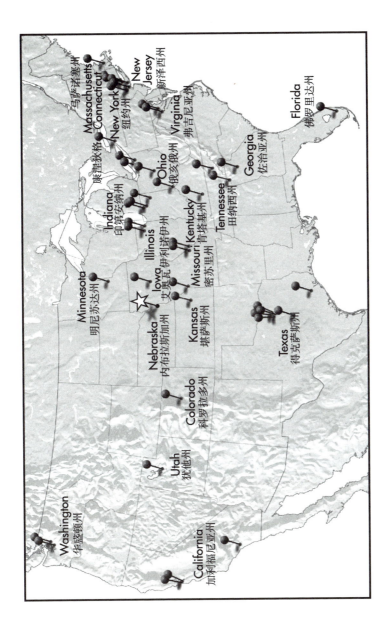

图2-1 伯克希尔商业版图

类子公司的所在地。伯克希尔另外的15家子公司横跨中西部，7家子公司位于西部，11家子公司位于南部，9家子公司位于东部。

伊斯卡：伯克希尔少有的非本土子公司

伯克希尔旗下子公司的总部所在地表明，伯克希尔主要是一家美国公司，尽管包括通用再保险、路博润和迈铁公司在内的一些子公司长期维持着国际业务。伯克希尔只收购了一家重要的非美国子公司：全球领先的金属切削工具制造商伊斯卡。[14]

伊斯卡成立于1952年，创始人是史戴夫·韦特海默，他现在是以色列的一位亿万富翁。1937年，9岁的韦特海默随父母离开德国，以逃脱希特勒和纳粹的魔爪。韦特海默一家在以色列的特拉维夫定居下来，他后来加入英国皇家空军，成为一名设备技术员。利用在英国皇家空军习得的技能，韦特海默在自家后院开了一家小型金属刀具切割工厂，他称之为伊斯卡（ISCAR），即以色列碳化合金公司（Israel Carbide）的缩写。

在韦特海默之子埃坦的领导下，韦特海默家族把这家工具公司变成了世界上最大的金属加工基地。伊斯卡是金属加工集团国际金属切削公司的旗舰成员。这家集团由数十家子公司组成，这些公司都是在过去一百年间由当地企业家创立的，目前在数十个国家开展业务。所有的公司都生产特种金属产品，主要用于航空航天和汽车行业。国际金属切削公司的产品是小型、廉价的工具，其客户主要是生产昂贵的大型机器的厂家。这些金属工具的附加值是巨大的，因为它们能使机器运转得更高效，从而增加了客户的利润。

2005年，韦特海默家族需要应对代际传承的挑战。韦特海默给巴菲特写了一封简短的信，介绍了他的公司和所处的行业。[15]巴菲特邀请韦特海默到奥马哈，经过几个小时的交谈后，大家相信很有希望达成这笔交易。很快，伯克希尔购买了伊斯卡80%的股份，韦特海默家族保留了剩余20%的股份。2013年，韦特海默家族通过行权，将剩余20%的股份出售给了伯克希尔。这样一来，伯克希尔的收购总价达到50亿美元。

伯克希尔之所以在美国集中开展收购，主要是由于历史上的偶然，因为它走在全球化进程之前。这并不意味着伯克希尔模式在全球舞台上的有效性受到限制。相反，伊斯卡的商业模式（本身就是一个公司网络）可能暗示了伯克希尔在全球扩张的可行性。

本章小结

伯克希尔的大量子公司（包括范奇海默兄弟公司、斯科特–费泽、德克斯特鞋业、布朗鞋业、伊斯卡、喜诗糖果、韦斯科金融和《布法罗新闻报》），从销售的产品到赚取的利润，以及进入伯克希尔集团的独特路径，它们几乎在每个方面都存在差异。然而，正如我们对这些子公司的调研所表明的那样，有一条共同的主线贯穿其中。但是，考虑到伯克希尔的规模及其企业家族的复杂性，还需要对子公司进行更多的挖掘，让伯克希尔的文化能够兼收并蓄。同时，还要找出命题的答案：企业文化是如何促进伯克希尔的永续经营的。

第 3 章

企业文化

公司的价值观是企业文化的核心

关于企业文化，巴菲特喜欢引用英国前首相温斯顿·丘吉尔的名言："我们塑造了建筑，然后建筑开始塑造我们。"[1]那些子公司，都是自行选择成为伯克希尔家族的一员的。那些企业主，除非他们认可公司文化的规范和标准，否则他们不会把公司卖给伯克希尔（当然，伯克希尔也不会买他们的公司）。

任何组织的企业文化都是复杂的，尤其是像伯克希尔这样大型和多元化的企业集团。企业文化是由一系列共同的信念、实践和观点所定义的，这些信念、实践和观点决定了一家企业的预期，并影响着员工对待同事、客户以及股东的态度。[2]企业文化通常由高层定调，并通过日常决策、应对挑战和危机渗透到整个组织中。公司的价值观是企业文化的核心，因为它们为公司的目标和愿景建立了标准。[3]

在伯克希尔，这些价值观的形成，首先源于巴菲特为识别潜在子公司而制定的收购标准。1986年，伯克希尔在《华尔街日报》上刊登了一则广告，表明其对收购的兴趣，并详细列明了收购的标准。此后，这些统一的收购标准每年都会公布在伯克希尔的年度报告上。除了对年度盈利的最低门槛要求从当年的500万美元上升到现在的7500万美元以外，其他的收购标准从未改变过，包括：已被证明的盈利能力、良好的股本回报率（无杠杆或低杠杆）、精细的管理、简单的业务以及合理的价格。

另一种有助于塑造伯克希尔价值观的正式表达方式，是一系列与所有者相关的商业原则，这些原则定义了伯克希尔及其子公司如何与大股东及其他投资者打交道。与收购标准一样，这些商业原则也会在伯克希尔的年报中公布。这是一份令人印象深刻的清单，列出了巴菲特——这位伯克希尔CEO赖以生存的15条原则。例如，尽管伯克希尔采取公司制，但巴菲特仍将它看成一家合伙企业；尽量少用借来的钱；根据1美元的再投资是否至少能增加1美元的股东价值，评估是否将利润用来再投资或支付股息；永远持有这些子公司。最重要的是，这些原则反映出巴菲特始终秉持着"股东第一，员工第二"的经营理念。巴菲特在经营管理上的信仰有力地维护了股东权益。巴菲特钦佩那些把自己当成所有者一样去经营企业的经理人。[4]这种思维模式从一开始就树立起伯克希尔重视预算和精明投资的价值观。

伯克希尔的股东、董事与高管

伯克希尔与所有者相关的商业原则，尤其是将伯克希尔视为合伙企业的理念，关注的是股东。伯克希尔不仅将其股东视为公司股权的短期持有者，还将其视为永远的商业合作伙伴。在伯克希尔，这样的价值观蔚然成风，因为它的子公司（包括许多家族企业）都在为自己寻求一处永久的归宿，而伯克希尔一直以永远持有和经营子公司为原则。股东是主人，包括巴菲特在内的伯克希尔及其子公司的经理人则是管家。与所有者相关的商业原则还强调，伯克希尔的CEO和控股股东将忠实地将其他外部股东视为合作伙伴，而不仅仅是资金来源。

伯克希尔的上述做法成功地吸引了这样一批股东群体，他们对美国企业界来说是与众不同的：伯克希尔的股票成交量只有其他大型上市公司的大约1/5，其年度股东大会的出席率高得异乎寻常（近年来吸引了35 000人），公司的股东大多是个人和家庭（其他大型上市公司的大部分股票大多由金融机构或共同基金持有），并且股东拥有高度集中的投资组合。[5]作为一家企业集团，伯克希尔的股东接受伯克希尔作为一家合伙企业的概念，他们拥有的不仅仅是流动的股票，还是永久的股份。[6]

虽然自1988年以来，伯克希尔就在纽约证券交易所上市，但它保留了巴菲特早年经营私人投资公司时继承下来的合伙制特征。例如，伯克希尔的董事会一直都是由巴菲特的朋友和家人组成的：巴菲特已故的妻子苏珊，曾担任董事很多年；他们的儿子霍华德，自1993年起担任董事；巴菲特最好的朋友查理·芒格，自1978年起担任董事；奥马哈商人小沃尔特·斯科特，自1988年起担任董事；芒格-托尔斯-奥尔森律师事务所（伯克希尔经常向其咨询收购和其他法律事务）合伙人罗纳德·奥尔森，自1997年起担任董事。

2003～2004年，伯克希尔董事会进行了扩员，加入了长期业务伙伴唐纳德·基奥和汤姆·墨菲。基奥是伯克希尔持有大量股权的可口可乐的资深高管。墨菲则长期担任伯克希尔投资的大都会/美国广播公司的CEO。其他入选董事会的人士，还包括巴菲特自1962年以来的老友，来自纽约的投资家桑迪·戈特斯曼，以及巴菲特自1991年以来的朋友，微软公司创始人比尔·盖茨。

伯克希尔的董事们，其行为方式就像股东一样：他们购买大量伯克希尔的股票，仅领取象征性的工资，没有股票期权，也没有其他公司董事会认为理所当然的董事责任保险。巴菲特拥有伯克希尔超过40%的股份，其他董事及其家人，以及他们所经营机构的客户，共同拥有伯克希尔超过10%的股份。[7]除此之外，董事会对伯克希尔文化最重要的贡献，是确认并强化巴菲特不断注入的价值观。

与许多企业集团不同的是，伯克希尔总部没有运营经理，只有一小群专注于财务报告的管理人员。1981～1993年，迈克尔·戈德堡负责管理伯克希尔旗下的一系列企业，他进行了一些高管的职位变动。[8]例如，在任命布拉德·金茨勒担任范奇海默兄弟公司总裁之前，戈德堡曾让他管理一系列保险公司（在查尔斯·哈金斯退休后，巴菲特又让金茨勒管理喜诗糖果）。[9]1999～2011年，中美能源公司（现为伯克希尔–哈撒韦能源公司）的CEO戴维·索科尔一直奔走于各兄弟子公司之间，为它们处理各种棘手的问题。在他之后，年轻的经理人特雷西·布里特·库尔也一直为有需要的子公司提供帮助。但是，除了这些有限的资源支持和偶尔更换CEO之外，子公司还是得靠自己来物色管理人才。它们的董事会（如有）往往规模很小（通常只有三名成员），也很少开会（可能一年一次）。

企业文化事关公司发展大局

伯克希尔的企业文化，是其在收购和拥有所有权的过程中发展起来的文化，以及所有子公司经营文化的总和。这些子公司的故事，经由创始人自己或其他权威人士讲述，反映了定义其企业文化的信仰、实践和观点。一家企业的文化历史，包括公司创始人的传奇、公司面临的挑战以及公司转型的考验。[10]

企业文化事关重大，因为它能转化为企业的经营业绩。例如，如果一家公司的管理层和股东都拥有"长期主义"的愿景，它就能更好地抵御金融动荡。以节俭和保守主义闻名的公司不太可能违约，因此享有较高的信用评级和较低的借贷成本，这些公司的股票价格往往波动性更小，这些特质都会吸引投资者。[11]一家以诚信闻名的企业，如果和供应商、员工以及客户的地位颠倒过来，相应地也会得到诚信的对待，通常这样的企业会赢得更多的好感和合作机会。在商品销售、制造、服务或其他商业活动中，卓越的声誉可以在关系开始时为交易增加谈判的筹码，也可以在应对周期性逆境时展现出更强劲的韧性。[12]

一项针对数百家大公司的研究表明，那些展现出强有力的积极企业文化的公司，能获得超高的经济效益。[13]还有一些学者探讨了这种文化如何在商界赢得尊重。[14]拉吉·西索迪亚教授和全食超市联合创始人约翰·麦基认为，在追求经济利润的同时，也要追求无形价值，这样公司才能更好地实现长期的经济价值。[15]罗伯特·蒙大维靠着将纳帕谷发展成知名酿酒基地，赚了一大笔钱，他说在他成功的背后，是对无形的卓越精神的追求。[16]然而，衡量或确认这种无形资产的特殊优势和经济价值的过程并不总是容易的。在本书的第二部分（第4章至第13章），我们将通过伯克希尔及其子公司的众多案例，来阐明这些无形资产的价值。

企业文化是一个现代概念，类似于团队精神等模糊的概念，比投资回报等严肃的商业分析工具更难定义。文化是一个柔软而广义的变量，它是一系列要素输入的结果，而这些要素可能是相互冲突的。不管是被称为企业文化还是别的什么，对伯克希尔作为一家机构的定位、业绩和持久性而言，一系列离散特质的反复出现非常重要。

通过检视子公司来确定伯克希尔的文化，并不意味着每家子公司都具有所有特质，或者每项特质都适用于每家子公司。比如在一支优秀的篮球队中，有竞争力的运动员往往是速度又快，身体又壮，个子又高。

但并不是每名球员都必须具备这三种特质。一些球员不高但是速度快、身体壮，而另外一些球员速度不快但是又高又壮，这样的团队就可以获得成功。所有球员的这些特质加在一起，就形成了一种团队特质。团队特质不仅包括每位球员特质的总和，还包括教练灌输的职业规范，如体育精神和团队精神。类似地，伯克希尔的精神特质，虽然不一定在每家子公司都普遍存在，但在高层定下基调以后，它们共同创造了伯克希尔的企业文化。

本章小结

商业领袖往往通过推广或示范特定的价值观来建立企业文化。价值观有助于决策，它会激励和吸引志同道合者，并排斥和驱逐三观不合者。[17]价值观很有黏性——它很难发生变化，而且往往经久不衰。价值观传达得越简明，往往就越持久。企业领导者越早挖掘出共同价值观的潜力，企业文化就会变得越有弹性，为领导者提供持久的精神财富。表3-1给出了一张关于伯克希尔文化特质的缩略图，我将在本书第二部分对其做进一步详解。我本来就是一名教授，为了方便大家记忆，我找到了一种方法，把所有的特质写成了"藏头诗"，这些特质的首字母拼在一起，正好是BERKSHIRE。

表3-1　伯克希尔的文化特质

特点	本质	代表企业
Budget conscious（精打细算）	省一分钱就等于挣五分钱	盖可保险公司（汽车保险）
Earnest（真诚友善）	信守承诺的价值	国民赔偿保险公司（商业和巨灾保险）通用再保险公司（再保险）
Reputation（珍惜声誉）	结局受益于良好的声誉	克莱顿房屋公司（消费者，投资者）乔丹家具（消费者）本杰明–摩尔涂料（经销商）佳斯迈威（人与环境）
Kinship（重视家风）	当家族注重家风传承时，富可过三代	内布拉斯加家具城（布鲁姆金家族）威利家居（柴尔德家族）明星家具（沃尔夫家族）赫尔兹伯格珠宝本–布里奇珠宝
Self-starters（自我驱动）	一分耕耘一分收获	飞安公司（飞行员培训）利捷航空（飞机部分所有权租赁）伽蓝（童装）贾斯廷/顶点砖材（品牌皮靴/墙砖）冰雪皇后（特许经营权）
Hands off（充分放权）	充分授权，但绝不能破坏声誉	宠厨（咨询顾问）斯科特–费泽（经销商）路博润（伯克希尔的传奇）
Investor savvy（智慧投资）	付出的是价格，交换的是价值	麦克莱恩（地毯式业务拓展）迈铁公司（补强型与增强型并购）路博润（拐点）伯克希尔–哈撒韦能源公司（资本输送）
Rudimentary（恪守本分）	不要异想天开，要脚踏实地	伯灵顿北方圣达菲铁路公司（旧经济，好业务）肖氏工业（吃一堑长一智）鲜果布衣（无节制的杠杆）
Eternal（永续经营）	对于卖掉企业、无家可归之人，伯克希尔是永远的港湾	布鲁克斯（频频易主）森林河房车（杠杆收购后破产）东方贸易公司（杠杆收购后破产）CTB国际公司（私募股权入主后）CORT公司（多次杠杆收购后）TTI（避免临时易主）

第二部分

BERKSHIRE
BEYOND
BUFFETT

第 4 章

精打细算与真诚友善

盖可保险：低成本运营的典范

1936年，在得克萨斯州圣安东尼奥，50岁的保险经理利奥·古德温，当时正在一家为军方服务的保险公司联合服务汽车协会（USAA）工作，与美国军方人员有着密切合作。[1]古德温注意到他的客户为汽车保险支付了太多的费用，他做过测算，如果将风险最低的司机纳入保险池，在没有代理的情况下销售保单，公司可以在价格折扣高达20%的情况下仍实现盈利。这个简单的想法促成了盖可保险的诞生，这家汽车保险公司是伯克希尔公司的基石之一，体现了我将要探讨的伯克希尔价值观之一——精打细算，或者说厉行节约。

盖可保险发端于古德温说服当地的一位银行家克利夫斯·雷亚入股7.5万美元，加上他自己投入的2.5万美元，一起为实施他的想法提供了种子资金。[2]经过调查，古德温将目标客户锁定为美国军官和其他联邦政府雇员。古德温认为他们是风险最低的司机。由于这些人集中在首都，古德温和妻子莉莲搬到了华盛顿特区，成立了一家新公司——盖可保险（GEICO）。古德温一家每天工作12小时，每周工作6天，凭着十足的毅力建设着盖可保险。他们通过直邮推销产品，处理承保细节，管理索赔流程。周末，利奥·古德温开车去军事基地推销自己的产品。

为了弥补低成本保险的不足之处，盖可保险特别看重客户服务。例如，1941年，在一场冰雹毁坏了整座城镇的汽车后，古德温安排当地汽车修理厂加班维修，并让供应商加快运输汽车顶盖和车窗玻璃。[3]在盖可保险投保的汽车比在竞争对手处投保的更早恢复使用，这让客户们心存感激。[4]

古德温的商业模式很简单：在没有代理的情况下，将低成本的保险出售给低风险的目标客户，并提供优质的客户服务。第一年的经营结果很不错：盖可保险仅仅依靠12名员工，签发了3754份保单，收取了103 700美元的保险费。[5]承保损益（承保保费收入与保单索赔支出之间的差额）一开始是负的，但很快开始有了少量的承保利润。尽管经历了大萧条和第二次世界大战，但随着盖可保险在保单、保费和利润方面稳步增长，"厉行节约"的商业模式被证明是正确的。

1948年，雷亚家族将其在盖可保险的股份出售给了数家私人投资者。帮助古德温家族找到这些新投资者的，是他们的朋友——银行家和盖可保险高管洛里默·戴维森。戴维森向格雷厄姆-纽曼公司出售了大量股票，这家公司的著名合伙人本杰明·格雷厄姆成为盖可保险的董事长。

格雷厄姆-纽曼公司持有的盖可保险股份，占了公司资产很大部分的比例。这种集中投资的风格与格雷厄姆一贯的多元化偏好背道而驰。但在当时，联邦当局裁定，格雷厄姆-纽曼这样的投资公司不能在保险公司拥有如此大比例的股份。因此，公司将盖可保险的股份分配给其合伙人，让他们直接持有。当时，这些股票被很多人持有，以至于联邦法律要求这些股票必须在美国证券交易委员会注册，这使得盖可保险成为一家上市公司。[6]

　　数年后，巴菲特参加了格雷厄姆在哥伦比亚大学商学院的投资课程，商学院位于曼哈顿晨边高地[⊖]附近的大学主校区。在格雷厄姆的传记里，列出了他担任的盖可保险董事长职位。巴菲特当时对保险业一无所知，也从未听说过这家公司。因为渴望了解更多情况，巴菲特决定探访盖可保险位于华盛顿的总部。

　　1951年1月，在一个寒冷的周六早晨，巴菲特坐上了宾夕法尼亚铁路公司6点半从纽约开出的"早安国会"号列车。[7]四个小时后，巴菲特抵达华盛顿，当时位于14号街和L街西北的盖可保险公司大楼还没开门。[8]但年轻的巴菲特引起了一名门卫的注意，这名门卫暗示他，有人正在顶楼工作，这人正是戴维森。巴菲特告诉戴维森，他是格雷厄姆的学生。之后，戴维森花了四个小时，向巴菲特讲解保险公司和保险行业。

　　此行巴菲特得到的关键结论是："盖可保险的直销模式，使其相对于通过代理机构销售的竞争对手具有非常巨大的成本优势。对其他保险公司来说，代理销售模式已经根深蒂固，它们不可能放弃它。"[9]受戴维森的启发，巴菲特仔细研究了盖可保险公司和保险行业。随后，巴菲特在一份拥有广大读者的行业刊物《商业与金融年鉴》上的"我最喜欢的证券"专栏发表了一篇关于盖可保险的推荐报告。[10]1951年，"知行合一"的巴菲特用10 282美元购买了350股盖可保险股票，这相当于他当时净资产的一半。（第二年，巴菲特以15 259美元的价格出售了这些股票。这给我们上了关于"买入并持有"的生动一课：如果持有到1995年，这些股票的价值将超过100万美元。）

　　整个20世纪50年代，利奥·古德温都在潜心经营盖可保险，强调其目标是保持绝对最低的经营成本。低成本的目标不仅仅是为了增加利润，

⊖　晨边高地是纽约市曼哈顿西北部的一个社区，也是哥伦比亚大学的主校区。它的北面是哈林区，南面是上西区，东面是晨边公园，西面为河滨公园。——译者注

事实上，古德温将大部分节省下来的钱以降低保费的形式返还给了客户。这反过来又吸引了更多的客户，增加了保费总额，并最终带来利润。就这样，盖可保险在不断壮大的基础上，进一步提高了客户忠诚度。

到20世纪50年代末期，盖可保险总共签发了70余万份保单，承保的保费收入达到6500万美元。[11]1958年，古德温退休，将大权交给戴维森。戴维森保持了盖可保险独特的商业模式，延续其厉行节约的传统，通过降低保费来增加业务量。到1965年，盖可保险的保费收入达到1.5亿美元，利润也随之翻番，达到1300万美元。[12]

20世纪70年代，随着戴维森退休和古德温夫妇去世，盖可保险发生了变化，将保费收入的增长看得比成本管理或承保质量更重要，保单的签发或审批不再重视投保人的事故记录等相关信息。[13]1973年，盖可保险开始向所有人开放承保资格，不再限制职业。公司管理层认为，技术和统计建模比职业分组更能有效地进行客户筛选。盖可保险的保单数量和保费金额激增，但是，他们缺乏必要的计算机系统来收集和分析承保数据。[14]

同一时期，美国许多州通过了《无过失保险法》。在此之前，由过失司机的保险公司向受害人支付赔偿金。由于盖可保险的优质司机很少犯错，它也很少收到索赔请求。《无过失保险法》出台以后，重点从"谁有过错"转移到"造成了多少损失"。盖可保险的管理层没有意识到这些变化将会对公司产生怎样的影响。在很长一段时期，盖可保险低估了损失风险，进而低估了收取保险费的价格，这一错误导致公司在20世纪70年代中期几乎破产。[15]

1976年，盖可保险公司董事、美国顶级律师事务所——克拉瓦斯-斯温-摩尔高级合伙人塞缪尔·巴特勒，聘请43岁的保险奇才约翰·伯恩担任公司CEO。伯恩迅速改进了公司估算损失的方法，并恢复了公司传统的承保纪律。他还采取了其他措施来控制成本，包括拒绝续签高风险司机的保单，并通过提高保费来增加收入。为了减轻压力并保持公众信心，巴特勒和伯恩组织了联合多家保险业集团来承接盖可保险的大量保单。为了筹集资金以满足需求，盖可保险进行了增资扩股。在那次增资扩股中，伯克希尔购买了15%的股份。

多亏了伯恩的领导和伯克希尔的注资，盖可保险才躲过了厄运。盖可保险的规模比以前缩小了很多，市场份额仅有不到2%，这种状况一直持续了十多年。伯恩和他的同事兼继任者威廉·斯奈德坚持古德温建立的商业模式：在一个巨大的市场上，做一个低成本的卖家。在这个市场上，竞争对手都习惯于通过代理商进行成本昂贵的销售。[16]1980年，伯克希尔对盖可保险的持股增加了一倍多，很快就拥有了盖可保险大约一半的股份。

最关键的是，精打细算是盖可保险的秘密武器。1986年，盖可保险的总承保费用和损失调整费用仅占其保费收入的23.5%。[17]与盖可保险相比，竞争对手的成本普遍要高出15个百分点。1983年，盖可保险的综合成本率（综合费用率与综合赔付率之和占保费收入的百分比）为96%，而当时全行业的综合成本率是111%。[⊖]个中差别，主要是由于盖可保险的"护城河"，为这座商业城堡提供了保护。[18]巴菲特解释说：

> 盖可保险的增长，带来了越来越多的投资资金，而且几乎没有实际成本。从本质上说，盖可保险的保单持有人总体上是以浮存金的形式向公司支付利息。（不过，表达诚意，行胜于言：盖可保险异乎寻常的盈利能力来自其非凡的运营效率和谨慎的风险分类。这一揽子计划反过来又为投保人获得最低价格提供了土壤。）[19]

⊖ 综合成本率低于100%意味着产生承保利润，高于100%意味着出现承保亏损。——译者注

1995年，伯克希尔斥资23亿美元收购了盖可保险的另一半股权（与19年前买下其50%股权的投资总额4600万美元相比，这一数字相当可观）。巴菲特指出，吸引和保持优质客户以及精准承保和定价是非常重要的。但他同时强调，最重要的还是可以允许收取较低保费的最低成本：

> 我们所享有的规模经济，应当允许我们维护甚至拓宽环绕着我们经济城堡的护城河。在具有较高市场渗透率的地理区域，我们的成本管控做得最好。随着我们承保数量的增加，以及随之而来的市场渗透率的上升，我们预计成本将大幅降低。[20]

巴菲特将盖可保险今天的繁荣归功于托尼·奈斯利。1961年，18岁的奈斯利加入盖可保险，并从1992年开始担任公司CEO，他是在伯克希尔工作超过50年的少数几位高管之一。巴菲特强调，奈斯利接手的是一家市场占有率仅为2%且没有显著增长的公司，但是他通过遵守承保原则并保持低成本运营，将盖可保险打造成一股强大的行业力量。[21]在奈斯利的领导下，盖可保险的运营能力大幅提高。在21世纪初的短短三年时间里，盖可保险的保单数量增长了42%（从570万张保单增加到810万张保单），而员工人数却下降了3.5%，这样算来，人均产能（员工的人均签单数量）增长了47%。[22]

奈斯利是伯克希尔子公司杰出管理素质的完美典范，他的同事路易斯·辛普森在盖可保险担任首席投资官（CIO）数十年，也在伯克希尔名人堂赢得了一席之地。伯克希尔对其保险子公司的运营和投资活动进行了区分。1980～2010年，辛普森运用类似于本杰明·格雷厄姆创立、巴菲特发扬的投资原则，在盖可保险管理着40亿美元的普通股投资组合。[23]辛普森取得了令人印象深刻的投资成绩，平均年回报率比标准普尔500指数高出50%，这显著增强了盖可保险的财务实力。[24]

盖可保险的商业模式不仅限于做保险市场上的低成本服务商。它精打细算的成本意识深深影响着员工激励和对待客户的方式。在盖可保险，所有员工都享有丰厚的利润分红。盖可保险对员工的激励，基于两项同等权重的因素：有效保单的增长和续签保单的利润（在直销业务中，考虑到营销和启动成本，第一年的保单是不盈利的，因此考核不包括第一年的保单）。[25]绩效奖励非常丰厚，从基本工资的17%一直增加到32%。[26]因此，一名底薪为每年7.5万美元的员工，很容易就能赚得六位数的年收入。

盖可保险的精打细算，是其对客户预算的承诺保证。例如，盖可保险设定的承保利润率上限为4%。[27]如果保费收入超出费用和索赔的幅度高于设定的承保利润率上限，盖可保险不会将利润收入囊中，而是降低保费。这不仅仅是利他主义。这种策略吸引到更多的客户，即使承保利润率设有上限，但总利润还在不断增长。

盖可保险的口号——"在汽车保险上节省15%或更多"，突出了它以节约成本为基础的商业模式。在奈斯利的领导下，盖可保险一直在积极向社会扩大宣传，它可以自由支配的广告预算开销从1995年的3300万美元增长至2009年的8亿美元。这听起来可能有些铺张，但想想它买到了什么：在那段时间里，盖可保险的市场份额从1995年停滞不前的2.5%增长到今天的10%。[28]为增加市场份额所支付的费用，转化为更多的保险费、浮存金和净利润。在那段时间里，所有这些指标都增长了两倍。广告预算的增加也让盖可保险的吉祥物壁虎一举成名。⊖2000年，壁虎首次出现在盖可保险的广告里。盖可保险甚至还参加了一些动物园举办的壁

⊖ 壁虎的英文发音gecko与GEICO相似，中文发音与"庇护"相似，非常适合作为车险公司的吉祥物。——译者注

虎展，以唤醒民众的野生动物保护意识。

　　盖可保险就像火箭燃料一样，助推着伯克希尔的繁荣。在伯克希尔持股期间，盖可保险在全国汽车保险市场的市场份额从微不足道上升到全美第二，未来还有广阔的增长空间。无论是谁拥有或经营伯克希尔-哈撒韦公司，维护盖可保险都应该是至关重要的。盖可保险与伯克希尔具有永久性的关系，因此在2010年，95岁的洛里默·戴维森录制了一段视频，表示他非常高兴他心爱的盖可保险将永远与伯克希尔同在。[29]

　　盖可保险对处理客户索赔的承诺是坚定不移的。它引以为傲的是，它收到的客户向保险监管机构提出的投诉最少。[30]盖可保险打算信守承诺——真诚友善是所有顶级保险公司的特征，也是伯克希尔的神圣誓言。在保险领域，真诚的重要性是最突出的。但是，对真诚最淋漓尽致的体现，不是在短期的/低风险的汽车保险上，而是在长期的/高风险的大型保险上。比如盖可保险的兄弟保险公司——国民赔偿保险公司和通用再保险公司，它们也为巩固伯克希尔-哈撒韦的金融堡垒做出了卓越贡献。

国民赔偿保险公司：诚意待客，信守承诺

　　国民赔偿保险公司（NICO）的商业信条，集中体现了伯克希尔真诚友善的价值观。国民赔偿保险公司由杰克·林沃尔特和他的兄弟阿瑟于1940年创立。[31]作为保险从业人员，他们对奥马哈的两家出租车公司无法投保感到非常惊讶，这也是他们进入保险行业提供服务的初衷。林沃尔特的父亲和叔叔也是奥马哈当地的保险经纪人，他建立起国民赔偿保险公司基本的承保原则："没有糟糕的风险，只有糟糕的费率。"[32]换句话说，只要客户支付足够的保费，能够覆盖赔付和费用成本，就可以做出

任何承保承诺。时至今日，公司仍然遵循这一原则。[33]

　　林沃尔特家族恪守的商业信条，让他们接下了其他保险公司不愿承保的风险。杰克·林沃尔特在他的回忆录里幽默地写道，这是最好的赚钱方式，对他而言尤其如此，因为他的竞争对手"比他有更多的朋友，受过更好的教育，更有决心，也更具人格魅力"。[34]国民赔偿保险公司从不寻常的汽车保险起步，逐步将业务范围拓展到一杆进洞比赛、驯兽师，以及电台寻宝游戏。[35]林沃尔特家族审慎计算着费率，只有在得到正确费率时才会去承保相应的风险。

　　1967年，杰克·林沃尔特想卖掉国民赔偿保险公司，但还想继续经营这家公司。巴菲特通过一位共同的朋友了解到林沃尔特的出售意向，也了解到林沃尔特可能的报价。两人见面后，巴菲特毫不犹豫地同意了林沃尔特提出的报价。林沃尔特清楚地说明了他出售公司的理由："即便我不卖公司，我的遗嘱执行人也会卖。与其这样，还不如我来为它寻找归宿。"[36]

　　国民赔偿保险公司强调，保单只是一纸承诺，各家公司的履约能力各不相同，而它的承诺具有最高的信用。对于一家保险公司来说，要做到真诚友善，就必须具备足够的财务实力来兑现承诺。的确，保险公司在合同中做出承诺，一旦违约就会引发客户诉讼和监管审查。但是，任何承诺都不能保证保险公司的表现，一些保险公司以"拖延支付"或"拒付索赔"而闻名，[37]而且，过度承诺导致保险公司破产的风险是真实存在的。[38]

　　到20世纪80年代初，国民赔偿保险公司凭借着坚定的理想信念和雄厚的资本实力，将业务扩展到一些基本的再保险交易，这些业务后来被并入伯克希尔-哈撒韦再保险集团。再保险业务起源于为一些"结构型理赔"提供担保。所谓"结构型理赔"，是指在很长一段时间内，分批支付理赔金的程序。例如，一位事故受害者，瘫痪在床，行动受限，终身可获得5000美元/月的理赔金。要达成这样的赔付协议，保险公司的信誉必须没有瑕疵。为了服务这些保险公司，国民赔偿保险公司通过提供无与伦比的安全保障，并始终履行赔付承诺，开拓了属于自己的利基市场。

1985年，通过现在的伯克希尔−哈撒韦基础保险集团，国民赔偿保险公司增设了一个特殊风险部门。这个部门致力于承保按照保险费收取比例支付的各种巨额和罕见风险，例如职业运动员罹患终身残疾的风险，摇滚明星患上喉炎的风险，从奥运会到世界杯等一系列国际体育赛事受到干扰的风险。国民赔偿保险公司通过在每周的保险行业杂志上刊登广告，寻找保险费至少为100万美元的风险（以今天的美元计价，则超过200万美元）。[39]这则广告收到了600份回复，带来了5000万美元的保费收入——这是一次营销上的成功。在五年内，它还被证明同样是一次承保上的成功。

国民赔偿保险公司专接那些别人不愿或不能承保的业务：无论是为造价数十亿美元的人造卫星提供服务，还是为百事可乐公司和其他企业客户提供数百万美元的奖励竞赛，都是如此。[40]2014年，国民赔偿保险公司向快贷球馆（Quicken Loans，系克利夫兰骑士队的比赛主场）提供了一项保险，即任何猜中2014年NCAA⊖男子篮球锦标赛64支入选球队的观众，都可以获得10亿美元的奖金——这一概率是1280亿分之一。[41]在"9·11"事件发生后的几个月里，国民赔偿保险公司承接了大量的反恐保单，其中包括为一些国际航空公司提供的价值10亿美元的保单，为一家海外石油平台提供的价值5亿美元的保单，以及为芝加哥西尔斯大厦

⊖　全国大学体育协会，是由一千多所美国和加拿大大学院校所参与结盟的一个协会。其主要活动是每年举办的各种体育项目联赛，其中最受关注的是上半年的篮球联赛和下半年的橄榄球联赛。——译者注

（曾是世界上最高的建筑）提供的一系列、全覆盖的保单。

　　国民赔偿保险公司以对高质量有价证券的投资为支撑，铸就着不断增强的财务实力，并最终成为巨灾损失保单市场的领导者。用行话讲，这类保险被称为"CAT保险"（"CAT"，指代"catastrophic"），主承保的保险公司（和一些再保险公司）购买这些再保险合同，以防范单一巨灾，比如飓风或龙卷风，这些巨灾会同时引发大量保单的巨额赔付。

　　相比于其他保险公司，国民赔偿保险公司更有实力出售"CAT保险"保单。究其原因，一方面是其强大的财务实力，另一方面也得益于伯克希尔的长期前景，使它及其子公司对每年的业绩波动毫不在意。相比之下，竞争对手则非常关心年复一年的稳定收益。有了这些优势，国民赔偿保险公司能够为竞争对手无法考虑的保额签发保单；同时，国民赔偿保险公司仍然非常挑剔，拒绝了超过98%的投保申请。[42]

　　伯克希尔-哈撒韦公司的"CAT保险"业务，是由阿吉特·贾因白手起家创立的。[43]多年以来，贾因还掌管着伯克希尔-哈撒韦再保险集团的所有业务。在伯克希尔的年度报告中，巴菲特反复赞扬了贾因的美德：

　　　　在阿吉特·贾因的领导下，我们的保险公司有能够正确评估大多数风险的智慧，有忘记那些无法评估风险的业务的现实主义精神，有在保费合适的时候签下巨额保单的勇气，有在保费不足的时候拒绝哪怕最小风险的纪律。很难找到一个人，拥有其中的任何一项才能。而阿吉特·贾因集这些才能于一身，这是非同寻常的。[44]

　　数十年来，国民赔偿保险公司推动了伯克希尔-哈撒韦的发展。从林沃尔特手中收购国民赔偿保险公司40年后，巴菲特写道，如果没有国民赔偿保险公司，伯克希尔的市值将只有现在的一半。[45]国民赔偿保险公司的承诺是神圣不可侵犯的，它的金融堡垒使其能够兑现其历史承诺，以合适的价格抵御任何风险。对于客户而言，他们愿意为这种真诚友善的态度付费。

通用再保险：坚守承保纪律，珍视公司信用

通用再保险的主要业务是再保险，也就是为其他保险公司承接的部分保单提供担保。2008年，在全球金融危机的冲击下，保险公司遭受重创，巴菲特在谈到保险业时指出："再保险是一个长期承诺的行业，有时会延续50年甚至更长时间。过去的一年让客户重新认识到一项重要的原则：承诺的好坏取决于做出承诺的人或机构。"[46]

换句话说，对再保险公司来说，真诚友善是一项至关重要的品质，是履行承诺的坚定意愿。真诚友善的本质是诚挚，这是说到做到、言行一致的传统法则。与国民赔偿保险公司一样，通用再保险为重大和罕见风险提供保险，保单有效期长达数十年。其承诺的规模和持续时间使这家公司的承诺成为一项宝贵的资产（商业护城河的来源）。承保索赔的记录，增加了公司承诺的价值，公司得以将真诚友善的无形资产转化为可以量化的经济效益。

1998年，伯克希尔收购了通用再保险。通用再保险的历史可以追溯到1921年两家从事再保险业务的挪威公司的合并，当时许多美国人对再保险业务嗤之以鼻，认为它类似于赌博。在美国，通用再保险开启了再保险业务的先河。通过采用保守主义的经营哲学，通用再保险树立了品牌，并为其业务带来了合法性：只有当保单满足可量化风险的严格标准，并能给保费适当定价时，公司才接受再保险业务。而且，公司只投资于高质量和低风险的资产，并拥有比日常所需更多的储备金，以确保

公司有能力应对各种各样的灾难。

到20世纪70年代，通用再保险的成功引来了一大批竞争对手。同时，很多大型公司组建了专门承保自家业务的附设保险公司，保护母公司免于财产损失。通用再保险的业务量和净利润都出现了下滑。通用再保险违反了自己坚持多年的传统，它试图通过收购一家原保险[⊖]公司来抵消业务下滑的不利影响。不过，通用再保险很快意识到保险公司追逐新业务的风险，于是放弃了收购的想法。一位当时的高管解释说，保险业"不是追逐快钱的地方，在某种意义上，能否生存是衡量企业是否成功的真正标准，因为企业的成败取决于能否抵御灾难"。[47]

20世纪90年代，全球化和金融业的发展再次挤压了通用再保险的传统模式。为了应对这一局面，作为全球最大的再保险商之一，通用再保险将业务扩展至金融产品和资产管理领域。1994年，通用再保险收购了德国科隆再保险公司75%的股份。[48]科隆再保险公司是世界第五大再保险公司，也是最古老的再保险公司，其悠久的历史可以追溯到1846年。在美国本土，1996年，通用再保险收购了国民再保险公司。国民再保险公司在美国再保险行业中排名前20，有着强烈的保守主义价值观，主要客户为规模较小的保险公司。[49]

1998年12月，伯克希尔以价值220亿美元的公司股票作为对价，收购了通用再保险。当时，通用再保险对科隆再保险的持股比例一度升至82%。对伯克希尔和保险行业来说，伯克希尔收购通用再保险是里程碑式的事件。此次收购被视为再保险行业十年来最成功的一笔交易，也使得伯克希尔成为再保险行业的重要参与者。这次收购导致伯克希尔公司18%的股份易主（许多新股东出售了他们的股份），通用再保险的CEO罗纳

⊖ 原保险又称第一次保险，与再保险相对，是指保险人对被保险人因保险事故所致的损失直接承担原始赔偿责任的保险。——译者注

德·弗格森受邀加入伯克希尔董事会（他拒绝了）。[50]伯克希尔之所以被通用再保险所吸引，是因为这家公司在保守、正直和真诚友善等方面声誉卓著。

伯克希尔并没有能力改进通用再保险或科隆再保险的业务运营方式，但它给予了管理层最大限度的自主权，让他们可以发挥其优势。如果通用再保险是一家独立公司，它可能会受制于避免盈利波动的压力。[51]因为担心偶尔出现的巨额亏损会导致公司业绩出现大幅波动（通常这是客户、股东和分析师不愿看到的局面），保险公司有时会放弃上好的商业机会。伯克希尔的资本实力和长期视野，使得通用再保险可以免受此类担忧的影响，能够根据提案的优劣做出商业决策，而不必迫于短期的压力。

巴菲特与通用再保险的CEO弗格森相识多年。伯克希尔和通用再保险之间有大量的业务往来，1976年，通用再保险曾帮助盖可保险死里逃生。[52]然而，巴菲特和弗格森都不知道的是，通用再保险的承保纪律已经有所松动，准备金逐年下滑。对于所承保的风险，通用再保险预留的准备金太少了。通用再保险根据这些较低的准备金数字来为新保单定价，随之而来的亏损超过了保费收入。与此同时，通用再保险还在追逐本应拒绝的业务，过度承担特定风险。通用再保险真诚友善的形象已经大打折扣。

1999～2001年，通用再保险的承保损失增加到61亿美元。[53]这意味着，相关的浮存金已经给伯克希尔造成了损失。由于保单的赔付承诺需要一段时间才会兑现，导致巴菲特花了几年时间才逐渐意识到这些不断恶化的问题。"9·11"事件的余波让通用再保险在企业文化方面的问题显露出来。例如，公司已经承保了太多核武器、化学和生物风险，这是根本无法承受之重。损失如此之大，问题如此之深，要不是有伯克希尔作为强大的后盾，"9·11"事件造成的巨额索赔足以让它破产。[54]

2001年"9·11"事件前不久，巴菲特任命43岁的通用再保险公司高管约瑟夫·布兰登接替弗格森，并提拔长期担任通用再保险公司承保经理的45岁的富兰克林·蒙特罗斯为公司总裁。巴菲特赋予了这两位管理人更大的权力，使其能够迅速纠正过去的错误，让通用再保险回归传统的保守主义。[55]这些纠正措施中，首要的是设置与浮存金增长和浮存金成本挂钩的激励薪酬计划。如今，这些标准都是通用再保险公司最重要的指标。

在那些艰难的岁月里，通用再保险保持了良好的财务实力，维持了AAA评级（2003年，只有两家再保险公司拥有AAA评级：通用再保险和国民赔偿保险公司）。2007年，通用再保险为伯克希尔贡献了240亿美元的浮存金，成为伯克希尔最大的浮存金来源，这也证明它恢复了原有的优势——严格的承保纪律、保守的准备金制度，以及谨慎地选择客户和开展业务。[56]求真务实的态度又回来了。通用再保险的故事表明，人们应当坚守这种优秀的品质。

但是，在一项针对可疑行业行为的全国性调查中，通用再保险的企业文化，很快就面临着另一项关于传统、韧性和领导力的考验。为了实现各种财务目标和运营目标，包括确保充足的损失准备金，保险公司为彼此创建了一种晦涩难懂的保单（称为"有限保险"）。早在2003年，弗吉尼亚州保险监管机构就开始质疑通用再保险的交易对手——现已不复存在的美国互惠银行的做法。通用再保险配合调查，向弗吉尼亚州保险监管机构提供了相关信息，并向其他州的保险监管机构和联邦证券交易委员会公开了账簿。

在仔细检查这些账簿的过程中，监管当局发现了2000年10月31日弗格森与通用再保险的大客户——美国国际集团（AIG）董事长莫里斯·格林伯格之间的电话记录。格林伯格解释说，美国国际集团的一家子公司最近在巨灾保险上蒙受了巨大损失，因此美国国际集团希望增加准备金。格林伯格建议，让美国国际集团和通用再保险通过交易来转移一些承保风险，从而使其能够增加准备金。

弗格森将这笔交易交给了通用再保险公司的两位高级承保经理，他们与几位同事一起参与了这笔交易的谈判。然而，在这一过程中，这笔交易与美国国际集团和通用再保险的其他交易交织在了一起，以至于在外部观察者看来，这笔交易似乎没有转移任何风险，这意味着美国国际集团无权增加准备金。如果是这样的话，这笔交易就显然是一种财务诡计。检察官开始对弗格森、几名通用再保险的经理和另一名美国国际集团的员工提起刑事诉讼。（尽管在这起刑事案件中，格林伯格没有受到指控，但他在此后的十年里，一直在与纽约首席检察官埃利奥特·斯皮策发起的民事案件做斗争。）[57]

通用再保险的两名经理人很快就达成了辩诉交易，同意承认捏造了一个骗局，并作证指认其他涉案人员，以换取宽大处理。针对弗格森及其他涉案人员的案件拖了六年，2007～2008年该案件由陪审团审理，随后上诉。2008年2月，陪审团裁定有罪。但在2012年6月，上诉法院将其驳回。当时，政府选择达成和解，以每名员工支付10万至25万美元不等的罚款而告结束。[58]

根据这类案件的标准做法，当局布下了一张天罗地网。2005年，美国证券交易委员会通知布兰登，当局也在调查他在这起案件中扮演的角色。布兰登向弗格森报告，另一个嫌疑人则向布兰登报告。布兰登表示配合当局调查，没有寻求豁免权。2008年2月，在陪审团短期裁决的鼓舞下，政府当局感到他们手中掌握了主动权。因此，在2008年3月和4月初，当局怂恿巴菲特解雇布兰登。[59]

这种施压被证明是无法承受的，而且可能是不公平的。[60]检察官有一招叫作"公司刑事责任"的"撒手锏"，其威力在于，它使当局能够就雇员的犯罪行为追究公司的刑事责任。只要有可靠的证据表明一名员工涉嫌职务犯罪，这项罪名就可以成立。回想所罗门兄弟公司的案例⊖，对于业务严重依赖于声誉的公司来说，尤其是对通用再保险（以及伯克希尔公司）来说，起诉可能会带来灭顶之灾。

检察官应该避免滥用权力，具体来说，在未经过传统正当程序的情况下，检察官无权要求企业解雇员工。比如，检察官向公司施压，使其放弃为雇员的法律辩护提供援助，这是对雇员受宪法保护权利的侵犯。[61]然而，在司法实践中，检察官并不总是受到约束和限制。

市场对布兰登被解雇的反应是温和的。考虑到当时的形势，一些人认为此举不可避免。这次审判给通用再保险蒙上了一层阴影，除了解雇CEO，没有更好的办法了。[62]观察人士一致认为，布兰登是一个伟大的经理人，他用严格的标准和有力的控制，使通用再保险回归保守的传统。他们也知道，接替布兰登的泰德·蒙特罗斯，曾经辅佐布兰登领导公司，这反映出通用再保险的确是英才辈出。[63]

如今，蒙特罗斯的运营方向强调承保利润。蒙特罗斯在为这本书撰写的信件里说，他相信，坚守承保纪律已深深融入了通用再保险的DNA。当蒙特罗斯与通用再保险的同事们一起回顾季度业绩时，他提醒同事们，通用再保险"永不退出"——就像伯克希尔一样，它的时间视角是永远。今天的通用再保险，就像它在20世纪早期表现的一样，非常认真地对待承诺，并随时准备兑现承诺。

⊖ 1990～1991年，所罗门公司员工保罗·莫泽多次违规操纵美国国债，遭到监管部门严重处罚，这导致所罗门兄弟公司陷入绝境，在巴菲特的斡旋下才起死回生。
——译者注

本章小结

通用再保险、国民赔偿保险公司和盖可保险的商业模式，可以说是大相径庭：盖可保险持久的竞争优势（或者说它的"护城河"）源于它是低成本的保险服务商，能够将几乎所有节省下来的成本让利给客户；通用再保险和国民赔偿保险公司的护城河，则是收取较高价格，提供优质服务。然而，精打细算和求真务实是这三家公司的共同特质，也是伯克希尔旗下数十家小型保险公司的共同特质。

在描述伯克希尔2005年收购医疗事故保险公司——美国医疗保健公司时，巴菲特对这两项特质进行了总结。他说，公司利用了"伯克希尔公司旗下所有的保险公司都拥有的态度优势，即承保纪律高于其他所有目标"。[64]巴菲特提道，美国医疗保健公司信守承诺，旨在"向医生们保证，他们不会因为承保公司经营上的失败，而去面对旷日持久的索赔"。

精打细算并不是伯克希尔旗下保险类子公司所独有的特质，而是所有的子公司都普遍存在。伯克希尔旗下还有许多子公司，将厉行节约视为其护城河的一部分，包括：内布拉斯加家具城、威利家居和其他家具连锁店，以及伯克希尔最大的10家子公司中的肖氏工业、鲜果布衣和伊斯卡。也并非只有伯克希尔旗下的保险公司才如此求真务实，这种特质在伯克希尔中无处不在。我们在下一章关于声誉的介绍中将会展示更多精彩内容。

第 5 章

珍视声誉

克莱顿房屋公司：信誉也是一种商业价值

2008年全球金融危机的罪魁祸首之一，就是在房地产行业的某些角落，金融机构向毫无危机意识、身无分文的房主兜售不负责任的住房抵押贷款。当这些可疑的做法被揭露后，许多银行和金融公司破产，数百万家庭丧失了抵押住房的赎回权。在受打击最严重的房屋制造行业，有一家公司幸免于难，那就是伯克希尔旗下的克莱顿房屋公司。说到因声誉而在经济上受益的企业，克莱顿房屋公司堪称典范。

克莱顿房屋公司的创始人詹姆斯·克莱顿，1934年出生于田纳西州的一个佃农家庭。农场的小木屋没有电，也没有自来水。[1]作为一名童工，克莱顿每天赶着农场的骡子，拉着木犁在棉花地里耕作，一天能赚到25美分。克莱顿小心地把钱存起来，在12岁那年，他拥有了一小块棉花地。

高中毕业后，克莱顿前往孟菲斯。在那里，克莱顿白天穿梭于大学课堂之间兜售吸尘器，晚上在低档酒馆弹吉他赚外快。[2]后来，克莱顿转学到位于诺克斯维尔的田纳西大学，他在那里学习工程学，同时与弟弟乔一起经营二手车停车场。通过在当地广播节目里担任主角，并与乡村音乐明星多莉·帕顿等人交往，克莱顿在诺克斯维尔变得小有名气。

1958年，克莱顿兄弟获得了沃尔沃汽车（Volvo）的特许经营权。1960年，他们又获得了美国汽车（American Motors）的代理权。然而，这两桩生意后来都陷入了困境，最终破产。詹姆斯·克莱顿进入了法学院，1964年，他在得克萨斯大学诺克斯维尔分校获得学位。毕业后，克莱顿帮助同学们出售他们一直居住的移动房屋，这让这位企业家想到了另一个商业创意：在组装房屋市场开辟零售业务。1966年，克莱顿从银行拿到2.5万美元贷款，创办了这家公司。

组装房屋市场很活跃，克莱顿的生意也很红火，在最初的几年里，克莱顿平均每天能卖出两套房子。在组装房屋生意上取得的成功，促使克莱顿将业务扩展到房屋制造领域。克莱顿保持了低成本和高存货周转率，提高了利润率。除了制造和销售活动房屋，克莱顿在1974年还开始涉足住房金融领域，他建立了一家名叫范德比尔特抵押和金融公司的独立子公司。事实证明，这一块业务是有利可图的。克莱顿房屋公司一跃成为美国最大的低收入家庭贷款机构之一。

1983年，詹姆斯·克莱顿出让克莱顿房屋公司20%的股份，通过IPO在纽约证券交易所上市，[3]公司整体估值为5250万美元，募资1050万美元。股价很快飙升，公司整体估值迅速达到1.2亿美元，这样一来，詹姆斯·克莱顿的持股市值达到9500万美元。就在两年前，一位资产评估师对这部分股份的估值仅为750万美元。克莱顿后来说："为什么那么多企业家梦想着让他们的公司上市，现在你知道了吧！"[4]

当时，克莱顿房屋公司周围强敌环伺，像奥克伍德住宅公司和弗利特伍德公司这样的顶级竞争对手虎视眈眈。为了渡过这一时期的经济难关，克莱顿专注于为客户着想。克莱顿认为，他的典型客户（蓝领工人和退休人员）每月最多能支付200美元。克莱顿按照这个预算标准倒推，去设计相应的房屋建造和金融贷款服务。[5]

1987年，克莱顿在垂直细分领域做到了极致，他在得克萨斯州开设了第一个制造家居社区，很快又在密歇根州、密苏里州、北卡罗来纳州和田纳西州增加了网点。1989～1992年，每一年的《福布斯》杂志都将克莱顿房屋公司评为美国最好的中小企业之一。克莱顿房屋拥有10家制造厂，125家自营经销商和325家独立经销商，营业网点遍布美国一半的州。

20世纪90年代，随着全方位的业务发展，公司一直保持着繁荣，制造工厂和经销网点不断增加，房屋销售和融资收入不断攀升。截至1996年，克莱顿连续16年实现了创纪录的净利润。第二年，公司营业收入突破10亿美元大关。此外，公司还在很多新的地界上收购了现有的流动住宅社区。到1998年，克莱顿拥有了70个社区，这些社区中居住着1.89万户家庭。

1999年，当《福布斯》将克莱顿房屋公司评选为"美国400强企业"之一时，詹姆斯·克莱顿将CEO的接力棒交给了儿子凯文。第二年，随着经济衰退，房屋制造行业陷入一片混乱。在此后长达10年的时间里，这种混乱的局面进一步恶化。当竞争对手大举裁员、关闭工厂时，克莱顿房屋公司还能够尽量维持原有的人员和业务规模。由于业务在纵向整合上的成功，公司产生了多项收入来源，在行业不景气的十年间，公司仍然保持了原有的盈利能力。[6]

在与购房者和为其提供抵押贷款的金融家打交道时，克莱顿房屋公司总是非常谨慎。詹姆斯·克莱顿批评同行那些不负责任的做法，比如让客户不经审核就能获得住房贷款，再比如操纵首付或补贴条款。克莱顿对比了克莱顿房屋公司完全异于同行的企业文化：

在克莱顿房屋公司，我们绝不会这样做而损害我们的信誉。无论是现在还是将来，我们都不会容忍有违道德的行为。我们现在每年出售超过10亿美元的住房抵押贷款证券，而购买这些住房抵押贷款证券的投资者从未见过贷款人，也从未见过抵押品。众多股东、投资者和供应商对我们公司的信任，以及8000名员工对我们公司的忠诚至关重要。我们必须始终坚持职业操守，珍视公司信誉。[7]

2003年，收购克莱顿房屋公司的机会偶然间引起了伯克希尔的注意。[8]在田纳西大学教金融的艾伯特·奥克西尔每年都会带着他的学生们去奥马哈见巴菲特（巴菲特每年都要主持会见数十个学生团体，这是其中之一）。每年，奥克西尔的学生们总是会给巴菲特带一份礼物。2003年，学生们送给巴菲特的礼物是詹姆斯·克莱顿新出版的《克莱顿自传》（First a Dream）。巴菲特这才知道了克莱顿其人和他的公司。当时，伯克希尔对奥克伍德住宅公司的债券投资失利。奥克伍德住宅公司是克莱顿房屋公司的竞争对手，伯克希尔在其破产后才发现其消费信贷操作存在问题。

2003年4月，伯克希尔提议，按照比前段时间平均市场价格高出7%的溢价收购克莱顿房屋公司。克莱顿房屋公司的许多机构股东对此表示反对。一些股东在法庭上对这笔交易提出质疑，[9]而另一家投资机构——Cerberus资本管理公司则告诉克莱顿房屋公司的管理层，它希望有机会参与竞价。结果，克莱顿的股东投票在推迟了半年之后，最终批准了伯克希尔的交易。同一年，克莱顿抓住扩张的机会，收购了奥克伍德破产后的许多资产。

21世纪初，房屋制造行业的推销商将资金交到了那些本不应该购买房屋的买家手上，用不符合信贷发放标准的贷款去刺激他们的生意。克莱顿房屋的与众不同之处在于，它的信贷部门不像竞争对手那样，利用客户的无知，从事竭泽而渔的贷款业务。詹姆斯·克莱顿将这种差异归因于他的公司在销售和信贷之间筑起了一堵不可逾越的"防火墙"，这是竞争对手未能做到的。[10]

在2008年金融危机期间，住房抵押贷款行业的问题终于暴露出来，克莱顿房屋却因此占尽优势。在2008年之前，克莱顿房屋通过采用审慎的贷款标准来发展自己的业务，从而取得了表现良好的贷款组合。2008年之后，当其主要竞争对手（如冠军住宅公司）步履蹒跚时，克莱顿房屋却繁荣发展起来。克莱顿房屋和它的客户们比较了实际的按揭付款和实际的收入，只有当客户可以证明自己的收入能够负担得起房贷时，公司才会发放贷款。而另一方面，竞争对手却在使用入门利率（Teaser Rate）[⊖]来评估长期贷款的可承受性。

在全球金融危机期间，克莱顿房屋公司得以独善其身：它发起或重新打包出售的住房抵押贷款证券，其买家从未损失过一分钱的本金或利息。[11]1999年，美国最大的三家房屋制造商分别是冠军住宅公司、弗利特伍德公司和奥克伍德住宅公司，它们占据了美国住宅市场的半壁江山。当时，克莱顿房屋屈居行业第四。到了2009年，排名前三的公司都土崩瓦解了，而收购了弗利特伍德公司和奥克伍德住宅公司以及其他一些竞争对手的克莱顿房屋公司，一跃成为行业第一。[12]那些投资住房抵押贷款的买家损失惨重。克莱顿房屋作为行业的领导者，其成长史充分表明，珍视信誉不仅是一种道德操守，更是一种商业价值。

⊖ 入门利率也称诱惑利率或初始优惠利率，是指可调整利率贷款在还款初期所采用的低于指数利率的优惠利率，使用入门利率来评估长期贷款，会显著低估客户的还款风险。——译者注

乔丹家具：无形价值可以转化为经济价值

乔丹家具公司（Jordan's Furniture, Inc.）每年的家具销售额为950美元/平方英尺，是行业平均水平的6倍；其每年的存货周转率高达13次，更是远超家具零售商的平均水平。[13]它的经营秘诀在于拥有独特的客户服务声誉，这是一种无形价值，但是公司可以轻松地将其转化为经济价值。

这家公司的历史可以追溯到20世纪20年代，当时塞缪尔·泰特曼开着自己的卡车，在波士顿地区到处售卖家具。几年之后，泰特曼在波士顿郊区的一个中产阶级聚居地沃尔瑟姆开了一家店。不久，泰特曼的儿子爱德华也加入进来。[14]这家小店紧跟潮流，主要服务本地客户，它还在沃尔瑟姆镇的市民报上刊登大量广告。在爱德华任职期间，这家小店雇用的员工从未超过12人。

1973年，爱德华将公司的领导权传给了他的儿子巴里和埃利奥特，他们通过在广播电台以及后来在电视上做广告，积极扩大客户群。在这些广告中，这对兄弟亲自代言，他们在球场上展现风采，给店内的顾客营造出一种围观明星的感觉。

1983年，随着沃尔瑟姆店的生意蒸蒸日上，乔丹家具在临近马萨诸塞州的新罕布什尔州纳舒厄新开了一家店。1987年，巴里和埃利奥特在马萨诸塞州的埃文郡开设了今天的旗舰店，吸引了大批顾客前来，以至于当时传说，附近的24号公路遭遇了有史以来最严重的交通堵塞。据报道，这对兄弟在当地电台上恳求大家不要前来，当然，这只会吸引更多的顾客过来光顾。

乔丹家具采取了一种创新的方法来服务客户，它提供了一种被称为"娱乐购物"的消费体验，包括但不限于琳琅满目的商品、经济实惠的价格、即时交付的系统。例如，在埃文郡的旗舰店，顾客可以坐在有48

张座椅的电影院里，观看在40英尺的屏幕上播放的飞行模拟电影。位于马萨诸塞州纳蒂克的分店则以新奥尔良为主题，顾客可以沿着仿波旁街的街道漫步，乘坐内河船游览，并全方位欣赏庆祝狂欢节的活动。这一概念吸引了各个年龄段的人群，尤其是众多有孩子的家庭。[15]对于年轻的家庭来说，在购买家具的同时要照顾无所事事的孩子是很麻烦的。乔丹家具的娱乐活动吸引了孩子们的目光，让父母在购物时更加轻松，从而提高了客户满意度和公司销售额。

乔丹家具还建立了致力于服务社会的声誉。这种经营理念需要对慈善组织给予慷慨的支持，比如马萨诸塞州收养资源交换中心，帮助寄养儿童找到永久的家；再比如"面包工程"，为贫困家庭提供食物。乔丹家具有一个专门用来巩固和推动这种社会慈善的方法：家具店会请求喜欢飞行模拟电影的顾客捐款，并将所得转交给慈善机构。

巴菲特是通过业界的口碑得知乔丹家具的。多年来，每当巴菲特问伯克希尔其他家具店的经理人，家具行业最好的品牌是哪家的，他们总说是泰特曼兄弟。[16]在1999年同意收购乔丹家具时，巴菲特强调了埃利奥特和巴里从他们的员工、客户和社会那里赢得的声誉，他称这是"无与伦比的"。[17]

泰特曼兄弟把公司出售给伯克希尔以后，他们拿出部分收益分配给乔丹家具的员工。凡是在这家公司工作的工人，按照工作时长计算，至少可以得到50美分/时的奖金，奖励的总金额高达900万美元。自此以后，公司的长期雇员变得非常富有。

乔丹家具继续扩大和深化其营销宣传。它在马萨诸塞州的雷丁开了一家大型商店，关闭了原来开在沃尔瑟姆的那家店。新店占地面积很大，不仅拥有一间庞大的家具展厅，还有一座3DIMAX电影院。埃利奥特·泰特曼仍然在公司的广告中现身，他留着长长的白发，扎着马尾辫，看起来就像一位上了年纪的摇滚歌手。埃利奥特是当地的名人，顾客们都喜欢见到他。乔丹家具在客户服务上拥有的无与伦比的声誉，最终得到了回报。

本杰明–摩尔涂料公司：品质，始终如一

正如本杰明–摩尔涂料公司的股东们所看到的那样，诚信的商业价值要经过多年积累，但消失可能只需要几天时间。

1883年，27岁的本杰明·摩尔和他43岁的哥哥罗伯特·摩尔，在布鲁克林创立了本杰明–摩尔涂料公司（简称"摩尔公司"）。摩尔阐明了四条指导公司经营的商业原则：

1.公平对待每位客户。

2.不行贿，不欺诈，本分经营。

3.不做虚假宣传，让客户认识到产品所代表的真实价值，并在任何时候都努力保持产品达到最高标准。

4.厉行节约但不吝啬，靠聪明头脑胜出，但要秉持职业操守。[18]

摩尔公司的信条是"品质，始终如一"（quality, start to finish）。摩尔为它的高品质付出了溢价，即使是牺牲市场份额也在所不惜。为了加强在产品质量方面的投资，摩尔兄弟开始尝试通过独立经销商销售油漆。其他油漆制造商可能在五金店销售产品，或为零售商客户提供贴牌产品，亦或在他们自营的零售商店销售产品。摩尔公司坚持采用经销商独家销售的模式。相应的，经销商也付出了巨大的心血来拓展业务，推广摩尔公司的产品。

摩尔公司在涂料安全和环保方面奠定了领导地位。20世纪40年代，摩尔公司基于更耐用和环保的涂料（包括乳胶涂料）的研发，取得了一

些业绩增长。1968年，摩尔公司将铅从其油漆配方中去除。这一操作刚好赶在之后长达数十年的监管和诉讼之前，而这些法规和诉讼最终使竞争对手陷入困境。[19]20世纪70年代，在《职业安全与健康法案》（OSHA）通过后，摩尔公司开发了彩色编码涂料，以满足新标准的要求。

摩尔公司在商业方面有极好的环保意识。例如，在20世纪80年代，联邦机构实施了限制有害挥发性有机化合物（VOC）释放的规定。根据全国不同机构执行法规的不同要求，摩尔公司生产不同的涂料。1992年，摩尔公司开设了一家油漆工厂，以测试产品的环保性能，同时设立了一家覆盖全公司的培训中心，以提高环保效率。整个20世纪90年代，摩尔公司一直引领着行业发展，致力于达到最高的环保、健康和安全标准。例如，1999年摩尔公司引入环保丙烯乳胶漆系列生产线，这种环保漆不释放有害的VOC。这种环保产品的需求很旺盛，客户往往愿意为其支付溢价。

摩尔公司诚信的传统，还体现在不断努力提高其经销商的地位，并吸引新的企业家成为他们的经销商。20世纪60年代，摩尔公司向少数企业家提供了经销所需的启动资金，当时约为20万美元。20世纪80年代，摩尔公司为经销商提供融资，以支持他们购买其计算机化的色彩系统。[20]1992年洛杉矶骚乱之后，由于长期支持社区投资，摩尔公司受到了赞扬。[21]摩尔公司强调，所有这些项目都不是利他主义的产物，而只是良好的商业实践。

2000年，摩尔公司的董事们面临整合方面的议题，他们要考虑收购、合并或出售等战略选择。其中一位董事罗伯特·蒙德海姆，曾在所罗门兄弟的债券交易丑闻后，被巴菲特任命为总法律顾问，他主动打电话给巴菲特。[22]摩尔公司是伯克希尔钟爱的企业类型，巴菲特建议伯克希尔以10亿美元收购它。摩尔公司的董事会要求蒙德海姆向巴菲特讨价还价,但蒙德海姆解释说,这样做是徒劳无功的。[23]然而,作为其收购条件的一部分,伯克希尔承诺保持摩尔公司可以追溯到19世纪的传统,即完全依赖其数以千计的独立经销商。对于摩尔公司来说,这是一笔宝贵的财富,因为经销商为了自己的生计,会竭力维护他们代销的品牌。[24]

2007年7月,巴菲特提拔长期担任摩尔公司业务副总裁的丹尼斯·艾布拉姆斯担任公司总裁。2007年夏天,当被问及摩尔公司在7年前被伯克希尔收购前后有何不同时,艾布拉姆斯说:"几乎没有什么不同,因为摩尔公司一直坚持自己的'历史和传统',伯克希尔没有指点摩尔公司应该如何运营。"[25]当被问及如果伯克希尔子公司的高管们"搞砸了"会发生什么时,艾布拉姆斯说他不知道,因为他从来没有遇到过这样的事情。[26]

但在此后不到一年的时间里,情况开始发生变化。接下来的五年,艾布拉姆斯将近距离感受到巴菲特对伯克希尔高管搞砸事情的反应。故事要从2008年初开始的经济衰退说起,当时由于人们减少了家居装修活动,摩尔公司处境艰难,面临着销售萎缩的局面。为了应对这种不利局面,公司采取了裁员等一系列措施,包括解雇一些高级销售主管、冻结工资、减少销售佣金和减少广告预算,等等。这一举措导致公司的市场份额下降,员工士气低落。[27]

有人将摩尔公司的困境归咎于伯克希尔,认为摩尔公司高管通过压榨普通员工完成利润目标,取得了丰厚的薪酬和奖金。普遍的批评认为,尽管从2008年到2012年二季度,摩尔公司没有任何一个季度实现销售增长,但伯克希尔还是每年从它那里拿走1.5亿美元。[28]其实,在这十年里,摩尔公司是盈利的,营业收入保持稳定,母公司有权决定拿到多少分红,尤其是考虑到公司经理人对股东负有的责任,那就更无可厚非了。[29]

艾布拉姆斯专注于深耕销售渠道,他要求销售团队说服经销商,成为本杰明–摩尔油漆公司的独家经销商。据说,艾布拉姆斯纵容使用暴力手段，例如威胁经销商开公司自营店以抢占地盘。[30]一些经销商抱怨存货融资的条款越来越苛刻，以及摩尔公司对从未提供的广告收费。[31]

艾布拉姆斯采取的这种策略与摩尔公司的传统背道而驰。最终，艾布拉姆斯因为与大型连锁店的交易谈判而黯然去职。2012年6月，当这些交易引起巴菲特的注意时，有些已经完成，有些尚未完成，巴菲特告诉艾布拉姆斯，这种做法是让人无法接受的，[32]这违反了伯克希尔对摩尔公司经销商独家经营的承诺。当时，艾布拉姆斯正在与一家大型零售连锁公司劳氏（Lowe's）进行商谈，他回复巴菲特说，这样的销售安排对恢复增长和重新获得市场份额至关重要。[33]巴菲特让罗伯特·梅里特取代了艾布拉姆斯，梅里特很快向员工保证，他会把问题解决好。[34]

梅里特开始恢复摩尔公司的传统。观察人士认为，梅里特的努力重新修复了摩尔公司与经销商之间特殊的历史关系。[35]但好景不长，梅里特也很快被解雇了，据说是因为梅里特有性别歧视，高管们对此颇有微词，一时间公司谣言四起。为了解决摩尔公司面临的核心问题，巴菲特宣布任命迈克尔·瑟尔斯为梅里特的继任者。巴菲特称他"理解独立零售商的重要性"，并"致力于执行我们既定的战略以及兑现我们对经销商的承诺"。[36]

要推翻延续130年的传统并非易事，但摩尔公司的传奇故事揭示了一个道理：企业文化等无形资产很脆弱。保持强大的企业文化，是许多经销商选择继续相信公司的重要因素。据其中一位经销商金·弗里曼所说：

> 我在加拿大做了10年的摩尔公司的经销商。我真诚地希望伯克希尔–哈撒韦公司以及巴菲特先生能让摩尔公司回归其最初的原则。作为开拓利基市场的一线销售人员，我们需要被厂家视

为业务合作伙伴，而不是为了追求更大的市场份额而被控制或抛弃的"待宰羔羊"。在大型商业中心以外更远的地方有更多的市场机会。当人们认为我们对摩尔公司的成功至关重要时，我们可以让公司成长，为社区做出贡献，实现良好的投资回报。最近，我们失去了很多摩尔公司的优秀员工和经销商，尽管我们可以理解，公司总会发展，但我真诚地希望我们能回到正轨。[37]

摩尔公司的历史和现实问题，揭示了价值观可能发生碰撞的一些方式。在这个案例中，是对经销商的忠诚度与盈利增长之间的冲突。正如弗里曼所说，企业可以调和不同的价值观，就像摩尔公司一百多年以来所做的那样。瑟尔斯也表示认同。在这样的商业环境中，别人看到了逆境，而瑟尔斯看到了机遇。正如瑟尔斯为本书接受采访时说的那样："当PPG和宣伟等竞争对手转向其他分销渠道时，摩尔公司获得了巨大的战略营销优势——它是唯一一家致力于营建独立经销商网络并大获成功的大品牌。"[38]

佳斯迈威：凤凰涅槃，浴火重生

佳斯迈威公司是一家优质的建筑产品制造商和营销商，它明确承诺要建立诚信的企业文化。佳斯迈威通过强调四项核心价值观：人才、激情、绩效和保护，努力成为一家声誉良好的企业，一改公司过去的作为。曾有数十年时间，佳斯迈威的高管在产品质量上没有做到实事求是，对数以千计的客户造成过严重伤害，并造成严重的环境破坏。

佳斯迈威公司由约翰斯制造公司和曼维尔装饰公司于1901年合并而成。佳斯迈威使用石棉生产纺织产品和建筑材料。1886年，查尔斯·曼维尔在威斯康星州建立了曼维尔公司。1858年，21岁的亨利·沃德·约翰斯在纽约成立了约翰斯制造公司。1898年，约翰斯去世。约翰斯的英年早逝被认为是由石棉肺病⊖引起的。[39]

最终合并成立的佳斯迈威公司开发并销售了石棉的数千种应用产品。石棉是一种天然矿物，主要因其阻燃性能而具有广泛用途。1927年，佳斯迈威公司上市。佳斯迈威和伯克希尔不太一样，它是一个高度集权、等级森严和极为官僚主义的组织。[40]佳斯迈威原本可以低调地运营，因为石棉虽然有积极的用途，但却是一种致命的致癌物。

从20世纪30年代初到70年代末，佳斯迈威的管理层都在其位却不谋其政。佳斯迈威在提醒员工、顾客或其他用户方面，几乎没有做出任何努力。20世纪30年代，佳斯迈威的总法律顾问因试图压制、淡化或回避石棉造成的严重医疗风险而声名狼藉。石棉的危害是当时所有科学家都心知肚明的常识，也是今天众所周知的事实。[41]

尽管石棉造成了许多问题，但佳斯迈威公司的生意还是相当赚钱的。在第二次世界大战期间，政府使用石棉建造军舰和战斗机，同时向操作人员充分告知其风险，佳斯迈威蓬勃发展。[42]尽管佳斯迈威面临着包括数次滞涨在内的挑战，但总体上，它的繁荣从二战一直持续到1970年。为了应对增长乏力，佳斯迈威扩展到更多的业务领域，其中包括许多与石棉无关的业务。

20世纪五六十年代，雇员向佳斯迈威公司提出了赔偿要求，理由是他们的职业病与接触石棉有直接关系。[43]20世纪60年代，主流媒体普及了证明石棉危害性的科学研究。对石棉的负面宣传促使公司增加了产品警告，但并未刺激它做出任何进一步的行动。

⊖　石棉肺病又称石棉沉着病，是人体长期吸入石棉尘后，出现的以肺组织弥漫性纤维化及胸膜增生为病理特征的损害。——译者注

1973年，联邦上诉法院对佳斯迈威公司进行了严厉批评，认为公司对其产品所造成的破坏无动于衷。佳斯迈威承认了陪审团关于它玩忽职守的裁决，并被判罚巨额赔偿金。[44]这一结果引来了更多的诉讼，其中大多数诉讼才刚刚得到解决，又引发了更多的诉讼，就这样没完没了。1977年，佳斯迈威的保险额度已经用尽，没有任何一家保险公司愿意给它签发新的保单，公司只能自食其果。

石棉开始疯狂"吞噬"公司。1979年，《财富》杂志发表的一篇文章指出，诉讼管理"几乎成了一项独立的业务"。[45]与此同时，佳斯迈威的经营仍在继续，收入在增长，产品在增加，公司也没有停止收购的步伐，但其法律问题越来越严重，数以千计的案件悬而未决，达成和解的平均赔偿金额也在上升。精算师预计，佳斯迈威在未来数十年的总风险敞口将达到20亿美元，是公司资产的两倍。[46]

为了应对这些令人震惊的现实，1982年8月，佳斯迈威申请破产，这在当时是美国历史上规模最大的企业破产案。一项详尽的重组计划由此产生。作为一家正在运营的公司，佳斯迈威退出了石棉业务，以避免再受索赔的影响；与此同时，为了支付与石棉相关的债务，佳斯迈威成立了独立信托公司，其主要资产是运营公司的控股权。

这项计划开启了一个新的时代，但佳斯迈威的公众形象已经遭到了破坏，公司失去了员工和客户的信任。为了洗心革面，管理层恳请员工认真经营公司，并监督信托公司的管理，以确保索赔得到公正的处理。在漫长的破产过程中，大家始终在这两方面不懈努力，一直持续到1988年。

一个全新的佳斯迈威在废墟中重生。面对把它淹没在石棉责任中的逆流，佳斯迈威成功扭转了局面。公司广泛征求员工的意见，并为他们提供了更慷慨的医疗监测和保护方案。在经过十年的企业复兴之后，公司逐渐转变为今天拥有企业诚信和声誉的佳斯迈威。

与此同时，信托基金的管理者希望分散对佳斯迈威的股票投资。2000年6月，他们同意以24亿美元的价格将公司卖给一家杠杆收购运营商。但在2000年12月的一个周五，这笔交易因融资失败而流产。接下来的周一，巴菲特打电话给信托基金主席罗伯特·法里斯，提出了19亿美元的现金收购要约，融资方面不会出现任何意外情况。[47]第二天，信托基金的受托人接受了这笔交易，一周后双方签订了合同。

正如巴菲特所描述的那样，佳斯迈威"不可思议和丰富多彩的冒险之旅"[48]并没有因被伯克希尔收购而结束。在现任CEO查尔斯·亨利和他在2004年退休后的继任者史蒂文·霍克豪泽的领导下，佳斯迈威在2005年和2006年分别实现了3.34亿美元和3.45亿美元的利润，创下了历史纪录。[49]然而在2007年，公司发生了较大的人事变动。当时，伯克希尔流动的"问题终结者"⊖戴维·索科尔加入了董事会，并让他在中美能源公司的同事托德·拉巴取代了霍克豪泽。拉巴带领公司安然度过了建筑业的低迷时期和随后的经济衰退时期。[50]2012年，在佳斯迈威已经工作了34年之久的玛丽·莱茵哈特接替了拉巴的职位，她非常渴望证明利润和诚信可以兼得。

尽管不断面临挑战，佳斯迈威的当代企业文化仍致力于诚信，这是一个巨大的转变，改变了长期困扰企业的混乱文化。佳斯迈威克服了逆境，治愈了自己造成的创伤，这表明学习永远不会太晚。伯克希尔不可能收购曾经的佳斯迈威，但新的佳斯迈威符合伯克希尔的标准，而伯克希尔的文化有助于强化其信誉。经过数十年的积累，佳斯迈威现在已经成为一家声誉卓著的企业。

⊖ 戴维·索科尔曾长期担任中美能源公司的董事长，他深受巴菲特的信任，经常被巴菲特委以重任，派到伯克希尔旗下各子公司去解决棘手的问题，因此这里说他是流动的"问题终结者"。——译者注

佳斯迈威的故事凸显了价值观的重要价值。这家公司曾经不堪回首的企业史，教会了它要重视对员工和客户的健康和安全做出的承诺。在1982年破产之前，佳斯迈威过分追求眼前利益，但今天它认识到，唯有致力于更广泛、更长期的目标，才能维持长久的繁荣发展。佳斯迈威的故事提供了一个绝佳的商业案例，企业可以在为健康和环保承担责任的同时提高股东回报率。[51]

本章小结

无论是克莱顿房屋，还是乔丹家具；无论是摩尔公司，还是佳斯迈威，投资于声誉的价值显然已经获得了不菲的回报。但要保持这样的诚信并不容易。虽然人们常常说，他们想要今天佳斯迈威做出承诺——清洁的生态环境和安全的工作场所，但他们并不总是愿意为此付费。[52]如果消费者愿意付费，所有的企业都会很乐意选择道德高地，并将成本转嫁给消费者。但企业面临着来自现实的挑战，它要同时考虑保护客户、关爱员工、环保达标，并且还要回报股东。在下一章，伯克希尔旗下几家著名的家族企业的故事将会证明一个道理：对于家族企业而言，声誉至关重要，优良家风和金字招牌等无形资产会创造巨大的经济回报。

第 6 章

重视家风

内布拉斯加家具城：商界传奇人物B夫人

1998年，罗斯·布鲁姆金[⊖]去世，享年104岁。在去世的前一年，B夫人还在一直忙于工作：她在自己的家族企业内布拉斯加家具城担任董事长，这一身份几乎贯穿了她成年后的绝大部分时间。[1]十年前，B夫人卷入了一场关于退休的家庭纷争——尽管孙辈们都已经60多岁了，但她仍然坚持工作。伯克希尔尊重自主原则，虽然没有介入，但最终发挥了独特的调解作用，协助B夫人解决了问题。

内布拉斯加家具城的故事，很好地揭示了与家族企业合作的优势和挑战。家族企业通常致力于永续经营，这个特质对伯克希尔很有吸引力，也符合伯克希尔的文化，但这一传统有时也会带来棘手的问题，比如更换CEO不那么容易。尽管有这些困难，但许多家族企业所秉承的价值观——相互支持与彼此忠诚，使伯克希尔值得为之付出努力。

1893年12月3日，B夫人出生于白俄罗斯明斯克近郊的一个家庭，家里有8个孩子。B夫人的父亲所罗门·戈雷利克是一名拉比[⊜]；母亲查西亚

⊖ 布鲁姆金是内布拉斯加家具城的创始人，人称"B夫人"。——译者注
⊜ 拉比是犹太人中的一个特别阶层，是老师和智者的象征。——译者注

开了一家杂货店，B夫人从6岁起就一直在那里工作。B夫人身高不足5英尺，13岁时正式成为杂货店店员，16岁时当了杂货店经理，手下还管理6名男性员工。20岁时，B夫人嫁给了卖鞋的伊萨多·布鲁姆金。[2]

1916年，赤贫的布鲁姆金一家到了美国。刚到美国时，B夫人没有受过教育（她甚至没有上过小学），英语也不会说。1922年，整个布鲁姆金家族都来到了内布拉斯加，B夫人和她的丈夫伊萨多在那里定居了下来，并养育了四个孩子。在刚到美国的最初几年里，B夫人靠着大女儿每天在学校学习的教材自学，并在大女儿的指导下提高了自己的英语水平。

在奥马哈，伊萨多和B夫人经营着一家二手服装店。他们的商业模式很简单：缩减成本，降价促销，增加服装样式，开拓市场。1937年，在服装行业辛苦工作了几年之后，B夫人有了一个新的愿景。在造访美国家具批发贸易中心芝加哥时，她看到了庞大的美国家具商城。受此启发，B夫人决定在奥马哈也开设一家商城——内布拉斯加家具城，销售家居用品、地毯和家具。

家具行业竞争激烈，许多地区的家具销售商都拥有丰富的资源、理想的位置和较高的品牌认知度。但是B夫人并没有被吓倒，而是想方设法以低廉的价格购买家具，并以低于竞争对手的价格出售。B夫人在家里经营自己的生意，她把家具和家居用品存放在空置的房间里，并保证有足够的销售额来支付库存账单。节俭的作风和优质的客户服务让B夫人在镇上赢得了良好的口碑。凡是想买便宜家具的人都被建议去见见B夫人，B夫人很快变得广为人知。B夫人的信条也很出名："物美价廉，实事求是，童叟无欺。"

当然，这句信条也适用于伯克希尔的其他子公司。例如，内布拉斯加家具城的商业模式，与盖可保险的商业模式遥相呼应：两家公司都致力于成为低成本的卖家，从而产生足够的销量来推动销售收入的增长，最终实现不俗的利润。说精打细算是内布拉斯加家具城的精神内核，一点都没有夸大其词。

作为对B夫人低成本战略的回击，内布拉斯加家具城的竞争对手开始鸣冤叫屈，指控B夫人使用非法手段，以如此便宜的价格抢占市场。当地商家敦促家具制造商联合抵制B夫人，但不止一家供应商抱怨，其建议的零售价没有被B夫人采纳。[3]B夫人积极应战，在邻近城市以更低的成本寻找其他供应商，这使得她能够再次降价，进一步增加了市场份额。

竞争对手们不知所措，他们起诉B夫人，指控她违反了各种合同和公平交易法。B夫人通过正面宣传成功地扭转了局面。她证明自己可以公平合法地通过特价销售地毯来获利，使这些诉讼被法庭驳回。据说，在法庭上陈述案情后，她还把一条价值1400美元的地毯卖给了法官。

B夫人的孩子们和她一起经营生意。B夫人的儿子路易成为公司总裁。和他的母亲一样，路易擅长以低价批发家居用品和家具。巴菲特写道："路易说他有最好的老师，B夫人说她有最好的学生。他们说得没错。"[4]

路易的儿子们也加入了家族生意。B夫人的孙子们，就像他们的祖母和父亲一样，都把自己的工作热情奉献给了家族生意。

1983年，内布拉斯加家具城的营业面积已超过20万平方英尺，年销售收入超过1亿美元。全美仅此一家的内布拉斯加家具城，其销量超过了奥马哈所有竞争对手的总和。

巴菲特是土生土长的奥马哈人，他对B夫人的故事肃然起敬，并一直有收购这家公司的想法，但B夫人始终表示反对。1983年，巴菲特等到了成熟的时机，这时B夫人快90岁了，她想在继续经营的同时，为家族生意找到一个永久的家。打动B夫人的是，伯克希尔不仅提供了现金，还提供了经营上的自主权和永久性。伯克希尔收购了内布拉斯加家具城90%的股份，其余股份则由其家族成员继续持有。当时伯克希尔支付的现金对价是6000万美元。[○]交易结束后不久，作为伯克希尔年度审计的一部分，第三方的会计师根据最新库存对内布拉斯加家具城进行了评估，评估其企业价值为8500万美元。[5]

20世纪80年代末，B夫人的孙辈们在公司的地位越来越高，而B夫人离公司的权力核心越来越远了。1989年，孙辈们劝说96岁的B夫人退休，但她觉得自己受到了侮辱。作为回应，B夫人在街对面开了一家家具店——B夫人工厂直销折扣店，成为内布拉斯加家具城的有力竞争对手。家人不得不恳求B夫人回来。1992年，伯克希尔收购了B夫人工厂直销折扣店，将其与内布拉斯加家具城合并，协助B夫人平息了家族纠纷。B夫人家族继续运用B夫人在数十年前制定的商业原则，在堪萨斯州、艾奥瓦州和得克萨斯州开了更多的分店。时至今日，B夫人家族仍在经营这家公司。

B夫人充沛的干劲和顽强的毅力对她的生意很有帮助。但并不是所有这些特质都对家族企业有好处。公与私之间的不协调可能发生在任何人身上，但这是家族企业经营者普遍存在的问题。尤其困难的是，尽管创始人具有坚持不懈的精神，但他（或她）退休后，往往没有令人满意的继任者。这也是B夫人家族面临的问题，而且很难解决。

自移民美国以来，B夫人的家族成员们相互支持，加上深受伯克希尔的影响，家族得以解决他们的问题。伯克希尔坚持的经营自主权原则在其中发挥了重要作用。在家庭纠纷中，B夫人和她的子孙们都认为伯克希尔是公正的，并且都欢迎伯克希尔收购B夫人的工厂直销折扣店业务，并支持它与内布拉斯加家具城合并。伯克希尔受益于保留了B夫人家族的

○ 经查阅巴菲特1984年致股东信原文，应该是B夫人开价6000万美元，巴菲特实际出价5500万美元。——译者注

家庭价值观；反之，B夫人家族也受益于伯克希尔强有力的建设性的企业文化。

威利家居：伯克希尔式企业的典型代表

B夫人的故事表明，家族企业往往存在一个弊端，在关键时刻很难决定该如何前行。比如创始人拒绝退休，或者业务达到一定规模，又或者年长的家族成员面临遗产税问题，抑或是年轻的家族成员有其他的职业爱好。伯克希尔的文化，以及它的资本和资源，为反复出现的困扰家族企业的挑战（从继承时发生的权力斗争到出售时产生的情感冲突）提供了全套解决方案。

出售家族企业意味着要在管理财富和把握未来方面做出艰难的决定。家庭成员之间可能也会意见相左。对于个人而言，是继续参与家族事务，还是从沉重的责任中解放出来，可能也会左右为难。伯克希尔持续经营的企业文化，提供了一种有吸引力的选择。对于那些希望继续参与企业管理的家族，伯克希尔同样提供了解决方案。伯克希尔的文化非常有价值，尤其是持续经营和自主管理的价值观，非常打动企业家。不可否认，企业家将这种企业文化视为出售所得价值的一部分。正是因为有这种文化，伯克希尔才能够以低于竞争对手的价格收购公司。

以威利家居为例，这是一家总部位于美国西部的家具连锁店。在B夫人家族的推荐下，伯克希尔注意到了它。1995年，伯克希尔以1.75亿美元的价格收购了威利家居。尽管出售企业的家族收到了几个超过2亿美元的竞争性报价，但他们还是接受了伯克希尔伸来的橄榄枝。究其原因，这要归功于伯克希尔和其他企业风格迥异的企业文化。[6]如果你想要量化企业文化特质与经济价值之间的关系，这个案例提供了伯克希尔企业文化可量化的价值。在威利家居的案例中，这个价值2亿美元的家族企业，因为赞赏伯克希尔的企业文化而让渡了2500万美元的价值，相当于这笔交易总额的1/8。家族得到了1.75亿美元现金，以及伯克希尔企业文化的价值；伯克希尔则获得了一家符合其文化并有助于强化其文化的公司。

威利家居是一家典型的伯克希尔式的公司，从1932年大萧条时期它还是一家创业型公司时就是如此。就像塞缪尔·泰特曼在开设乔丹家具店之前，曾开着卡车在波士顿售卖家具一样，鲁弗斯·考尔·威利当时在犹他州锡拉丘兹的乡下，也开着他的红色皮卡车挨家挨户地推销家用电器。[7]威利是一家电力公司的雇员，他的兼职工作是向当地那些还不习惯使用电力的居民推销电冰箱和"热点"（Hotpoint）系列产品。[8]由于使用电器会刺激电力需求，威利的老板鼓励他从事这门副业。

为了吸引顾客，威利让他们在购买电器前先试用一个星期；为了完成交易，威利会安排三年分期付款计划，让顾客在收获的季节付款。第二次世界大战期间，电器的销售额出现下降，威利扩大了他的副业范围，其中一项业务就是翻新他从废车场回收的二手电器。二战后，当电器的销售额开始回升时，威利在他家附近开了一家小店。

1954年，威利因为罹患胰腺癌而英年早逝。人们怀疑如果没有威利，这家公司是否还能生存下去。正如公司史记载的，"对威利的客户来说，他就是公司，公司就是他"。[9]事实上，在威利的女婿比尔·柴尔德以及柴尔德的弟弟谢尔登的领导下，威利家居的生意还在继续。多年来，许多家庭成员都加入了他们的行列，包括：柴尔德的父亲，柴尔德的八个孩子和两个女婿，还有谢尔登的两个儿子和一个女婿。[10]

柴尔德坚持践行威利在创建企业之初所确立的价值观，特别是他的职业道德以及富有创造性的客户服务。不过，有一件事变化很大。威利生前曾允许大量有不良还款记录的客户分期付款。结果，当柴尔德接管公司时，这家公司的债务和不良资产比预期的要多。柴尔德花了好几年时间，才使公司的财务状况稳定下来。[11]这一惨痛的经历给柴尔德留下了不可磨灭的印象，他也因此明白了节俭的重要性。通过对所有客户进行信用审核，柴尔德重建了威利家居。

在公司财务状况稳定后，柴尔德家族将业务扩大到家具领域，并逐步扩大了他们的店面。在短短几年时间里，威利家居的营业面积从仅600平方英尺增长到10万平方英尺。1969年，柴尔德开了第二家店。20世纪八九十年代，威利家居又逐步增加店铺，还在盐湖城开设了一家大型配送中心。为了收购第二家商店，同时不让公司背上沉重的债务，柴尔德个人出资购买土地，建造大楼，然后把场地租给公司，直到公司最终完全买下土地和商店。[12]

威利家居的客户服务是全方位的，小到无关紧要的细节，大到异乎寻常的行动。在商店里，柴尔德家族为所有的顾客提供免费的热狗，并赠送卷尺和码尺这样的小礼物。[13]公司送货准时，商店以尽可能低的成本储备了尽可能多的商品存货。还有一些特殊服务，在20世纪70年代早期，威利家居曾为一家公司的客户提供融资担保，后来这家公司破产，威利家居承担了所有的责任，并且支付了所有的担保费用，尽管它没有义务这样做。[14]威利家居付出的代价是150万美元现金，得到的回报是无价的客户信赖。[15]

1975年，威利家居开创了家具行业的先河，通过发行商店信用卡为客户提供融资服务。这样做可以跳过第三方贷款机构，使公司能够收取相对较低的利息，同时赚取一些额外利润。这项创新还有额外的税收优势。现金销售的税收在支付时就会产生，而信贷销售的税收则推迟到收到全部到期金额为止。20世纪90年代初，威利家居每年从信用卡业务中可以获得超过1800万美元的利润，另外还有数百万美元的税收优惠。[16]

因为同处家具行业，比尔·柴尔德和布鲁姆金家族相识。埃文·布鲁姆金很钦佩比尔·柴尔德和威利家居，并经常向巴菲特提及这一点。[17] 1995年初，柴尔德告诉布鲁姆金，由于遗产规划的原因，他们家族考虑出售企业。柴尔德想要买方保证，让公司能继续经营数十年。[18]柴尔德把公司的财务报表寄给了巴菲特。公司保持着稳定的年均17%的销售额和净利润增长率，并且没有任何债务，这些事实让巴菲特印象深刻。[19]巴菲特立即回信，附上了一份价值评估总结。然后，巴菲特和柴尔德达成了协议，并在短时间内完成了交易。1995年伯克希尔收购威利家居时，这家公司拥有六家门店，年销售额为2.57亿美元。

后来，比尔·柴尔德提议在犹他州以外再开一家分店。柴尔德是摩门教信徒，其教义不允许他在星期天营业，因此他的想法遭到了巴菲特的反对。周末闭店歇业的做法，在拥有大量摩门教信徒的犹他州很常见，但巴菲特怀疑，如果在其他地方也不能在周日营业，威利家居是否能够繁荣发展。巴菲特讲述了接下来发生的事情：[20]

> 之后，比尔仍然坚持开店的想法，他提出一个非常特别的建议：他将出资约900万美元，以私人名义买下一块地，然后开一家分店。如果分店经营成功的话，他将以成本价卖给我们。如果销售额没有达到预期（第一年的销售额目标为3000万美元），[21]我们可以不去收购这家公司。当然，这样做的结果就是他的投资会变成一栋空空如也的建筑。我告诉他，我很感激他提出的方案，但我觉得，如果伯克希尔想要获得利益，就理应承受损失。比尔说，那可不行，如果因为他的宗教信仰而导致经营失败的话，他要一力承担后果。

1999年，威利家居在爱达荷州开立分店，并迅速获得成功。开业仅一年，2000年的销售额就达到8500万美元。柴尔德把分店转让给了伯克希尔，伯克希尔给他开了一张支票。巴菲特说："除了伯克希尔，我从来没有听说过哪家上市公司的经理人会这样做。"[22]这恰恰说明了伯克希尔公司文化的独特性。

威利家居继续一路增长，在加利福尼亚州、爱达荷州和内华达州开设了更多的分店。2001年，在执掌公司46年之后，比尔·柴尔德辞去了CEO兼总裁一职。但直到今天，威利家居仍然是一个家族企业：柴尔德的侄子杰弗里·柴尔德是公司现任总裁；他的侄女婿斯科特·海马思是公司现任CEO；他的另一个侄子柯蒂斯·柴尔德是公司首席财务官。[23]

明星家具：从陷入困境到重焕光彩

家族企业的内部专家通常会建议家族成员制定接班人计划，聘请职业经理人协助处理日常事务，并付费聘请顾问组成委员会。尽管有这样的常规建议，家族成员还是对引进外来人员犹豫不决。因此，当家族企业走到十字路口时，它可能会毫无准备。

在财富命运的十字路口，巴菲特再次拯救了一家陷入困境的优秀家族企业，即总部位于休斯敦的明星家具公司。[24]与其他交易一样，伯克希尔支付的价格只是整体交易价值的一部分。伯克希尔的文化价值，尤其是自主管理和永续经营，则是其余部分的补偿。

明星家具成立于1912年，是一家由7个家族联合控制的企业。其中一个家族的成员梅尔文·沃尔夫（Melvyn Wolff），因为他的合作伙伴不接受他的创业愿景，是很不情愿地加入公司的。这家公司举步维艰：股东太多、资本太少、债务太沉重。有时它能赚到一点微薄的利润，有时会赔钱。

1962年，沃尔夫开始强力推行改革措施。在此之前，他的目标是超越公司的主要竞争对手——一家规模是其25倍的大型家具店。当时，他终于明白这样的努力是注定要失败的。在一次市场营销研讨会上，沃尔夫悟出一个道理，那就是不要"在拉得很长的战线上攻击占据优势的对手"。[25]这意味着不要试图模仿更大的商店，提供各种口味的选择，而是要开拓一个利基市场。通过研究，沃尔夫发现了他的竞争对手最薄弱的利基市场，并决定专注于这个市场——中端和高端家具市场。

抓住这个利基市场需要扩张，也需要资本，而这正是这家陷入困境的公司所缺乏的。在与休斯敦当地所有的银行商谈未果之后，沃尔夫的一位朋友帮他联系上了纽约的一名银行家，这名银行家同意提供一笔大额贷款，但有一个条件：他需要一份经审计的财务报表。沃尔夫抗议说，这样做既昂贵又不必要。银行家解释了其重要性："据我所知，你们公司的会计师可能是你的姐夫。"沃尔夫大笑起来。事实上，沃尔夫的会计师确实是他的姐夫。

沃尔夫的合伙人反对贷款和扩张计划，因此，沃尔夫提出了收购要约，通过出售公司拥有的店铺和关闭两家出租的店铺来筹集资金，只保留了三家需要培育的店铺。在这个关键时刻，沃尔夫让他的妹妹雪莉·托明加入了他的生意。在接下来的20年里，这对兄妹专注于高端和中端家具市场，他们推动公司实现了令人印象深刻的增长，并逐渐将门店和业务转移到休斯敦纵横交错的高速公路旁边，同时打造公司形象以进入目标市场。到1996年，明星家具成为美国最大的家具连锁店之一。

沃尔夫和托明的全部净资产几乎都在这些商店里，他们想要实现多样化经营。他们担心，在他们死后，他们的负担沉重的遗产税，只有出售商店才够支付这笔费用。他们不想看到这样的事情发生，因为如果这样做的话，公司大量忠诚的员工将无家可归。正是这些员工用自己的职业生涯，一步步发展壮大了这家企业。

沃尔夫兄妹不得不从长计议，这并不容易。他们咨询顾问，并考虑了所有的可行性方案：实行员工持股计划，将所有权授予员工；进行IPO；与同类型的家具连锁店合并；将公司出售给更大的连锁机构或金融买家。起初，沃尔夫兄妹选择进行IPO，因为一旦IPO失败，他们还可以转向其他选择。为IPO做准备，需要开会讨论最低业务量、在其他城市开设门店的数量，以及招聘相应的专业管理人员。然而，最终他们意识到，无论是IPO还是其他解决方案，都无法提供他们所追求的流动性、自主性和永续经营。

就在此时，沃尔夫想到了联系伯克希尔。多年来，沃尔夫经常从布鲁姆金家族和柴尔德家族那里听到关于伯克希尔和巴菲特的话题。在伯克希尔1997年年会的前几天，沃尔夫请所罗门兄弟公司的银行家帮他联系到巴菲特；很快，沃尔夫就收到了得州老乡罗伯特·德纳姆的回复。德纳姆是伯克希尔的顾问，20世纪90年代，所罗门兄弟公司发生债券交易丑闻后，巴菲特曾邀请德纳姆帮助重振公司。在巴菲特的邀请下，沃尔夫参加了伯克希尔的年会，并对他所观察到的公司文化印象深刻。

几天后，巴菲特和沃尔夫在纽约会面。巴菲特提出了一个报价，并向沃尔夫表示，伯克希尔不接受讨价还价。沃尔夫试图谈判，但没有成功。最终，这笔交易被证明是有意义的。严格来说，价格还算合理，除此之外，他也能获得无形资产，尤其是自主管理和永续经营，这正是沃尔夫的家族和公司所梦寐以求的。

赫尔兹伯格珠宝：鱼与熊掌可以兼得

世界上所有的计划，都不可能解决家族企业每一个独特的问题。对于那些年长的家族成员来说，他们面临着两难选择——保护家族，还是放手生意。鲜有比这更棘手的问题了。但伯克希尔的企业文化，正好能够解决这种难题。

一个经典案例就是赫尔兹伯格珠宝公司。这是一家传承三代的家族企业，1995年被伯克希尔收购，同年，伯克希尔还收购了威利家居。1915年，莫里斯·赫尔兹伯格创办了这家公司。[26]莫里斯的所有孩子都在珠宝店里工作，其中最小的是14岁的巴尼特。当莫里斯因为中风致残时，巴尼特的哥哥们或在上大学，或在参加第一次世界大战，于是巴尼特接管了公司。巴尼特把公司从堪萨斯城的一家商店扩展到数十家连锁店。1963年，巴尼特将公司交给了儿子小巴尼特。

自1956年以来一直在公司工作的小巴尼特，面临着不断变化的人口结构：赫尔兹伯格珠宝公司的大多数商店都位于市中心，随着购物中心在郊区兴起，市中心的客流量逐步下降。为了应对这种变化，小巴尼特首先关闭了市中心的门店，把连锁店的规模缩减到15家。20世纪70年代，小巴尼特又通过积极的扩张计划，实现了公司的复兴。小巴尼特发起了一场名为"我是意中人"的营销活动，引起了流行音乐界的轰动。公司把这句广告语印在了商店里分发的领针和纽扣上。唤起那个时代人们对爱的向往的，是这样一条宣传语："如果你不能给你的爱人一颗钻石，至少要用一颗印有'我是意中人'的纽扣来表达你的爱意。"这条宣传语至今仍很响亮，它很快出现在水杯、高尔夫球和各种纪念品上，传播给数以百万计的潜在客户。

1989年，赫尔兹伯格珠宝店的数量已经增长到81家，小巴尼特开始厌倦他的工作。有一天，小巴尼特七岁的儿子在写一份学校作业，当被问到父亲最擅长什么时，儿子给出的答案是"睡觉"。在那一刻，小巴尼特终于意识到自己劳累过度了。[27]小巴尼特选择退居幕后，他将总裁职位交给了杰弗里·科门特。科门特曾担任费城约翰-沃纳梅克百货公司的高管。此前，赫尔兹伯格珠宝公司的高管一直由赫尔兹伯格家族成员担任，科门特是第一位外部高管。科门特通过开设更多更大的商店，包括在大型购物中心开设旗舰店，推动了公司业务快速增长。

1994年，小巴尼特在思考家族企业的未来时，将战略选择也纳入考虑。当时，赫尔兹伯格珠宝公司是美国第三大珠宝连锁商，拥有143家门店，年销售额接近3亿美元。小巴尼特向纽约的金融公司寻求咨询服务，但由于不愿裁员和资产剥离，他对IPO或将公司出售给竞争对手等常规方案不予考虑。[28]

与很多家族企业的老板一样，小巴尼特对自家企业有着复杂的感情。他承认，虽然因为有科门特的协助，他的管理负担减轻了，但他仍然感到责任重大。小巴尼特希望找到一种方法，既能减轻管理负担，又能保住家族生意。1989年，小巴尼特成为伯克希尔的股东并参加了公司年会，自那时起，他的梦想就是把家族生意卖给伯克希尔。[29]种种机缘巧合之下，他终于梦想成真。

1994年5月，伯克希尔召开年度股东大会一周后，小巴尼特到纽约的摩根士丹利办完事，闲逛到第五大道时，碰巧在第58街的人行横道附近遇到了巴菲特。[30]小巴尼特向巴菲特做了自我介绍，并简短地介绍了赫尔兹伯格的基本情况。[31]巴菲特告诉小巴尼特，可以把更多的详细资料发给他。赫尔兹伯格的财务状况令人印象深刻，巴菲特也喜欢这种从单店变成大型连锁商店的故事。赫尔兹伯格的销售增长强劲：1974年，销售总额为1000万美元；1984年，销售总额为5300万美元；1994年，销售总额为2.82亿美元。每家门店都很大，平均年销售额为200万美元。每家门店的平效都远远高于其竞争对手。

后来巴菲特和小巴尼特见面时，巴菲特让小巴尼特给出一个报价，这是伯克希尔收购企业时的惯常做法。但随后，两人就这个报价进行了讨价还价，这在伯克希尔的收购中是不常见的。[32]小巴尼特曾咨询过德勤的一位会计师，询问他们认为哪些收购与伯克希尔的收购类似。[33]在此基础上，小巴尼特抛出了一个他认为很高的要价——3.34亿美元，以等值的伯克希尔股票作为对价。[34]一般来说，珠宝零售商的价值，相当于其年销售总额加上库存，然后打对折。以此计算，赫尔兹伯格珠宝公司的公允市场价值为1.41亿美元。巴菲特以不到小巴尼特要价一半的价格进行还价。最终，两人以1.67亿美元成交。

小巴尼特收到过更高的出价。[35]但是与伯克希尔的交易更有价值，因为它既保证了公司的业务完整，还保留了公司位于堪萨斯城的总部，以及所有的员工。对赫尔兹伯格家族来说，所有这些都至关重要。[36]

本–布里奇珠宝：传承五代的家族企业

如果你能想象小巴尼特在伯克希尔为他传承三代的珠宝连锁店提供了一个永久的归宿后，有多么如释重负，不妨再想想传承四代的家族成员在处理企业遗产时的心态，比如本–布里奇珠宝公司。1912年，塞缪尔·西尔弗曼在西雅图市中心开始了他的生意。1922年，西尔弗曼邀请他的女婿本·布里奇作为合伙人加入了公司。1927年西尔弗曼退休后，把自己的股份卖给了布里奇，布里奇以自己的名字重新命名了这家公司。

这个家族企业有两项世代相传的政策，世代相传，对企业的发展起到了决定性的作用，布里奇接手后，也一直沿用。第一项政策是，只从公司内部提拔员工，这条政策适用于所有的家族成员和非家族成员，大家都必须严格遵守。[37]这种受人尊敬的做法为公司带来一个明显的优势：

员工的流动率很低。

第二项政策是，在扩张方面采取保守主义，永远不过度利用公司的财务资源。公司的门店数量一直保持着缓慢的增长速度。布里奇之所以有这样的保守意识，与他在大萧条时期得到的教训密不可分。当时，布里奇几乎被迫宣布破产，他发誓永远不要他的公司再面临这种尴尬的痛苦。正如多年以后布里奇的孙子埃德·布里奇所说："他再也不想欠任何人的钱了。"[38]

本·布里奇的儿子——赫布和罗伯特继承了父亲正直和节俭的传统，逐步将公司发展壮大，走出了公司的发源地西雅图。在华盛顿的布雷默顿，罗伯特开设了第二家店。但是，在整个20世纪50年代，这家分店举步维艰，没能再现他的父亲和哥哥经营的西雅图旗舰店那样的景气。与此同时，赫布和父亲就如何经营西雅图分店发生了争执。赫布甚至威胁说要去丹佛的一家竞争对手扎莱什珠宝（Zales）工作。为此，本·布里奇召开了一次家庭会议。[39]

布里奇把店里的钥匙放在桌子上，对儿子们说："孩子们，我退出。"[40]布里奇向赫布和罗伯特解释说，为了保持家族企业的团结，他决定离开"舞台的中心"。后来，布里奇的孙子埃德回忆说："他希望家族企业精诚团结，步调统一。"[41]在家族企业中，这样的愿望很常见。但对于掌门人来说，交出权力并不容易。就这一点来说，要向本·布里奇的这一姿态致敬。

布里奇兄弟明白父亲的用心良苦，于是团结起来经营家族生意。他们遵从父亲的教诲，谨慎地追求发展。他们最初抓住的机会之一，是为西雅图地区所有的彭尼百货商店管理珠宝部门。在购物中心的环境中习得了连锁商店管理的技能后，兄弟俩认为以自身的能力，有信心扩大本–布里奇珠宝的经营规模。截至1978年，他们已经将本–布里奇珠宝打造成拥有6家分店的连锁商店。

接着，他们的孩子埃德和乔恩继任。从青年时代开始，埃德和乔恩就在店里工作，他们打扫卫生，擦拭银器，几乎什么都做。1978年埃德大学毕业，之后开始从事销售工作。几个月后，长期在公司任职的首席财务官宣布退休。就这样，22岁的埃德被选为首席财务官的接班人。三年后，埃德再次升职，成为公司的业务主管。他的堂弟乔恩，曾在销售部门工作过一段时间，他从军队退役之后成为公司的首席财务官。

埃德和乔恩的事业就这样开始了，他们继续保持着小心翼翼的态度，带领着家族企业慢慢增长。1980年，他们在俄勒冈州的波特兰开了分店；1982年，他们又在加利福尼亚州的圣马特奥开了分店。截至1990年，本–布里奇珠宝商已经拥有39家分店，其中20家在加利福尼亚州。尽管按照行业标准来看，公司的增长速度仍然缓慢，但已经远超他们父辈时的增长速度。

1990年，埃德和乔恩正式接棒，成为这家传承四代的家族企业的掌门人。他们忠诚地继承了公司的传统，并推动公司繁荣发展。公司的营业收入在增长，净利润也在增长，公司接下来的扩张速度远远超乎公司创始人的想象。到20世纪90年代末，本–布里奇珠宝商已在美国11个州拥有62家分店。[42]

此时，两兄弟面临着许多家族企业都会存在的隐忧：公司的未来何去何从？这个问题涉及许多议题，包括如何安排继承人以确保管理连续性，如何筹集资金以支付遗产税，等等。和他们的祖辈父辈一样，两兄弟希望家族企业能够永续经营。他们考虑了一系列常规的操作方案，包括IPO，但这样的路线可能会危及公司的传统和文化。

埃德和乔恩没有采用常规的做法。1999年12月，埃德给巴菲特打了一通电话。小巴尼特曾跟他们说过，伯克希尔将是一个理想的家园。[43]小巴尼特非常确定，如果把公司卖给伯克希尔，布里奇家族可以像过去一样经营公司。在伯克希尔，本-布里奇珠宝将加入子公司的行列，这些子公司都有着对家族企业延续的渴望。它们也有着共同的文化特质，包括节俭的作风和正直的声誉。

埃德向巴菲特解释了公司的业务，并提供了最新的财务数据。巴菲特很欣赏公司门店的年销售额增长记录：在过去的7年里，公司的年销售额分别增长了9%、11%、13%、10%、12%、21%和7%。巴菲特对公司审慎的扩张策略表示赞赏。此外，听说这家公司的管理权已经传至家族第四代，巴菲特表示非常喜欢这一点。巴菲特还从小巴尼特那里了解到，这家公司和拥有它的家族都享有非凡的声誉。

埃德说，对布里奇家族而言，允许公司像从前一样运营是至关重要的。他们的家族已经拥有超过一个世纪的成功经验，他们不想从大的股东那里得到指令。巴菲特向埃德承诺，埃德和乔恩可以继续负责经营公司。埃德和乔恩明白，他们可以相信巴菲特的这一承诺。

巴菲特提出了一个报价，包括一半现金、一半股票，布里奇家族接受了。如今，本-布里奇仍然生意兴隆，谨慎扩张，同时每家分店都保持着惊人的销售额增长。本-布里奇珠宝已有一个多世纪的历史，现在的管理层已经是家族第五代。[44]

本章小结

许多向伯克希尔出售公司的家族，比如乔丹家具的泰特曼兄弟，以及布里奇家族，都会让员工参与分红。当沃尔夫和托明这样对待明星家具的员工时，巴菲特写道："我们喜欢与这样的人成为合作伙伴。"[45]在小巴尼特也这样做之后，巴菲特表示："如果一个人表现得如此慷慨，你会知道，作为买家，你一定不会吃亏。"[46]

　　像与员工共享、慷慨、公平这样的无形资产，把家族企业紧紧地团结在一起。这种家族作风和声誉，除了能够给软实力加分以外，还有助于家族企业持久繁荣发展。如果创始人离世，第二代的兄弟姐妹就会接棒，第三代的表亲也会一起经营。伯克希尔寻找那些重视优良品质的家族企业，并赋予他们管理上的自主权和经营上的持续性。双方给彼此的回报是一家传承数代的家族企业。

　　本–布里奇珠宝公司已经传至家族第五代了，与本杰明–摩尔涂料公司、范奇海默兄弟公司等第四代家族企业以及许多第三代家族企业相比，本–布里奇珠宝公司目前仍保持着伯克希尔子公司的传承纪录。对于家族企业来说，传承财富并不容易；对于家族成员来说，他们接受的无形价值越多，得到的经济回报就越大。伯克希尔的企业文化对这类企业极具吸引力，反过来又促进了这些企业的经营发展。

第 7 章

自我驱动

飞安公司：有梦想谁都了不起

伯克希尔旗下的企业家中，有几位曾荣获"霍雷肖·阿尔杰奖"（Horatio Alger Award），该奖项由霍雷肖·阿尔杰协会每年颁发，授予那些通过一代人的努力从贫困走向富裕的商人。[1]除詹姆斯·克莱顿外，获奖者还包括出生于肯塔基州的企业家、飞安公司的创始人艾伯特·李·乌尔奇。虽然许多人认为，创业精神是指创立并培育一家公司，然后再转向另外一个领域，但伯克希尔旗下的企业家更专注于企业内部的创新，并在这个领域持续努力，久久为功。

乌尔奇的精彩人生与航天飞行密不可分。16岁时，这位肯塔基州的本地人开了一家名叫"小鹰"的汉堡店，用赚来的钱去上航天飞行课。由于乌尔奇对飞行怀有极大的热情，他干脆买了一架飞机来教其他飞行员，这架飞机是他用"小鹰"汉堡店担保贷款获得的。[2]1939年，有一次乌尔奇训练一名联邦航空侦察员，教他如何驾驶一架开放式驾驶舱的飞机进行快速翻转。当飞机在空中完成翻转动作时，乌尔奇的座椅出现松动。很不幸的是，他的降落伞也失灵了。乌尔奇奇迹般地活了下来，之后他下定决心，一定要用更安全的方式来训练飞行员。最终，乌尔奇创建了世界上最顶尖的飞行员培训学校，他使用飞行模拟器来教授常规飞行动作，以及紧急情况演习。

1942年，乌尔奇开始与泛美世界航空公司合作，这是一家私营的美国旗舰航空公司，其飞行员被称为"海上飞艇大师"。[3]1946年，乌尔奇成为泛美航空创始人、传奇商人胡安·特里普的私人飞行员，这份工作一直持续到1968年。51岁时乌尔奇结束了驾驶飞机的生涯。从这个角度出发，乌尔奇意识到另一种重要的需求：对日益壮大的民用飞行员队伍进行正式培训。

第二次世界大战后，航空运输的主力军是运送公司高管的私人飞机。企业会购买退役的军用飞机，将其翻新以供高管使用。但许多飞行员缺乏驾驶飞机的专业训练。1951年，乌尔奇在纽约拉瓜迪亚机场的航站楼创办了飞安公司。直到现在，这家公司的总部仍在这里。

起初，乌尔奇从各大航空公司聘请经验丰富的民航飞行员，为客户提供培训。在训练中，乌尔奇使用了从民航公司租来的飞机和仪器训练器。乌尔奇早期的客户，包括伯灵顿工业公司、伊士曼柯达和美国国家酿酒公司。随着乌尔奇公司的成功以及私人航空业务的激增，乌尔奇对飞行训练的未来下了很大的赌注：他抵押了自己的房产来筹集资金，用以扩张飞安公司，[4]还将飞安公司的所有利润都投入到业务中，仅仅依靠他在泛美航空的工资来承担个人和家庭的日常开支。乌尔奇还开创了一种创新的融资方式，他让包括美国铝业、可口可乐和伊士曼柯达在内的几家公司客户，提前5年预付了训练费。[5]

这些客户预付的资金让乌尔奇离他的梦想更近了一步。1961年，乌尔奇购买了几架私人的飞行教练机，用来教飞行员"盲飞"，即飞行驾驶时依靠仪表盘而不是视力。后来，泛美航空成立公务机部门，并为一家法国制造商推销猎鹰喷气机。乌尔奇说服特里普，把飞行员和技术人员的培训费也纳入购买价格的预算中。[6]

1961年，乌尔奇把布鲁斯·惠特曼招至麾下。惠特曼是一位年轻的企业家，对飞行同样充满热情，当时在美国国家商务航空协会工作。惠特曼成为飞安公司的二号人物，此后他一直扮演着这个角色。直到2003年，86岁高龄的乌尔奇退休，惠特曼才接替了乌尔奇的位置。[7]20世纪60年代末，乌尔奇和惠特曼一直在稳步发展飞安公司。1968年，公司上市，乌尔奇持有34%的股份。

20世纪70年代初，在商务航空市场上，飞安公司的主要竞争对手是飞机制造商。作为客户购买新飞机的配套服务，这些飞机制造商提供飞行员培训。乌尔奇和惠特曼意识到，飞安公司的成功，依赖于是否能够说服飞机制造商将飞行培训业务外包。他们向飞机制造商解释说，投资于飞安公司的培训项目，将改善飞机的飞行安全记录，这是客户愿意为之付费的宝贵声誉。[8]

在20世纪70年代，大多数飞机制造商都与飞安公司签订了合作协议。这些飞机制造商意识到，专注于飞机的设计和制造，同时把飞行培训交给业内专家，这样做会更好。例如，里尔喷气机公司选择将其飞机的飞行员培训委托给飞安公司，飞安公司在里尔喷气机公司的一家工厂内建立了一个培训中心。很快，飞安公司与其他飞机制造商也达成了类似的协议。20世纪80年代，飞安公司基本巩固了其行业地位，其飞行培训业务很快覆盖了大多数商务飞机制造商，包括比奇飞机公司、庞巴迪公司、塞斯纳飞机公司、达索飞机制造公司、巴西航空工业公司和湾流宇航公司，等等。

20世纪80年代，飞安公司进一步将业务拓展到军用飞机飞行员培训领域。1984年，飞安公司获得了位于亚拉巴马州洛克堡的空军合同订单。出于精打细算的考虑，飞安公司在空军基地附近建立了培训场所，并在那里安装了飞行模拟器，从而让自己成为出价最低的投标人。

值得一提的是，飞安公司的创业精神还刺激了一个新的利润增长点的诞生——制造和销售飞行模拟器。迄今为止，这项业务仍在蓬勃发展。这种创业精神也催生了一些其他业务的发展，比如为德士古公司的油轮船长、美国海军军舰指挥官和核电站操作员提供培训项目。不过，惠特曼在接受本书采访时解释说，由于飞安公司选择坚守自己最擅长的业务，这些商业探索最终都关闭了。

20世纪80年代，飞安公司向区域性的商业航空公司抛出橄榄枝，想要重演他们在20世纪70年代的尝试，说服这些潜在客户将飞行员培训业务外包给他们。这些航空公司一致认为，让专家提供这种专业训练服务，将使他们能够集中精力安排航班航线以及客户营销与服务等工作。尽管通常而言，美国大型航空公司不会将培训外包出去，但飞安公司偶尔也会接到它们的外包订单，比如20世纪80年代飞安公司和环球航空的合作。

对于飞安公司的客户而言，如果他们的飞行员参加过飞安的培训，保险公司会对他们更加信任，于是飞安公司的成功得到了巩固。其中有一家保险公司——美国国际集团，开发了一款名为Safety Bucks的保险产品，如果客户请飞安公司进行训练，购买这款产品时就可以获得保费上的折扣。[9]接下来面对的是航空公司的工会，他们最初反对培训外包，但最终也体会到了外包的价值。随着陆续获得法国航空、全日空、日本航空、大韩航空、德国汉莎航空和瑞士航空等国际航空公司培训年轻飞行员的合同，飞安公司开始进军海外，在全球各地的飞机制造厂、商业航空公司总部或机场附近开设了培训基地。

20世纪90年代中期，乌尔奇开始物色继任者。乌尔奇一直劝说惠特曼接替他担任CEO。但乌尔奇担心，如果少了他的股份，公司会有被收购的风险。[10]后来，在1996年末，一位同时持有飞安和伯克希尔股票的股东了解到乌尔奇的困境，给罗伯特·德纳姆写了一封信。德纳姆长期担任伯克希尔的律师，也是巴菲特的密友，曾协助伯克希尔完成对明星家具的收购。[11]巴菲特告诉乌尔奇，可以一起商讨飞安公司的未来。他们在纽约共进午餐，俩人一拍即合，并在一个月内签订了协议。伯克希尔可以向飞安公司的股东提供现金或股票。

被伯克希尔收购时，飞安公司的业务遍布全球各地，他们为各种机型配备了175台飞行模拟器。这是一项资本密集型业务，每台飞行模拟器的成本高达1900万美元。在接下来的8年时间里，飞安公司又添置了100多台飞行模拟器，总成本达30亿美元。[12]考虑到一台飞行模拟器一次只能接受一名飞行员培训，巴菲特估计公司每3.5美元的资本支出，才能产生1美元的收入。因此，如果想获得合理的资本回报，保持较高的营业利润率至关重要。惠特曼是伯克希尔旗下为数不多的在公司工作超过50年的CEO之一，他带领飞安公司创造了这样的投资回报。

如今，飞安公司运营着320台飞行模拟器，并已自行生产制造了超过800台飞行模拟器。[13]飞安公司每年为航空公司和3800多家公司的飞行部门提供长达120万小时的培训，训练10万名飞行员、技术人员和其他航空专业人员。[14]惠特曼还将飞安公司的业务扩展到直升机训练领域，机型包括阿古斯塔-韦斯特兰、空中客车、贝尔和西科尔斯基。与此同时，飞安公司还扩大了美国军用飞机训练业务。惠特曼亲切地称呼公司员工为"队员"，这些"队员"有强烈的创业热情做支撑，他们通过塑造值得信赖的形象，展示外包培训的价值，不断在市场上开疆拓土。

利捷航空：行业细分领域的开创者和领导者

飞安公司最大的客户，是同为伯克希尔子公司的利捷航空，其创始人是理查德·桑图里。桑图里与乌尔奇和惠特曼一样，都可以入选伯克希尔伟大企业家的"名人堂"。利捷航空公司的历史可以追溯到1964年，当时几位退休的空军军官发起成立了行政喷气机航空公司，[15]这家公司为私人提供公务机租赁服务，从20世纪60年代末开始，宾州中央铁路公司曾暂时拥有对它的所有权。后来，宾州中央铁路公司因丑闻缠身而破产，这导致行政喷气机航空公司也一度名声不佳。尽管如此，它最终凭借着卓越的客户服务和良好的安全飞行纪录为自己赢得了良好声誉。

1984年，出生于布鲁克林的桑图里买下了这家公司。桑图里是个数学天才，他拥有纽约理工大学的双学位。20世纪70年代，桑图里一直在为高盛公司编写计算机程序。后来，桑图里成为高盛公司租赁业务的负责人。1980年，桑图里开启了属于自己的事业。

在行政喷气机航空公司，桑图里的数学背景派上了用场。[16]在过去的20年里，公司的前任管理者们对包机业务进行了详细的记录，包括目的地、淡旺季、中途停留点、飞行时间和设备维护等方方面面。桑图里在数学上的天赋，让他发现了很多有趣的联系；他的企业家直觉，让他嗅到了有利可图的商机。

收集到这些数据后，桑图里逐渐开始设想一种新的业务方式，不再提供单次包租一架飞机的服务，而是将特定飞机的所有权拆分出售给多名所有者。然后，桑图里的公司负责飞机运营，赚取客户服务费。他想，分时共享的概念在房地产领域运作得很成功，为什么在航空业不试试呢？

桑图里要解决的数学/商业问题是：如果他出售一定数量的飞机所有权，需要增加多少架飞机才能保证客户有需要时一定可以用到他们的飞机？答案是因规模而异。例如，在售出100架飞机的所有权后，公司需要再拥有26架飞机（称为"核心机队"），以保证所有客户的用机需求；

在售出800架飞机的所有权后，再增加80架飞机就足够了。随着规模的增长，公司虽然仍是资本密集型的，但能带来更高的回报。[17]

在接下来的十年里，桑图里艺高人胆大，将这一愿景变成了价值数十亿美元的生意。1986年，桑图里购买了8架塞斯纳公司生产的Citation S/IIs型号飞机，并招募了顶级飞行机组人员来驾驶飞机。[18]即使在那时，也有许多大客户感觉固定的航班很不方便，但只有少数客户买得起私人飞机，而包机也很麻烦。桑图里的共享飞机模式，提供了一种介于两者之间的新模式：以较低的成本实现私人飞机的舒适和自由。

尽管如此，桑图里的目标客户并不多，服务定价也很高。客户需要分担飞机的一部分成本，以拥有飞机的部分使用权。根据飞机的大小和型号，价格为总价的1/16到1/2，可获得每年50小时到400小时的飞行时间。客户支付的价格包括了飞机每月的维护费用及每小时的飞行费用。

与传统的私人飞机一样，灵活性是共享飞机的优势所在。与航空公司提供的固定航班不同，共享飞机客户能够选择出发、到达的时间和地点，他们通常使用更小众、更方便的机场，以及选择更短的航线和旅行时间。这种商业模式还有另一项关键优势：它避开了民航机场繁琐的安全检查。

行政喷气机航空公司后来更名为利捷航空，就像它模仿的分时度假房地产业务一样，它从成立之初就引发了行业争议。那些大公司飞行部门的工作人员对此嗤之以鼻，认为这是一种贪小便宜的行为；包机公司将其商业模式描述为一种合法化的庞氏骗局；私人飞机的拥有者则对飞机估值的潜在不利影响表示不满。[19]

尽管存在争议，但利捷航空还是很快吸引了数百个客户，产生了可观的收入。但成本也很高，尤其是增加核心机队的成本，这使得公司的利润率很低。20世纪90年代初，桑图里以个人名义担保了1.25亿美元的银行贷款，利捷航空才勉强逃过破产的命运。[20]随后，竞争对手也进入了这一领域，这使得利捷航空很难提高价格，尤其是它还想保持行业先行者的领导优势。[21]

为了保住行业第一的地位，利捷航空需要购买更多的飞机作为存货待售，这也意味着必须要继续扩大核心机队。为了获得资金，桑图里向他在高盛的朋友求助，高盛注资并获得了公司25%的股份。[22]桑图里的兄弟文森特和他一样具有创业精神，他们联手让客户群壮大到近七百个，还吸引了许多像通用电气这样的大公司客户，[23]还有因为私人用途使用利捷航空服务的富人如阿诺德·施瓦辛格、大卫·莱特曼、皮特·桑普拉斯、老虎伍兹……当然，还有沃伦·巴菲特。

到20世纪90年代末，桑图里巩固了公司的领导地位，创造了超过10亿美元的营业收入。[24]当时，高盛认为是时候离场了，它倾向于通过IPO的方式退出。桑图里表示反对，这位企业家计划将利捷航空推向欧洲市场，扩大他的特许经营范围。[25]但航空租赁行业的利润来得并不快，四架核心机的启动成本就要1亿美元。在短视的公开市场中不适合进行这样的风险投资，因为公司需要长期资本。因此，1998年5月，桑图里给巴菲特打了电话，作为客户，巴菲特曾称赞利捷航空友好、高效、安全。

巴菲特认为，利捷航空在北美和欧洲都有巨大的潜力。当时，利捷航空为1000多名客户提供服务，雇用了650名飞行员，管理着163架飞机（包括核心机队的23架飞机）。[26]它的资产负债表非常健康，只有1.02亿美元的债务。它的安全记录无可挑剔，所有的利捷航空飞行员都在飞安公司接受过培训。有伯克希尔的资本和信用为利捷航空的债务提供担保，巴菲特和桑图里共同憧憬着公司未来的大幅增长，他们迅速达成了协议。

对于其出售给伯克希尔的25%的股份的价格，高盛并不满意。[27]高盛更倾向于IPO，因为IPO的收益要大得多。在接受本书采访时，桑图里解释说，他之所以支持高盛将公司股份出售给伯克希尔，是因为除了金钱之外，他还看重伯克希尔企业文化的自主性和持久性。[28]巴菲特告诉桑图里，利捷航空是桑图里的画布，伯克希尔只负责提供油漆和刷子，在其他方面不会插手。[29]

在被伯克希尔收购的最初十年里，利捷航空发展迅速。伯克希尔为利捷航空核心机队和待售库存的扩张提供了资金，增加了其资产和负债；在大多数年份里，利捷航空都实现了盈利，2007年盈利达到2.06亿美元，2008年盈利达到2.2亿美元。巴菲特经常夸赞利捷航空在航空租赁业的主导地位，迄今为止，利捷航空的机队价值仍高于所有的竞争对手。[30]人们普遍认为，桑图里是为数不多有可能接替巴菲特执掌伯克希尔的子公司高管之一。

然而，从2009年开始，经济衰退降低了所有资产类别的价值。[31]对利捷航空庞大的机队来说，这意味着7亿美元的资产减记，这会抹去此前几年的利润，并导致当年出现巨额的净亏损。[32]当然，债务仍然是19亿美元。随着费用不断增加，巴菲特开始看到利捷航空的问题，包括其庞大的债务和资本需求、资产估值的下降，以及新成立的欧洲业务部门带来的新增成本。巴菲特说，他在对利捷航空的管理方面"辜负了"伯克希尔股东的期望。[33]巴菲特依然高度评价桑图里在飞行安全和客户满意度方面的表现，与此同时，在2009年底，巴菲特任命了一位新的CEO来负责削减成本和债务。

利捷航空的新任CEO戴维·索科尔也是为数不多的巴菲特可能的继承人选之一。2007年，索科尔曾协助巴菲特参与对佳斯迈威的交易。索科尔入主利捷航空后，就像他在掌舵中美能源公司时那样，大举削减成本。但在利捷航空这样做如同走钢丝一样冒险，因为利捷航空提供的是高端品牌和服务，而不是低价商品。索科尔改革的过程是痛苦的，他解雇了很多员工，出售了大量资产，这在公司内部引发了强烈不满，原因是他未能尊重利捷航空的企业文化，包括动摇了其创业根基，背离了高端服务的路线。[34]另一个有争议的事件是2010年末，利捷航空收购了马奎斯飞机公司，这家公司出售比利捷航空更少的飞机所有权，出售比例大约是1/32。

2011年初，伯克希尔宣布收购路博润公司，而在此前一周，索科尔购买了路博润公司的股票。因为这件事所引发的风暴，索科尔被迫从伯克希尔辞职，这个故事将在下一章中详述。利捷航空的继任者乔丹·汉塞尔（Jordan Hansell）是来自艾奥瓦州的一名律师，索科尔曾任命他为利捷航空的首席法律顾问。如今，乔丹正在引导这家创业公司在高端品牌和伯克希尔文化的成本意识之间寻找平衡点。而桑图里则推出了一项新的直升机租赁业务——里程碑航空公司，这家公司的飞行员自然也是在飞安公司接受培训的。如今，桑图里的公司蓬勃发展，巴菲特和桑图里仍然是好朋友。

伽蓝服装公司：童装品牌的先行者

投资的护城河包括成为生活日用品的低成本生产商——比如伯克希尔旗下的家具公司；或者成为高品质业务的唯一或领先服务商——比如飞安公司和利捷航空公司。克莱顿房屋公司的护城河在于，对客户的负担能力进行了严格的评估，其履约的能力无与伦比；本杰明–摩尔涂料公司的护城河在于，它在高端油漆行业开创了一个利基市场。伯克希尔的其他商业模式还包括：打造独特的分销渠道（例如，斯科特–费泽旗下寇比吸尘器的直销模式）或为企业客户提供省钱的商品（例如伊斯卡）。

在所有的企业护城河中，产品品牌是最引人注目和常被提及的。

许多人似乎认为，巴菲特的投资原则将他局限于那些品牌知名度高的公司，比如美国运通或可口可乐。对于帮助一家公司产生并保持市场领先地位和盈利能力，这样的品牌是有价值的。但是，认为巴菲特只投资知名品牌，忽略了伯克希尔公司一半以上子公司的情况。在打造护城河的创业路线中，品牌建设是属于比较困难的，这既需要产品本身有吸引力，还要有一些技巧和运气。一款令人满意的产品常常源于奇思妙想，其爆红的原因往往不可捉摸。

1972年，伽蓝公司（Garan Inc.）推出的"伽蓝动物"儿童产品系列，就因为集实力和运气于一身而大获成功。伽蓝公司的创业精神不仅推动了"伽蓝动物"品牌的发展，还让公司克服了美国纺织制造商当时面临的困境。1957年，伽蓝公司在纽约市的服装集散区成立，当时由7家竞争对手合并而成，公司选择以"Garan"作为"guarantee"（保证）的缩写（"Garan"是公司名字的发音）。[35]在肯塔基州和密西西比州工厂生产的运动衫，是伽蓝公司销量最大的产品。伽蓝公司主要通过梅西百货、西尔斯百货和伍尔沃斯百货等中档百货商店，销售公司的自有品牌。

1961年，伽蓝公司上市，筹集资金是为了给自己的应收账款融资，以减少对其他"因素"的依赖。这里的"因素"是指，第三方按照一定比例的余额来管理和收集推销商的应收账款，这是一种标准但成本高昂的行业通行做法。伽蓝公司的大部分股份是由高级管理人员持有的，其中包括公司总裁塞缪尔·多尔斯基和公司的二号人物（也是多尔斯基的继任者）西摩·利希滕斯坦（Seymour Lichtenstein）。利希滕斯坦后来也成为伯克希尔旗下的CEO之一，他在伯克希尔的工作生涯长达50年。

随着伽蓝公司产品线的多样化，以及它在美国南方各地租用和建造了更多的生产基地，其销售额和净利润都快速增长。20世纪60年代末和

70年代初，由于竞争对手依靠廉价的国外劳动力和便宜的国际航运（这是当时行业的普遍现象），伽蓝公司经历了一段艰难时期，后来，通过实施成本控制、权力下放和提高生产效率，伽蓝公司重新在市场上站稳了脚跟。

1972年，伽蓝公司推出了儿童服装系列品牌"伽蓝动物"，很快就成为全公司最畅销的产品，直到今天仍然如此。"伽蓝动物"系列使用颜色和风格进行编码，提供了一种独特的方式来搭配服装，孩子们很容易掌握。伽蓝公司创造的这一概念，反映出孩子们的穿着与自尊之间的联系——自信源于成功的创意和独立意识。伽蓝公司聘请著名心理学家乔伊斯·布拉泽斯博士作为顾问，他证实"伽蓝动物"品牌"可以帮助学龄前儿童打理自己的穿着"。这种"我能做到"的思想培养了孩子们日益增长的独立意识。[36]家长们非常重视这一概念，这提高了伽蓝公司的市场份额与商业价值。

20世纪80年代，伽蓝公司除了继续在国内建厂生产，还加入了其他纺织制造商的行列，在国外推动生产以维持增长和扩张。当沃尔玛成为零售业的重要参与者时，它也是伽蓝最大的客户之一。伽蓝还获得了授权，被允许用大学的校标和迪士尼的动画形象装饰其服装。20世纪90年代初，伽蓝公司的发展欣欣向荣，但到了90年代后期，成本上升、竞争加剧以及国内制造业的持续内卷削弱了伽蓝公司的发展势头。事实证明，对沃尔玛的日益依赖有利有弊。对伽蓝来说，沃尔玛的渠道极具价值，但金融界人士担心，这会让伽蓝的命运取决于沃尔玛的表现。

利希滕斯坦和他的同事采取了一系列措施来应对这种不利局面，包括严格控制成本，扩大"伽蓝动物"品牌的生产线，并提高在国外的产能。伽蓝公司几乎没有负债，自1962年以来每年都支付股息。尽管是上市公司，但伽蓝40%的股份是集中的：12%的股份由利希滕斯坦持有，

12%的股份由多尔斯基的继任者持有，还有16%的股份由公司的其他高管持有。2002年，伽蓝公司的管理层认识到，需要额外的资金来维持公司的地位，但又不想影响公司的经营延续性，于是他们联系了巴菲特。这笔交易很快达成，又一个创业型高管团队加入了伯克希尔。

贾斯廷：牛仔靴驰名品牌

贾斯廷公司的牛仔靴，和柯尔特45手枪、李维斯牛仔裤和斯泰森帽子一样知名。[37]1879年，贾斯廷创办了一家修鞋店。1908年，贾斯廷去世后，他的三个儿子接管了店面，并开始生产牛仔靴。20世纪三四十年代，随着传奇的美国"西进运动"走向落幕，西部牛仔风格渐渐过时，贾斯廷兄弟三人开始担心牛仔靴的未来。于是，他们将目光转向了更大众化的鞋靴。

创始人的孙子小约翰·贾斯廷生于1917年，他年轻时就是一位干劲十足的企业家。小贾斯廷寻求对家族企业的控制权，并最终得偿所愿。小贾斯廷不喜欢长辈们通过委员会来管理企业的方式，他想成为唯一的领导者。上任后，小贾斯廷要求员工必须全力以赴。例如，他要求销售人员每晚提交销售报告，以确保他们尽了最大努力工作。对于每一位潜在的客户，销售人员都要尽量满足其需求。[38]

小贾斯廷对自家的产品、家族姓氏以及得州传统风格充满热情。他非常尊敬那些牛仔，一直以来，都是他的家族为这些牛仔制作靴子。小贾斯廷试图把目标市场扩展到牛仔靴之外，有很长一段时间，他的鞋柜里甚至连一双牛仔靴都没有。在受到妻子的责备之后，36岁的小贾斯廷才开始穿自家设计的产品。多亏了他的妻子，小贾斯廷成了公司品牌的活广告。[39]

另一件趣事是：直到1954年，37岁的小贾斯廷才第一次骑马。那一年，小贾斯廷为了参加一年一度的牛仔竞技比赛，加入了在怀俄明州的夏延开设的马术速成班。小贾斯廷解释了他骑马的原因："我知道这对生意有好处。"[40]小贾斯廷后来喜欢上了骑马，并在接下来的35年里，一直积极参加牛仔竞技比赛。怀俄明之行，带来了一项延续数十年的传统：为了纪念在沃斯堡举办的牛仔竞技表演，贾斯廷家族每年都会举办晚餐聚会。[41]这项传统培养了公司与牛仔竞技明星及其粉丝之间的深厚感情，他们都是贾斯廷公司非常有价值的客户群。

1954年，就像詹姆斯·克莱顿建造了人们负担得起的活动房屋，理查德·桑图里的利捷航空提供了共享飞机，小贾斯廷发现了市场上一种有利可图的需求。[42]表演牛仔竞技的骑手们，想要一种更适合在套小牛时穿的靴子，这种靴子的鞋跟需要比典型的牛仔靴更平。小贾斯廷尝试将传统的牛仔靴上部与平底鞋的鞋跟结合在一起，但一直遇到困难。设计出来的靴子要么不好看，要么穿着不合脚。当小贾斯廷回忆起得克萨斯农工大学后备军官训练队使用的军靴时，他突然来了灵感。小贾斯廷打算把军靴设计运用于牛仔靴，并将其命名为"罗珀"（Roper）。小贾斯廷耗费了大量的时间和精力反复试错，最终取得了成功。"罗珀"系列牛仔靴在牛仔竞技的场内和场外都很受欢迎，成为公司最畅销的产品之一。

小贾斯廷是得克萨斯基督教大学橄榄球队的球迷。[43]在20世纪50年代中期，小贾斯廷定制了一双特殊的靴子去看比赛。靴子正面镶嵌着一只角蛙，这是这支球队的吉祥物及昵称。小贾斯廷又发明了一种为顾客群量身定制的产品——球队的其他粉丝都为之心动，于是小贾斯廷决定大批量生产这种产品。媒体的报道引起了其他学校球队粉丝的兴趣，所以公司将这个异想天开的创意变成了一条生产线，为得克萨斯基督教大学橄榄球队的所有竞争对手生产靴子。早在大学周边服装品牌兴起之前，贾斯廷公司就面向大学开展定制营销，包括贝勒大学、得克萨斯理工大学、堪萨斯大学和得克萨斯大学。

从20世纪50年代末开始，贾斯廷公司乘着狂野西部风席卷全美，开始开拓更广阔的市场。广告主打穿着传统西部服装的牛仔。为了更好地服务大众，小贾斯廷一再向零售经销商强调"客户至上"。[44]在大家的共同努力下，公司顺利开拓了新市场，并在美国消费者心中塑造了品牌形象。在小贾斯廷任职期间，公司年销售额从100万美元飙升到4.5亿美元。[45]

1968年，小贾斯廷得了阑尾炎。[46]小贾斯廷开始担心，如果没有他，他的家庭和公司的未来怎么办？小贾斯廷所拥有的一切都与公司捆绑在一起，他对公司的流动性、价值和遗产税问题感到忧虑。在律师的建议下，小贾斯廷同意将公司与沃斯堡合并，后者是一家规模更大的企业，旗下还包括顶点砖材公司。当时，沃斯堡正准备在纽约证券交易所上市。将公司卖给沃斯堡后，小贾斯廷将获得流动资产，企业公开上市也可以给他提供估值，并且可以解决遗产税的问题。

交易完成了，但小贾斯廷很快就深感失望。[47]相对于长期价值，沃斯堡的高管们似乎对快速获利更感兴趣。比起稳健经营，这些高管更愿意在财务账本上大做文章，而且他们对商业伙伴的态度也不够开诚布公，小贾斯廷不欣赏这一点。小贾斯廷公开表示反对意见，并威胁将采取法律行动以撤销合并。迫于压力，沃斯堡团队提出将管理权交给小贾斯廷。小贾斯廷接受并掌管了整个业务——包括靴子和砖材业务，尽管他对砖材业务一无所知。

顶点砖材：困境反转型的周期性公司

小贾斯廷喜欢制造业，并发现他可以提升顶点砖材公司的价值。20世纪60年代末，顶点砖材公司陷入困境。1970年，因房地产市场持续低迷，顶点砖材的业务订单大减而陷入停顿。但是，小贾斯廷并没有削减产量，而是继续增加库存。小贾斯廷认为，关闭工厂的成本将大于以较低产能运营的成本。此外，顶点砖材公司在1917年的记录表明，砖材行业是周期性的，经济很快就会复苏，随之而来的是砖材需求量的不断上升，而公司的库存能够迅速满足这种需求，并从中大获其利。

20世纪80年代，顶点砖材的品牌在市场占据了主导地位，这一局面来之不易。公司聘请达拉斯牛仔队的足球明星特洛伊·艾克曼为其形象代言人。顶点公司在其住宅砖材上印上了自己的品牌标识，并承诺提供100年的保修服务。调查显示，消费者认可并偏爱顶点砖材品牌。公司的砖材业务随着景气好转实现了持续增长，并通过收购多家建筑材料公司实现了业务多元化（例如，1994年收购美国瓷砖供应公司，1997年收购创新建筑产品公司）。小贾斯廷在建材行业树立起良好的品牌，这被顶点公司高于行业10%的产品溢价所证明。[48]

1985年，贾斯廷公司成为恶意收购的目标。由于其股价远低于内在价值，竞购者提议，或许可以通过拆分公司"释放"公司的真实价值。贾斯廷公司的董事会拒绝了这一提议。贾斯廷公司收购了竞争对手托尼-拉马公司，这是它长期以来一直寻求的收购对象，但之前一直没找到合适的时机。通常不愿举债的贾斯廷承担了托尼-拉马公司的所有债务，这使得贾斯廷对竞购者的吸引力显著降低。此外，贾斯廷的忠实追随者购买了大量股票。小贾斯廷觉得很有安全感，他把20世纪剩下的时间都花在了他的生意上。但即使没有了被收购的威胁，小贾斯廷的生意也并非一帆风顺。

1998年，贾斯廷公司计划对计算机系统进行一次全面更新，以整合所有部门和职能。公司通过把从采购到销售、从簿记到人事的一切联系起来，达到了提高效率、降低成本的效果。公司在圣诞节购物季前推出了新系统，不过这次操作非但没有提高效率，反而导致整个计算机系统都出现了故障。小贾斯廷把目光投向了他亲自挑选的继任者兰迪·沃森，沃森全身心投入到工作之中，安抚紧张不安的同事，指导公司有序经营。但这次系统问题，花了18个月时间才得以纠正，直到2000年秋天，公司才恢复全速运转。在此期间，竞争对手获得了更多的市场份额，贾斯廷差点破产。为了生存，沃森关闭了两家生产靴子的工厂，解雇了500名员工——这一行动可能挽救了公司，但却一直令沃森耿耿于怀。[49]

2000年底，小贾斯廷出现了严重的健康问题，他决定迅速采取行动，以确保公司能够顺利过渡。一家投资集团问巴菲特，伯克希尔是否可以加入收购这家公司的行列？[50]巴菲特解释说，伯克希尔公司很少与别人一起投资，但他说，他很乐意见见小贾斯廷，并飞到沃斯堡与其见面。2001年2月，在达成协议后不久，小贾斯廷去世了。收购完成后，伯克希尔将公司拆分为两家业务独立的子公司（顶点砖材公司和贾斯廷公司）。小贾斯廷的遗产包括两家公司的创业精神，尽管它们的表现方式不尽相同。

沃森继续领导着贾斯廷品牌靴子公司。观察人士说，沃森在企业经营和管理方面与小约翰·贾斯廷有着惊人的相似之处。这也许是因为，在经营公司的过程中，沃森记得小贾斯廷会问他的那些问题，比如："所有的销售人员都在努力工作吗？"[51]当面临艰难的抉择时，沃森仍然会问："小贾斯廷会怎么做？"[52]，沃森性格开朗，工作勤奋，他与牛仔竞技圈一直保持着密切的联系。2013年，安永会计师事务所将沃森评为当地年度企业家。[53]在沃森的领导下，贾斯廷业绩表现强劲：2008～2012年，贾斯廷的销售收入每年都能实现超过10%的增长。[54]

顶点砖材公司则由丹尼斯·克诺茨经营。1982年，克诺茨加入公司，他具有典型的会计师气质。[55]鉴于砖块一般较重，不方便长距离运输，顶点砖材公司在制造和分销方面都是分散的，区域性的特点较为明显。因此，克诺茨将每个销售点视为独立的商业运作单元。这些销售点的经营者富有创业精神，有类似于冰雪皇后的特许经营企业的文化。冰雪皇后的品牌塑造以及它催生的数千名创业者的故事，将为本章画上圆满的句号。

冰雪皇后：加盟连锁模式的探索与实践

1927年，约翰·麦卡洛和他的儿子亚历克斯在艾奥瓦州的达文波特成立了一家自制冰淇淋公司。麦卡洛一家在自家的地下室里对冰淇淋的温度和口感进行了创新的试验，很快就把业务做到跨越州界，把公司也搬到了伊利诺伊州的格林河。[56]后来，麦卡洛一家率先推出了半冷冻的软冰淇淋，后来在"冰雪皇后"的推广下打造出了著名的经典品牌。

1938年，麦卡洛说服他的一位客户谢尔比·诺布尔举办一场"大胃王"的软冰淇淋销售活动，以测试消费者的兴趣。销售活动大获成功，后来他们又在其他商店再次举办类似的活动，结果证实了麦卡洛的猜想，人们很喜欢吃软冰淇淋。麦卡洛发现了行业的一个秘密：把冰淇淋冻成固体，是为了方便冰淇淋制造商和销售商，而不是为了提升消费者的口感。[57]

一开始，麦卡洛一家的发现并没有引起任何制造商的注意，他们对设计或制造供应软冰淇淋所需的冷冻机和售货机不感兴趣。然而，幸运的是，麦卡洛碰巧在《芝加哥论坛报》（Chicago Tribune）上看到一份广告，上面描述了一款新专利—连续冷冻机，可以用于制作软冰淇淋。麦卡洛联系了冷冻机的发明者哈里·奥尔茨，1939年夏天，两人达成协议，共享冷冻机设备的使用权和冰淇淋销售的特许权使用费。

1940年，麦卡洛父子和诺布尔一起投资，开设了第一家冰雪皇后门店。这家店生意非常好，他们几年内在当地又开设了7家分店。第二次世界大战后，连锁店发展迅速。当时，在伊利诺伊州莫林的一家商店里挤满了人，这引起了哈里·阿克森的注意。作为一名具有创业精神的农业设备销售人员，阿克森也想要投资这项业务，他联系了麦卡洛一家，并获得了在指定州销售冰淇淋的权利。之后阿克森以收取加盟费加上冰淇淋后续销售的特许权使用费为条件，转售冰淇淋的区域销售权。通过这种方式，阿克森在美国中西部地区开设了许多分店。截至1947年，阿克森在全国范围内开设了100家冰雪皇后连锁店。

尽管这些连锁店取得了经营上的成功，但它们的业务模式类似于一次性出售知识产权，而不是持续的特许经营关系。阿克森和麦卡洛父子都没有提供集中化的协调和管理。由于商店的经营者是把毕生积蓄投资到生意上的创业者，所以他们按照自己的意愿经营。在美国和加拿大，冰雪皇后的连锁店迅速扩张，20世纪50年代初，有1400家店；1960年，有3000家店，但这些店没有任何统一性。正如一位冰雪皇后的资深员工开玩笑说的那样：“冰雪皇后的触角遍及各地，但它们却群龙无首。”[58]

1954年，奥尔茨的连续冷冻机专利到期，一些商店经营者停止支付特许权使用费，公司的管理问题开始显现。[59]麦卡洛父子向法院提起诉讼，称费用不限于专利，还包括使用冰雪皇后的商标。当一些经营者声称，他们不是从麦卡洛父子手中而是从阿克森那里获得经营许可时，双方的矛盾进一步升级。诉讼旷日持久，代价高昂，而且让人身心俱疲。1962年，焦虑笼罩着当事人双方，麦卡洛父子最终选择和解。

麦卡洛父子放弃了所有的索赔权，并将他们的股权卖给了一家投资集团，这家投资集团由一些在大片区域拥有大量冰雪皇后连锁店的经营者组成。其中包括：吉尔伯特·斯坦（Gilbert Stein），他在伊利诺伊州和密苏里州拥有173家店铺；詹姆斯·克鲁克香克（James C. Cruikshank），他在佐治亚州拥有64家店铺；还有伯特·迈尔斯和米勒·迈尔斯父子（Burt and Miller Myers），他们在明尼苏达州、威斯康星州和加拿大东部拥有数百家店铺。这家投资集团向麦卡洛父子支付了150万美元，然后贷款继续开疆拓土。冰雪皇后创业精神的第二阶段已经开始。

由于迫切需要集中协调和管理，这家投资集团成立了国际冰雪皇后公司来管理整个加盟系统。新公司的总部设在明尼苏达州，他们正式采用了特许经营的商业模式，这种模式越来越受欢迎。早在1924年，艾伦和怀特创立的艾德熊乐啤露就开始采用这种商业模式。1939年，霍华德·约翰逊将其进一步发扬光大，使之在二战后迅速发展起来。[60]在那之前，特许经营往往只用于产品分销，特别是加油站和汽车经销商。二战后，特许经营的商业模式被全面推广，加盟店采用相同的商业计划、营销策略、操作手册和质量控制标准等等。[61]

冰雪皇后特许经营组织的诞生与众不同，是冰雪皇后的加盟商（斯坦、克鲁克香克、迈尔斯家族）创建了特许经营授权公司。通常而言，一家公司负责组织业务，然后招募和培训加盟商，就像大富翁消声器（Midas Muffier）、无线电器材公司（Radio Shack）和华美达酒店（Ramada Inns）的做法一样。[62]然而对于冰雪皇后来说，实际上是加盟商创建了特许经营授权公司，并组织培训。除了在业务上攻城略地以外，他们还整合了采购、广告、新店开发、员工培训、产品研究和海外机会等资源。他们更新了特许经营协议，要求加盟商不仅要支付品牌产品的特许权使用费，还要按总销售额的一定比例抽成。

尽管这些努力使冰雪皇后朝着统一制度迈出了关键的一步，但也存在一些不足之处，其中之一就是要调和加盟商们不同的经营理念，他们都以自己认为合适的方式成功地经营着自己的连锁店。即使他们在理念上达成一致，问题仍然存在，因为麦卡洛家族和阿克森从一开始就采取了宽松的政策。到了20世纪60年代末，新的特许经营授权公司已经不再把精力聚焦于加盟商，冰雪皇后的高管提出了IPO。为此，咨询顾问们敦促公司在商业计划书中增设更多的门店以提升增长潜力。[63]冰雪皇后采纳了这一建议，但为了实现数量上的目标，它在品质上做了妥协。许多新店的地理位置并不好，管理不善，而且资金匮乏。[64]

特许经营授权公司还追随当时的并购风潮，收购了不相关领域的企业，包括滑雪租赁公司和一系列露营地，使总部对加盟店的关注更加淡漠了。[65]1970年，冰雪皇后曾提议收购国民汽车租赁系统公司，这是一家拥有特许经营权的企业。在一群明尼苏达商人的打理下，这家企业渐有起色。这些商人包括肯尼斯·格拉泽、威廉·麦金斯特里、鲁迪·卢瑟和约翰·穆蒂。[66]虽然这一提议不了了之，国民汽车租赁系统公司最后被卖给了家庭金融国际公司，但冰雪皇后很快又联系上这群明尼苏达商人，问他们是否有兴趣收购冰雪皇后。

麦金斯特里和穆蒂进行了广泛而深入的尽职调查。虽然特许经营授权公司存在严重的财务问题，但总的来说，加盟店都状况良好。似乎存在一种可能—纠正特许经营授权公司的问题，把冰雪皇后变成一家大型企业。这意味着必须稳固地建立一个全面的组织—这是在麦卡洛-阿克森时期从未发展起来的，现在开始由加盟商创建。在北美地区，冰雪皇后的门店生意兴隆，但由于公司管理杂乱无章，许多门店（包括得克萨斯州的门店在内）与特许经营授权公司几乎或根本没有任何联系。

这群明尼苏达商人收购了冰雪皇后，并立即回归基本业务，专注于为加盟商提供组织服务。这群投资者支付了300万美元现金，并承诺提供200万美元营运资金，以换取冰雪皇后的大部分股票。他们很快又注入了500万美元，削减了日常开支，并采取了最大限度符合加盟商利益的政策。

新入主的股东和高管，先经历了董事长麦金斯特里的短期领导，然后在穆蒂的领导下，花了10年时间整合公司系统。他们又投入数百万美元收购了北美的所有加盟店——从加利福尼亚和宾夕法尼亚开始，后来还包括加拿大西部和得克萨斯（仅收购得克萨斯地区的门店就花费了1400万美元）。他们关闭业绩不佳的加盟店，推行统一的标准，建立富有效率的分销系统和卓有成效的广告计划。冰雪皇后将其菜单从冰淇淋扩展到汉堡、热狗和其他美式快餐。

1980年，公司营业收入超过10亿美元，冰雪皇后一举成为美国第五大快餐企业，仅次于汉堡王、肯德基、麦当劳和温蒂汉堡。冰雪皇后拥有4800家门店，比除肯德基和麦当劳以外的其他所有快餐连锁店都多。1985年，冰雪皇后推出了一款混有糖果、饼干或水果的软冰淇淋，一时大受欢迎。在接下来的两年时间里，为了巩固自己在运营方面的根基，冰雪皇后收购了竞争对手：1986年收购怀俄明州的Karmelkorn，1987年收购加利福尼亚州的Orange Julius。

集团公司承诺保持管理上的所有权、连续性和永久性，这是对加盟商至关重要的价值观。[67]冰雪皇后的门店都是本地人自主经营的。实际上，所有这些门店都是加盟店，而不是直营店。这些加盟店由当地的创业者经营，通常是家族经营，随着生意的繁荣或家族的壮大，许多家族开设了更多的分店。来自明尼苏达州的股东鼓励这种扩张，他们喜欢与长期加盟商合作的安全性。

冰雪皇后是一个高度权力下放的组织，所有的加盟店都拥有足够的自主权。一些加盟商会将自己拥有的区域经营权再细分转授权给下一层的多个加盟商。许多加盟店会结盟，一起满足当地的需求。其中最大的是得克萨斯的得州冰雪皇后运营委员会。得克萨斯的加盟店在最初的冰雪皇后组织之外，这个委员会可以协调当地分店的运营和营销。

冰雪皇后的加盟商经常活跃在当地社区，赞助少年棒球联合会，带头参加教会活动，担任学校董事。门店既是社区和社会人士聚会的场所，也是家庭聚会的地方。在美国文化中，冰雪皇后占据了独特的地位。一些大众书籍有这方面的介绍，如拉里·麦克默里的《沃尔特·本杰明的冰雪皇后岁月：花甲之年后的反思》（*Walter Benjamin at the Dairy Queen: Reflections at Sixty and Beyond*）；鲍勃·格林的《雪佛兰的夏天》（*Chevrolet Summers*）、《冰雪皇后之夜》（*Dairy Queen Nights*）；罗伯特·英曼的《我在冰雪皇后的日子》（*Dairy Queen Days*）。

1996年，持有冰雪皇后15%股份的鲁迪·卢瑟去世，他是明尼苏达投资集团的一员。卢瑟的家人问巴菲特，是否有兴趣购买这些股份。巴菲特说没兴趣，他之前曾表示有意让伯克希尔收购整个公司，这次他重申了这一想法。以穆蒂为首的家族和高管认为，出售的时机已到，于是和伯克希尔达成了协议。[68]在伯克希尔收购之际，冰雪皇后在全球23个国家拥有5792家门店，还有409家Orange Julius和43家Karmelkorn。为了让冰雪皇后的股东免税，出售方坚持要求伯克希尔以现金或股票的形式支付。

如果不是伯克希尔，穆蒂相信，他的投资集团不会出售冰雪皇后。在接受本书采访时，穆蒂解释说，这笔交易可能是以低于财务价值的价格完成的，因为伯克希尔给冰雪皇后的股东、员工和加盟商都创造了宝贵的价值。[69]

明尼苏达投资集团的所有成员都选择伯克希尔的股票而非现金，每个人的净资产中伯克希尔股票都占了很大比例。他们认为，伯克希尔是一家极为优秀的公司，其有价值的股票可以永久持有。管理层和其他员工喜欢伯克希尔对公司经营自主权的承诺。伯克希尔在保持现有管理层不变等方面有着良好的记录，由于伯克希尔公司总部未下派高管，这一承诺的可信度大大增强。最后，伯克希尔对永续经营的承诺让加盟商们坚信，以他们对巴菲特的了解，在未来数十年里他们于公于私都会是朋友。

约翰·穆蒂的儿子查尔斯·穆蒂在2001～2007年担任冰雪皇后的CEO，之后由巴菲特提名、穆蒂家族和高管任命的约翰·盖诺继任。[70]如今，冰雪皇后的餐厅已经发展到6300家。[71]其中，弗劳恩舒酒店集团是一家规模较大的加盟商，这家酒店集团是由马修·弗劳恩舒领导的家族企业。长期以来，这家公司在美国中西部拥有61家门店，2011年又在肯塔基州和印第安纳州收购了58家门店，其中2650万美元的资金由通用电气资本（GE capital）提供融资。[72]冰雪皇后的加盟商继续参加每年举行的一至两次会议，交流经营理念并开展社交活动。

一位冰雪皇后的内部人士这样阐释它的历史：

> 我认为，冰雪皇后一直有很强的生命力。虽然我们的大多数问题都是源于早期在建立特许经营体系时犯的错误，但同样的体系也让我们取得了成功。看看那些典型的门店，经营者大多是夫妻，为了成功，他们投入毕生的积蓄，夜以继日地工作，然后日复一日，年复一年，久久为功，衔枚疾行，坚持不懈。这种创业精神过去是，现在是，未来也是冰雪皇后的命脉。[73]

本章小结

伯克希尔的企业文化充满创业精神。伯克希尔的经理人天性积极主动，提倡实践、创新和坚忍不拔的文化。就像霍雷肖·阿尔杰小说中的主人公一样，白手起家、把夫妻店变成数百万美元的生意。巴菲特作为并购领域典型的企业家，为众人树立了榜样，他坚持不懈地抓住机会，将一家濒临倒闭的纺织公司转变为一家巨型企业集团。创业精神和伯克希尔的另一项特质相辅相成，这项特质在顶点砖材建立配送中心、冰雪皇后授权特许加盟商等商业模式中体现得淋漓尽致。这项特质就是我们在第8章里要讲到的：充分放权，放手管理的哲学。

第 8 章

充分放权

在位于奥马哈的公司总部，伯克希尔雇用了二十多名员工；在全球范围内，伯克希尔子公司雇用了超过30万名员工。伯克希尔高层秉承的原则是充分放权，强调去中心化和个体自主——这些价值观定义了伯克希尔的文化。相比之下，大多数商业组织都有等级森严的层级系统。这些组织通过委员会和各种会议采取行动，层层上报和层层监管。

伯克希尔自愿选择了放权管理，这也是必然的选择——在如此广泛的业务范围内拥有如此多的子公司，实行严格的实际控制是行不通的。选择从一开始就以去中心化的方式运作，反映了一种笃信自治价值的信念。它还基于这样一种信仰，即被适当赋予权力的人，会忠实地行使权力。[1]商业的价值源于让负责人做出决策，无论是制造、分销、收购、客服，还是运营的任何方面。

宠厨：以充分放权为核心的商业模式

就像伯克希尔-哈撒韦采取放权管理的方式一样，它的子公司也是如此；在伯克希尔，许多子公司的经理人既拥有公司的支持，也被赋予了推动个人成功的权力。由多丽丝·克里斯托弗创办的宠厨，作为一家被授予广泛自主权的组织，它生动地展示了充分放权的优势和缺陷。虽然克里斯托弗是一个亲力亲为的管理者，但她的商业模式却是基于授权他人。

20世纪60年代末，克里斯托弗在伊利诺伊大学教授家政学。[2]1980年，克里斯托弗35岁了，她的孩子到了上学的年龄，此时她面临着一个挑战，那就是要找到一份能够与家庭相平衡的工作，使她既能兼顾事业，又能做个快乐的妈妈。[3]克里斯托弗做到了，她还获得了霍雷肖·阿尔杰奖，并入选安永年度企业家。

在丈夫的建议下，克里斯托弗在特百惠（Tupperware）传统商业模式的基础上进行创新：在家庭聚会上直销铸造精良的高级厨具。1980年，克里斯托弗用人寿保险的保单借支了3000美元，这是她公司唯一的债务。克里斯托弗批发了一批高级厨具，开始了她的生意。她举办"厨房秀"（而不是"特百惠派对"），她的销售团队叫"厨房顾问"（而不是"雅芳女士"）。在厨房秀中，厨房顾问一边做菜一边展示商品，然后邀请所有的客人享受盛宴。

这项业务最初是在克里斯托弗家里的地下室开展的，一开始发展缓慢。第一年（1981年），公司的销售额为67 000美元，当时公司有12名厨房顾问。1984年，公司的销售额达到40万美元，小小的地下室已经不能满足业务需求了。1989年，公司的200名厨房顾问创造了350万美元的销售收入。

随着厨房顾问数量的稳步增长，公司营业收入也随之增长：1991年，1000万美元；1993年，6530万美元；1995年，2亿美元；1997年，4.2亿美元。[4]此时，宠厨已经拥有25 000名厨房顾问——不久后，这个数字又翻了一番，接着再翻三倍。

为了让专业人士和新手都能享受烹饪的乐趣，克里斯托弗仔细地选择产品。[5]在推销之前，克里斯托弗对所有厨具都进行了试验，甚至开发了食谱和菜单来展示厨具的用法。

公司成功的关键还在于它的厨房顾问团队。厨房顾问会先支付一笔合理的初始费用，置办他们进行"厨房秀"所需的厨具，这是一个关于去中心化和自治的绝妙例子。公司每年都会增加一些新产品，这些产品都是厨房顾问必须购买和推广的。公司为厨房顾问提供示范指导，包括食谱和保养说明。

增加厨房顾问会增加收入和利润，但不会增加开支。厨房顾问的起始佣金是总销售额的20%，如果总销售额超过目标水平，则可以额外获得2%的佣金。厨房顾问可以根据自己的意愿少做或多做业务，只要每月的销售额达到最低标准就行。额外的销售激励措施还包括以免费家庭度假的形式发放的福利。

克里斯托弗盛赞这些厨房顾问是公司"皇冠上的宝石"，称他们是"到目前为止我们最宝贵的资产"，是"我们业务的核心和灵魂"。[6]克里斯托弗强调，厨房顾问是独立的，他们不是宠厨的雇员，而是"一群自由职业的商业人士"。[7]这些厨房顾问没有固定的工作时间或销售区域。大多数直销组织，每周举行一次销售会议，但在宠厨，每月举行一次会议就足够了。每月例会是低调的动员大会，而不是像许多公司销售会议那样压力重重。这样的例会兼具社交性和专业性，有助于鼓舞士气，并为有价值的思想提供交流机会。[8]

宠厨采用多层次的直销模式。厨房顾问可以招募其他顾问，并从他们的销售中赚取现金奖励（业内称为"代理佣金"）。获得代理佣金的机会鼓励人们竞相建立销售团队。宠厨通过这些安排，确保最终将销售推向消费者，而不是像饱受诟病的多级传销那样，仅仅是大分销商靠下线购买抽取销售额的提成。这种做法就是一场骗局。在多层次直销体系中，自主权和公司权力之间的权衡是显而易见的。给予分销商一定的授权，大多数人会有利可图，也会负责任地接受它；如果通过强大的内部控制来指挥销售团队，业绩不会很好。

克里斯托弗天生喜欢亲力亲为，她一天24小时都在致力于建设宠厨，把自己全身心地投入到公司的经营细节上。然而，宠厨的业务模式需要给予厨房顾问自主权，并且公司业务扩张也需要充分授权。克里斯托弗相信"责任与权力相对等"的原则。[9]她解释说："没有人喜欢听命于人，让员工自由发挥吧！"[10]

宠厨更大的挑战是管理营业收入的增长。[11]例如，在20世纪80年代末，员工招聘数量的增长如此之快，以至于销售额超过了公司库存管理、订单履行、收款和支付处理的能力。公司面临着许多成功企业家所熟悉的困境：要么以牺牲服务质量为代价维持增长，要么放弃增长保持服务质量。在直销领域，冻结员工招募往往不是好征兆，消费者会觉得情况不对劲，对团队来说也容易引起士气低落。但在1990年，宠厨选择了追求质量而不是数量，对招聘新员工实施了临时冻结。这一富有争议且大胆的举措，意味着公司将内在价值置于短期利润之上，但它最终会转化为经济利益。多年后，克里斯托弗回忆道：

> 回顾过去，招聘冻结提高了我们在客户、供应商和销售队伍中的声誉。人们认为我们是一家诚实的公司，努力做正确的事情，没有高估自己的能力。我们一直在商业实践中很谨慎，我们的员工也知道这一点。当我们告诉他们某事时，他们会相信那是事实。[12]

2002年，宠厨的厨房顾问已经达到67 000名，公司的年销售额超过7亿美元。[13]克里斯托弗通过联系伯克希尔并安排与巴菲特在奥马哈会面，巩固了她对公司未来的计划。巴菲特开门见山地告诉克里斯托弗，把公司卖给伯克希尔，她的净资产不会增加，甚至可能会减少。[14]这笔交易涉及将克里斯托弗直接拥有的一项资产换成现金，她可以用这些现金投资于各种资产。巴菲特说，宠厨未来的价值可能会超过一揽子资产组合，所以他很想知道克里斯托弗为什么要卖掉公司。

克里斯托弗谈到了价值观的价值，她从这一角度解释了她为什么会做出这项决定：她想把公司卖给伯克希尔，以保护她的销售团队和员工，并维持他们共同建立的文化。克里斯托弗曾考虑过公开发行股票，这可以给有成就的企业家带来丰厚的报酬。（记得詹姆斯·克莱顿曾说过，上市后他赚了数百万美元，这解释了为什么这么多企业家会考虑IPO。）但克里斯托弗之所以看好伯克希尔，是因为它不干涉公司的运营，而且承诺永续经营。[15]巴菲特有一种不可思议的能力，那就是通过简短的会谈就能捕捉到对方的性格，他一下子就喜欢上了克里斯托弗。两人在三周内就达成了协议。就像伯克希尔的许多其他交易一样，在岗的公司员工会按照工作年限获得红利，一年的年资可获得1000美元，以表达公司对他们的感谢之情。

关于伯克希尔对这些厨房顾问的支持和关照，还有一则实例。2003年，在面对一场导致股东捐赠计划终止的争议时，伯克希尔选择的处理方式与众不同。在大多数公司中，董事会负责选择哪些公益机构接受公司的捐赠，但这违背了伯克希尔的文化。伯克希尔的捐赠计划由芒格在1981年提出，让股东选择捐赠对象，总金额由董事会确定。[16]这个项目很受伯克希尔股东的欢迎，不仅因为它能以非常简便的方式做公益，还因为这种捐赠方式比直接捐赠更加节税。股东们指定了各种各样的受益人，涵盖的范围很广，从教区服务到计划生育，应有尽有。

伯克希尔捐赠项目的规模和覆盖范围，引起了反对堕胎的社会活动人士的关注，这些人在21世纪初策划了对伯克希尔子公司及其产品的抵制，其中的目标之一就是宠厨。厨房顾问向克里斯托弗报告说，他们收到了激进分子的威胁，如果伯克希尔继续资助与他们立场对立的公益组织，他们的业务将受到抵制。抵制行动损害了厨房顾问们的潜在收入，这是一个意料之外的情况。抵制活动的影响持续扩大，克里斯托弗不得不把这件事告诉巴菲特。

伯克希尔旋即停止了股东捐赠计划。这一决定反映了放权管理与子公司自主权结合会产生一些意想不到的效果：它不会让子公司的员工感到孤立无援，而是会提供支持。要想在一个高度分散的组织中发挥自治的作用，这种承诺必须延伸到所有代表组织行使自治权利的个体。对于宠厨来说，这包括它的厨房顾问。伯克希尔取消股东捐赠计划是值得的，因为自治和诚信是伯克希尔更基本的价值。

巴菲特说：

> 抵制行动意味着那些信任我们的人（他们既不是我们的员工，也不是伯克希尔决策层的一员）遭受了严重的收入损失。对于我们的股东来说，通过伯克希尔进行捐赠比他们直接进行捐赠有一定的节税好处。但是，与宠厨的忠诚伙伴所遭受的损害相比，这些好处就显得微不足道了。宠厨的忠诚伙伴用巨大的个人努力建立了自己的事业。事实上，芒格和我认为，为了提高我们和其他股东少交点税而伤害体面的努力工作的人，并不见得是什么慈善行为。

宠厨的真正价值在于拥有众多的厨房顾问，2006年成为公司CEO的马拉·戈特沙尔克很快意识到这一点。戈特沙尔克在卡夫食品集团担任高管长达14年，她来到宠厨时，立即注意到两家公司存在着明显的文化差异。卡夫食品青睐控制型管理哲学，而伯克希尔则奉行放权不管；卡夫食品存在大量的管理监督，宠厨的管理却相当柔和。[17]戈特沙尔克的主要关注点是如何保持厨房顾问的吸引力，以及如何协助厨房顾问取得成功。每天早上，戈特沙尔克都会研究两项单日数据：销售收入和厨房顾问的数量。[18]她强调，在这两项指标中，厨房顾问的数量更为重要，因为厨房顾问始终是公司最有价值的资产。

2013年12月，戈特沙尔克辞去了宠厨的CEO一职。此时公司运营平稳，但却面临增长乏力等问题。退休后又重新掌舵的克里斯托弗发现，公司的自主创业文化完好无损。但这种商业模式面临着来自网购的冲击以及其他因素诸如人口结构变化带来的挑战。在接受本书采访时，克里斯托弗说，她很高兴能继续担任CEO的角色，同时她正在物色合适的人选，希望由具有远见卓识的继任者来塑造下一代的宠厨。[19]

斯科特-费泽：两害相权取其轻

宠厨推行的直销方式，在斯科特-费泽公司也有类似的做法。费泽以开创寇比真空吸尘器和《世界百科全书》的上门销售，以及金厨刀具的电视营销而闻名。例如，寇比真空吸尘器一直是由寇比营销体系来推销的。[20]

经销商先以批发价购入吸尘器，再上门把产品销售给消费者，所有的销售人员使用同样的印刷资料，包括用户手册和保修单。除此之外，经销商和销售人员以他们认为合适的方式经营他们的业务。这样的激励很适合积极主动的人。通过授权销售人员，公司在不增加费用的情况下增加了销售额，从而提高了利润和利润率。[21]

任何放权管理的商业模式都会存在人员监督管理方面的问题。例如上级经销商压榨下线经销商，或者经销商使用违法的高压销售策略。[22]在斯科特-费泽，寇比吸尘器的经销商拥有自主经营权，但它们也代表着品牌和公司的形象。有时，他们会违反公司有关适当营销和雇用行为的政策，甚至会违反消费者保护规定和公平劳动法。[23]这往往会引发私人诉讼，以及州政府的执法行动。[24]

要避免法律纠纷和承担责任带来的成本，就需要收回经销商的自主权，并修改业务模式，让所有员工接受全面的培训、监督和矫正。这种方式会带来直接的行政成本，还有难以察觉的潜在成本，比如会消磨经销商的创业精神。斯科特–费泽的高管根据数十年的经验得出结论，经销系统的自主权价值超过了这些成本。

路博润公司：索科尔内幕交易事件的导火索

伯克希尔公司的政策在自主和权威之间寻求平衡。巴菲特每两年发出书面指示，反映了这种平衡的艺术。指示包含伯克希尔对子公司CEO的要求：（1）维护伯克希尔的声誉；（2）遇到坏消息要及早报告；（3）商议退休后福利变动和大额资本支出（包括鼓励开展收购）；（4）采用50年的时间跨度作为经营周期；（5）将任何伯克希尔可能收购的机会提交至奥马哈；（6）提交书面的接班人推荐。[25]除此之外，伯克希尔还强调，选择他们作为高管，是因为他们过去有卓越的表现，希望他们能够一如既往。

在几乎没有任何集中监管的运营事务上，伯克希尔尽可能地尊重子公司CEO的意见。CEO有权就所有的日常事务做出决定：比如盖可保险的广告预算和保险标准；克莱顿房屋的贷款条件和本杰明–摩尔涂料的环保质量；佳斯迈威、家具店和珠宝店的产品组合和定价。无论是在顶点砖材、伽蓝还是在宠厨，招聘、销售、库存和应收账款管理的决定也是如此。伯克希尔对子公司高管（包括CEO）的继任决定也表现出了极大的尊重，比如冰雪皇后和贾斯廷的例子。

芒格曾说过，伯克希尔的监管基本上是无为而治。举个极端的例子，1973年被伯克希尔收购的韦斯科金融公司的CEO路易斯·文森特，在患有阿尔茨海默病的情况下，经营公司长达数年时间，而巴菲特和芒格对他的病情一无所知。芒格说："我们非常爱他，甚至在我们发现他罹患疾病之后，我们还让他继续工作，直到他住进阿尔茨海默病患者之家的那周为止。他喜欢工作，也没有因此造成任何影响。"[26]巴菲特和芒格打趣说，他们希望拥有更多认真而有信誉的子公司，这样即使是身体状况不佳的人来管理它们也无妨。

伯克希尔的自主原则也有明显的破例情况。庞大的资本支出（或者是类似这样的机会）导致再保险公司的管理层有可能会给伯克希尔总部带来金额过于庞大的保单和风险。在某些特殊的情况下，伯克希尔也会进行干预。例如，当通用再保险的承销标准出现了代价高昂的恶化时，当伯克希尔对本杰明-摩尔涂料经销商的承诺不被承认时，伯克希尔可能都会出手。不管是否出于自愿，伯克希尔参与了威利家居在犹他州以外的扩张，并在昂贵的资本配置决策中坚持自己正确的主张。类似的决策还有，在飞安公司购买航空模拟器或利捷航空增加核心机队的规模时，伯克希尔也会参与其中。

有意思的是，伯克希尔放权管理的好处是因为巴菲特的破例而显示出来的。巴菲特曾说服盖可保险的高管为其投保人开展信用卡业务。[27]多年来，巴菲特绞尽脑汁，想要为数百万忠实的汽车保险客户提供一种额外的产品，于是他萌生了这一想法。盖可保险的管理层提醒巴菲特不要这样做，并表示这样做可能导致信用最差的客户大量增加业务，而信用最好的客户却没有增长。结果到2009年，盖可保险在信用卡业务上损失了600多万美元，在以折扣价出售应收账款组合时又损失了4400万美元。如果伯克希尔坚持子公司自主经营的原则，就不会进行这项成本高昂的投资试验。

更重要也更难解决的问题是自主的代价。巴菲特解释了伯克希尔对自主和相关成本评估的权衡：

　　我们倾向于让我们的许多子公司独立运营，无需我们任何程度的监督。这意味着，我们有时发现管理问题的时间较晚，偶尔会做出（不理想的）运营和资本决策。然而，我们的大多数经理人，都充分利用了我们赋予他们的独立性，以主人翁的态度来回报我们的决心，这是非常宝贵的，在大型组织中尤为少见。我们宁愿忍受一些错误决策带来的看得见的成本，也不愿因令人窒息的官僚主义而招致由于决策太慢（或根本不做决策）而产生的看不见的成本。[28]

　　伯克希尔的策略是如此不同寻常，以至于偶尔发生的危机都会引发公众讨论：在企业文化中，究竟哪种模式更好？是伯克希尔的自主和信任模式，还是更常见的命令和控制模式？对伯克希尔的企业文化来说，最痛苦、最具有启迪意义的事件莫过于戴维·索科尔的涉嫌内幕交易案。索科尔是一名受人尊敬的高管，手握伯克希尔多家子公司的股份，他涉嫌对一家拟收购的公司股票进行内幕交易。

　　2010年，理查德·桑图里离开利捷航空后，索科尔同时执掌中美能源和利捷航空。[29]巴菲特嘱咐索科尔，要留意寻找收购机会。当时，巴菲特鼓励伯克希尔所有子公司的CEO寻求收购目标，而这项任务可能是给索科尔的"试金石"，当时人们普遍认为，索科尔可能是巴菲特继任者的有力人选。

　　然而，索科尔一开始就采取了最不符合伯克希尔风格的做法，他聘请投行帮助寻找并购目标。索科尔指示花旗的团队专注于寻找化工行业的公司。投行确定了18家潜在的收购目标，而索科尔被其中一家所吸引，那就是路博润公司。这家公司生产特种化学品，包括用于汽车和石油工业的添加剂。2010年12月13日，索科尔让投行询问路博润公司的CEO詹姆斯·汉布里克，是否有兴趣就伯克希尔收购事宜与巴菲特交谈。汉布里克表示，他将向路博润董事会发起这一提议。2010年12月17日，花旗向索科尔报告了这一事项。

索科尔认为路博润是一家优秀的公司，也是一笔出色的投资。因此，在2011年1月的第一周，年收入2400万美元的索科尔购买了价值1000万美元的路博润股票。[30]（2010年12月中旬，索科尔还买进了一小部分股票，然后迅速卖出。）接下来的一周，也就是1月14日，汉布里克打电话给索科尔，表达了对并购的兴趣，并安排了与巴菲特的会面。索科尔随后向巴菲特报告了这次收购机会。

巴菲特回答说："我对路博润一无所知。"

索科尔说："好吧，我建议还是关注一下。它可能适合伯克希尔。"

巴菲特问："为什么？"

索科尔回答说："我有路博润的股票，它是一家好公司。这是一家和伯克希尔风格契合的公司。"[31]

在索科尔的建议下，巴菲特研究了路博润的年度报告。除了认识到石油添加剂对发动机运转必不可少之外，巴菲特不太了解化工方面的知识。然而，巴菲特说，了解企业神秘的细节远没有掌握行业的经济特征和公司的行业地位重要。[32]2011年2月8日，在与索科尔交谈并与汉布里克共进午餐后，巴菲特对路博润的企业文化有了一些了解，并表示看好这家公司的发展前景。

2011年3月14日，伯克希尔宣布以高于路博润股价30%的溢价收购路博润。[33]消息公布后，来自花旗银行的银行家（同时也是巴菲特的股票经纪人）约翰·弗罗因德打电话向巴菲特表示祝贺，并对花旗在促成这笔交易中发挥的作用表示自豪。[34]得知这一消息后，巴菲特非常诧异花旗也参与其中，于是他让伯克希尔首席财务官马克·汉堡打电话给索科尔，询问花旗参与交易的情况，以及索科尔持有路博润公司股票的情况。接下来的一周，伯克希尔的咨询律师事务所——芒格–托尔斯–奥尔森律师事务所在协助路博润的律师起草有关这笔交易的披露文件时，对索科尔进行了盘问，索科尔吐露了更多细节。当时，巴菲特在亚洲出差，当他回到美国时，索科尔递交了辞呈。索科尔曾两次想要从伯克希尔退休，但巴菲特和其他伯克希尔董事都劝说他留下，这次他真的要离开了。

2011年3月29日，巴菲特起草了一份关于索科尔辞职的新闻稿。他把草稿寄给索科尔审阅。这份新闻稿将索科尔的辞职归因于，最近发生的涉嫌内幕交易事件粉碎了索科尔接替巴菲特执掌伯克希尔的希望。索科尔反对这种解释。索科尔不仅否认了要成为巴菲特接班人的说法，还说他之所以辞职，完全是出于个人原因。换言之，索科尔不认为自己做错了什么。[35]

因此，在第二天发布新闻稿之前，巴菲特用索科尔辞职信的一段摘录替换了原来的措辞。索科尔之所以辞职，是因为他希望管理自己的家族资金。巴菲特随后称赞了索科尔对伯克希尔的"非凡贡献"，并提到了中美能源、利捷航空和佳斯迈威。新闻稿提到了索科尔购买路博润股票的举动，认为这一行为是合法的，并重申了索科尔的主张，即这些行为与他的辞职无关。

2011年3月30日发布的这则新闻稿引发了舆论的批评。人们不可能再像过去那样，对这桩涉嫌内幕交易的案件（至少外界看来如此）发表温和的评论。"这表明（巴菲特）与索科尔有一定程度的亲密关系，或许还有一定程度的互惠。巴菲特愿意做出让步，可能是因为索科尔过去曾为伯克希尔做过贡献。"[36]股东们提出要求，他们想知道巴菲特为什么能如此心平气和。

巴菲特诚恳地接受了大家的批评，他指出，如果由伯克希尔的律师来撰写新闻稿，措辞会更加谨慎。[37]芒格也承认，新闻稿存在缺陷，但他提醒说，在此类事件中，不要让愤怒的情绪占据一席之地。[38]公司律师已经练就了理性起草新闻稿的技巧，而CEO通常会把这项任务委托给他们。就像巴菲特要求盖可保险从事信用卡业务的想法一样，他自己撰写新闻稿犯下的错误也凸显了授权的价值。在索科尔涉嫌内幕交易事件中，这是相当具有讽刺意味的，因为批评人士很快就会抨击伯克希尔的文化过于放任自流。

受伯克希尔审计委员会的邀请，芒格-托尔斯-奥尔森律师事务所的律师对此事件进行了评估。2011年4月26日，伯克希尔审计委员会认定，索科尔购买路博润股票的行为违反了伯克希尔的公司政策。根据伯克希尔的政策，严禁子公司高管购买伯克希尔正在考虑收购的公司股票，并且不得将公司机密信息用于个人用途。最重要的是，在每两年一次的致伯克希尔旗下子公司CEO的信里，巴菲特有一条规定，那就是要求CEO维护伯克希尔的声誉。显然，索科尔违反了这条规定。审计委员会的严厉措辞，推翻了巴菲特在3月30日发布的新闻稿里所传达的信息。

这则新闻发布后，紧接着就出现了指责，批评人士反对缺乏公正的调查。他们认为，伯克希尔审计委员会只是董事会的分支机构，路博润事件引发了社会对董事会监督的关切。此外，审计委员会可以让无数家第三方机构来进行审查，但他们却选择了与伯克希尔有着深厚关系的芒格-托尔斯-奥尔森律师事务所。

不管怎么说，伯克希尔审计委员会否定了巴菲特最初的判断，并促使巴菲特改变了主意。2011年4月30日，在伯克希尔的年度股东大会上，巴菲特首先谈到了这一话题。巴菲特展示了20年前他在所罗门兄弟公司接受媒体采访时的一段剪辑，在那段视频中，巴菲特告诉员工，不要做出自己不希望出现在报纸头版的行为。然后，巴菲特继续谴责索科尔的行为是"不可原谅和令人费解的"——巴菲特在谈到所罗门丑闻的肇事者时，也用过这一措辞。[39]讨论开始转向，伯克希尔的放权管理文化招致了更广泛的批评。

批评者认为，索科尔（或任何一位高管）违反公司政策的事实令人对一家公司内部控制系统的有效性产生了怀疑。[40]现代企业控制系统严重依赖于正式的命令，包括强制性程序、报告、批准和繁复的监督。相比之下，伯克希尔更相信个人而不是程序。[41]批评者怀疑，伯克希尔的自主和信任文化是导致索科尔涉嫌内幕交易事件的罪魁祸首。[42]

如果认为任何特定的违规行为都是对公司内控或文化的谴责，那就言过其实了。没有任何制度可以阻止所有的违规行为，即使是最有效的命令和控制也不行。相反，索科尔事件恰恰是每家公司都希望通过文化和内控能够阻止发生的事。[43]当然，这一事件确实暴露了"自主与信任"模式的局限性。[44]

2011年4月30日，芒格在伯克希尔股东大会上进一步阐述了这一主题：

> 最伟大的机构……会选择非常值得信任的人，机构非常信任他们……如果你被信任，如果你值得信任，那么你会被尊重，最好的合规文化存在于那些有这种信任态度的企业。（一些企业）有最大的合规部门，比如华尔街，丑闻却最多。因此，仅仅通过扩充合规部门来自动改善员工行为，并不是那么简单的事情。普遍的信任文化是有效的。伯克希尔过去没有因为信任文化而出现很多丑闻，我也不认为将来会出现。[45]

在任何企业文化中，高管如何应对违规行为都至关重要。在有关所罗门兄弟公司债券交易丑闻的国会证词中，巴菲特曾对公司员工提出严正告诫。在2011年伯克希尔股东大会上，巴菲特又重申了他的立场："如果你让公司发生亏损，我还可以理解；但如果你让公司名誉扫地，我绝不会手下留情。"[46]

索科尔事件为伯克希尔的其他子公司提供了警示。索科尔曾以董事长的身份入主佳斯迈威，其CEO托德·拉巴在伯克希尔审计委员会报告发布当天，给巴菲特上报了一份他发给公司全体员工的通知副本。通知是这样说的：

> 审计委员会的调查清楚地表明，索科尔先生的所作所为损害了伯克希尔和佳斯迈威努力塑造的根深蒂固的诚信价值观。对于佳斯迈威的每一位员工来说，这应该是一个惨痛的教训。诚信绝不存在灰色地带。[47]

在索科尔事件爆发后，伯克希尔把所有信息都提交给了美国证券交易委员会。美国证监会针对此事开展了调查，但最终于2013年1月销案。美国证监会没有给出任何解释和定论。首先，索科尔无权决定伯克希尔是否会收购路博润。这意味着，索科尔购买路博润股票时所掌握的"信息"既不成熟也不可靠。因此，美国证监会可能难以证明其满足"重大内幕信息"的法律要求。此外，由于索科尔不是路博润的雇员，他在购买路博润股票时没有进行典型的内幕交易，因此美国证监会无法证明他"侵占"了伯克希尔的财产。[48]

美国证监会决定不起诉索科尔，这与伯克希尔审计委员会谴责索科尔违反公司政策的判断形成鲜明对比。在企业实践中，商业判断和法律结论之间的差异很常见，因为道德规范往往比法律规定更为严格。法律规定了最低限度的要求，公司则可以自由地提高标准。事实上，许多命令和内控安排都是为了遵守法律条文，伯克希尔"信任与自主"的企业文化，则是更高标准的追求。[49]

与美国证监会结论一致的是，索科尔的错误与其说是购买了路博润的股票，不如说是没有向巴菲特披露他最近购买的股票。审计委员会的反应凸显出伯克希尔对公众看法的敏感性，而索科尔则将美国证监会的决定视为对自己的辩护。索科尔的律师甚至辩称，索科尔的所作所为，是他与伯克希尔公司签订的雇用协议所明确允许的。[50]与索科尔付出的代价相比，索科尔的违规行为微不足道，这也说明了巴菲特所说的"绝不留情"意味着什么。

威利家居：依靠授权打败竞争对手

企业家比尔·柴尔德把家族经营的威利家居打造成了区域性的家具和电器巨头。他曾讲过一个故事，是他的竞争对手教会了他关于自主权的重要一课。[51]像威利家居一样，柴尔德的竞争对手也在自家隔壁的一幢楼里开始做生意，没有管理费用，价格低廉，而且提供一对一的服务。随着生意越来越好，竞争对手在某商业区开了一家商店，并雇用了一些员工，公司的发展更加迅猛。

但这家公司的老板从未授权给任何员工。相反，他试图像以往一样，亲自打理公司的方方面面，结果是客户服务和员工士气都受到了影响。最后，这位竞争对手无法维持足够的销售额来弥补不断上升的管理费用，最后只好关门。从这个故事里，柴尔德得到了两条重要教训：

> 首先，授权对小企业的成长至关重要。其次，只有在领导足够信任他的下属，使他们能够在不受外界干扰的情况下履行职责的时候，真正的"权力下放"才会存在。[52]

本章小结

在有关本书写作的书信往来和采访中，伯克希尔旗下子公司的CEO们强调了他们对伯克希尔经营自主权的重视，这对大公司和小公司都大有裨益。例如，克莱顿房屋公司的凯文·克莱顿解释说，公司对待自己的业务团队是放权的。每个团队（制造、零售、金融、保险、拖车）都是独立的。克莱顿解释说，这创造了长期的经济价值。[53]克莱顿房屋还采用90/10法则：初级经理应该做出90%的决定，而高级经理只负责协调做出10%的决定。这10%的决定，通常涉及不寻常的风险、需要特殊技能或超出初级经理的专业能力。[54]

在一次采访时，伯克希尔旗下子公司布鲁克斯跑鞋的CEO吉姆·韦伯表示，他的商业生涯中，从未有过如此大的自主权，也从未感到如此强烈的责任感和使命感。韦伯得出的经验是：给予企业管理者信任和信心，可能是达成预期结果最有效的途径。

对伯克希尔经营自主权的价值，路博润的詹姆斯·汉布里克表示赞同，并就如何让它发挥作用提供了一些见解。汉布里克给巴菲特写了一份季度报告。[55]除非报告中有什么重大事件，否则汉布里克不会收到回复。这份报告涵盖了路博润的运营和汉布里克的活动，汉布里克一直在与这家跨国公司的7500名员工，以及无数的投资者保持联系。提供季度报告意味着，当汉布里克看到一个需要批准的机会时，他可以在几分钟内总结并获得巴菲特的批准，而不需要做背景审查。对于那些像路博润这样寻求收购机会的伯克希尔子公司来说，这种方式特别有价值，我们将在第9章对此进行阐述。

第 9 章

智慧投资

麦克莱恩：通过不断并购实现扩张

麦克莱恩公司是一家百货批发和经销商，其2013年的营业收入为460亿美元，在当时超过了大多数国家的国内生产总值。[1]麦克莱恩之所以有如此庞大的规模，主要源于20世纪后期的稳步增长和扩张。麦克莱恩所到之处，都会迅速席卷当地市场。自19世纪艰苦创业以来，公司一直在做着和伯克希尔相同的事情：将收益再投资于利润最丰厚的机会。

1894年，罗伯特·麦克莱恩开始创业。一开始，麦克莱恩在得克萨斯州中部的一个农业小镇卡梅隆经营一家杂货店，他花了20年的时间，使其在当地远近闻名。[2]从企业经营早期开始，高效的配送系统就是其扩张的核心驱动力。对于麦克莱恩来说，一件具有里程碑意义的大事就是将运输工具从马车变成了卡车。

1921年，罗伯特的儿子德雷顿加入公司，父子俩带领公司度过了困难时期。在20世纪20年代，当时的恶劣气候重创了作为麦克莱恩供应商的得州农民，但他们非常幸运地存活下来；然后在20世纪30年代，当时的"大萧条"又重创了作为麦克莱恩客户的得州商人，但他们又非常幸运地存活下来。第二次世界大战后，这种坚持不懈的精神终于得到了回报。

1946年，麦克莱恩的销售额突破了100万美元大关。随之而来的，是美国国家高速公路的发展降低了运输成本，促进了得州内外的经济增长。

1959年，德雷顿的儿子小德雷顿·麦克莱恩进入公司，并在接下来的40年时间里，通过纵向整合和地域扩张相结合，让公司进一步发展壮大。小德雷顿·麦克莱恩将公司从单纯的百货批发商，转型为零售客户的物流管理行家，可以帮助客户处理库存管控、订购商品、食品加工、仓储、物流和数据管理等业务。

从进入这个行业的那一刻起，小德雷顿就开始了这种转型。小德雷顿建立了一种创新的营销计划——让独立零售商集中资源，大量购买麦克莱恩销售的自有品牌。麦克莱恩提供的这种经销方式，使得独立零售商能更有效地与连锁店展开竞争。麦克莱恩还协助独立零售商群体进行广告宣传、商品销售和商店运营。大量客户成为注册会员，为双方都带来了可观的收益。这一努力推动了麦克莱恩的收入增长。1964年，麦克莱恩的营业收入达到400万美元。[3]

麦克莱恩还成为得克萨斯中部地区7-11便利店（7-Eleven）的批发商。在20世纪60年代末和70年代初，小德雷顿建立起公司与7-11便利店之间的合作关系。这一段经历，使麦克莱恩能够为新兴的便利店行业提供越来越可靠的分销服务，这成为7-11便利店和其他便利店获得成功的重要驱动因素之一，培育了诸如Pay Less、Wawa和Zippo's等区域性便利店。便利店成为麦克莱恩重要的增长引擎，1975年，麦克莱恩的营业收入达到6600万美元。[4]

1976年，麦克莱恩在得克萨斯州以外的地区进行了第一次大规模扩张。当时，一个合营企业的伙伴说服麦克莱恩在科罗拉多州建立了一个物流中心。从那里开始，麦克莱恩在毗邻地区建立了客户基础，然后进军西北方向，向俄勒冈州和华盛顿州推进，从物流中心派遣卡车为远距离的客户提供配送服务。麦克莱恩在得克萨斯州以外地区的发展是渐进的、稳定的，并始终遵循同样的战略。一旦扩张地区的业务量达到关键的峰值，麦克莱恩就在这一地区的核心地带建立一个新的物流中心。除了服务于现有的客户，麦克莱恩还会以物流中心为基地，将货运路线扩展到新的地区。例如，从俄勒冈州延伸到加利福尼亚州，再延伸到亚利桑那州。麦克莱恩重复这种做法十余次，直到在全国建立了十余个地区物流中心。

　　每个物流中心都像一家独立的公司，实行自主管理。[5]公司总部任命部门总裁，负责部门的所有运营决策。这一点很重要，因为每个地区的顾客基础不同，从商店品类的组合到食品的种类都不一样。麦克莱恩现有部门的经理人参与了每个新部门的成立。这一模式大获成功，1984年，麦克莱恩的营业收入飙升到10亿美元。[6]

　　20世纪80年代末和90年代初，作为对扩张战略的重要补充，麦克莱恩进行了一系列重大收购，包括一家食品批发供应公司及其重要客户——南国公司（7-11便利店的所有者）的物流中心。这些新公司加强了麦克莱恩的核心业务。其他收购加强了麦克莱恩作为物流管理专家的纵向整合，比如它收购了两家食品加工企业（其中一家来自南国公司），以及一家为便利店行业提供自动化和金融服务的科技公司。

　　1990年，麦克莱恩的营业收入已接近30亿美元，这一年，小德雷顿·麦克莱恩接到了山姆·沃尔顿的电话，这通电话使麦克莱恩在全国批发分销行业的领导地位得到巩固。沃尔顿是全国最大零售商沃尔玛的老板，沃尔玛也是麦克莱恩的重要客户之一。沃尔顿告诉小德雷顿，沃尔玛有意收购他的公司。多年以来，小德雷顿有过许多出售公司的机会，但他全都拒绝了，因为他珍视自主管理和家族传统！然而，此时此刻，小德雷顿的父亲和姐妹们指出，家族正面临棘手的遗产规划问题——如何在家族成员之间分配财富，以及如何支付巨额遗产税。所以，小德雷顿和沃尔顿很快达成了协议。这又带来另外一个问题：当时，沃尔玛拥有许多便利店，而麦克莱恩一直向客户保证，它永远不会在零售业务上与他们开展竞争。最终，沃尔玛同意出售旗下的便利店。

出售给沃尔玛之后，麦克莱恩的营业收入增长速度惊人。1993年，麦克莱恩的营业收入超过60亿美元，这意味着，自1964年以来，麦克莱恩的营业收入平均年增长率为30%。[7]2003年，当麦克莱恩的营业收入超过200亿美元时，沃尔玛认为麦克莱恩超出了它的核心业务能力，于是联系了伯克希尔，打算出售它。考虑到具有共同的价值观，麦克莱恩和伯克希尔的契合度堪称完美。而且，这个交易还有一个价值：沃尔玛控股麦克莱恩时，沃尔玛的竞争对手不会从麦克莱恩那里采购产品。麦克莱恩在伯克希尔旗下，可以实现更好的内生增长。伯克希尔也同意收购麦克莱恩。

1992年，小德雷顿从麦克莱恩退休，并买下休斯敦太空人棒球队。乔·哈丁和格雷迪·罗齐尔先后接棒小德雷顿。哈丁在麦克莱恩掌舵10年，之后一直是罗齐尔执掌麦克莱恩。这两次权力的交接都是有效的，麦克莱恩继续通过收购保持着无与伦比的增长轨迹。

在麦克莱恩传统食品分销业务的基础上，罗齐尔主导了对美特宝肉食公司的收购。美特宝是一家位于北卡罗来纳州的食品分销商，为艾姆斯（Arby's）、汉堡王、福乐鸡（Chick-fil-A）和达登餐厅（Darden Restaurants）⊖等全国性的连锁餐厅供应食品。美特宝是1947年由沃兹沃思创立的家族企业，当时已经传至家族第二代。美特宝在美国拥有35个

⊖ 达登餐厅是北美最大的多品牌全方位服务餐饮公司，旗下著名品牌包括Capital Grille和Olive Garden。——译者注

分销中心，年营业收入达60亿美元。麦克莱恩收购美特宝后，除了规模更大之外，一切照旧。

罗齐尔还领导麦克莱恩，主要通过收购的方式，实现向新品类的扩张。例如，2010年，麦克莱恩收购了帝国经销公司，这是一家在乔治亚州和北卡罗来纳州经营葡萄酒和烈酒业务的分销商。帝国经销公司被收购后，又迅速收购了毗邻的田纳西州的葡萄酒和烈酒分销商地平线酒庄。2013年，麦克莱恩对密苏里饮料公司开展了联合投资，将市场拓展到另一个毗邻州。[8]预计在未来的数十年里，麦克莱恩的葡萄酒和烈酒销售业务将遍布全美。[9]

迈铁公司：大力开展"补强型"收购

无论是内生性增长还是外延式收购，在资本配置方面的管理头脑都很重要，因为错误会让股东付出高昂的代价。当管理者为收购新业务支付过高的费用时，犯错的代价尤其高昂。收购时支付溢价的风险源于种种因素，包括管理层的狂妄自大，以及闲置现金触手可得，或者很容易通过新发股票或借款进行融资。管理者高估了一笔收购对公司造成的影响，这往往会导致公司的"价值毁灭"。

抑制管理层的自我膨胀，以及控制资金来源，是将溢价收购的风险降到最低的方法之一。伯克希尔的文化在这两方面都具有优势。例如，并购市场往往是周期性运行的，先是一阵活跃，然后是一阵平静。一个常见的错误是，当周期从买方市场转向卖方市场时，公司还在随波逐流买进资产。专家们把这种现象称为"社会认同"谬误，这种谬误认为，如果每个人都在做某件事，那这件事一定是可取的。[10]伯克希尔将眼光放长远，减少了随波逐流的诱惑。

　　至于融资、股票或闲置现金，伯克希尔的文化和结构限制了对这三种资金的使用，这是对缺乏远见的制约。竞争对手经常用借来的钱进行收购，成本往往高于收益。伯克希尔精打细算的企业文化，使得子公司避免了因为任何目的举债，包括收购。还有的竞争对手用股票支付收购案，但对管理层来说，股票往往像是游戏币，导致他们花起钱来更加肆无忌惮。这种心理类似于出国旅行时使用外币或在赌场里使用筹码。在伯克希尔，由于子公司收购从来不用股票支付，因此避免了这种问题。（实际上，在伯克希尔总部层面，一共只在七笔收购中使用了股票，因为当时的卖家非常看重这种支付形式，比如冰雪皇后和赫尔兹伯格珠宝。[11]）

　　并不是所有的子公司都能以较高的回报率进行资金再投资。在伯克希尔的资产配置结构中，这些子公司将闲置现金分配给伯克希尔，伯克希尔将其配置到其他兄弟子公司，这些子公司能以高回报率进行再投资。例如，在与伯克希尔配合的过程中，斯科特-费泽和喜诗糖果都创造了数亿美元的闲置现金，喜诗糖果只需要其中的一小部分便能维持运营，[12]斯科特-费泽也不像其他兄弟公司那样有价值提升的机会。[13]因此，伯克希尔可以将一家子公司的闲置现金配置给另一家子公司。对伯克希尔来说，这些"现金奶牛"的经济价值比现金本身更加重要，因为它带来了掌握庞大资金池的优势，这些优势包括见机行事的能力，以及迅速获得大量头寸的机会。

　　对于给定的子公司而言，另一种降低收购中溢价支付风险的策略是，使用伯克希尔在其收购中使用的价值评估方法，来进行对其他公司的收购。2001年，伯克希尔收购了总部位于圣路易斯的迈铁公司。在最近数十年间，建筑行业发生了革命性的变化，迈铁公司在收购行业里的其他公司时就已经做到了这一点。

　　比较美国20世纪60年代兴建的房屋和20世纪90年代以后建造的房

屋，很容易发现屋顶风格的巨大差异。20世纪中期的屋顶简单而统一，因为从一间房子到另一间房子的屋顶制作组件既笨重又昂贵。屋顶桁架（房间和屋顶之间的结构框架）通常是预制的，这样可以节省成本。迈铁公司改进了机械装置，使定制屋顶的不同形状和风格变得更加便宜和简单。桁架有精细的切面、顶部、底部和屋脊，它们的跨度更大，坡度更陡。今日美国的房屋，不仅在屋顶设计上更加多样化，而且更坚固，能盖得更高。

迈铁及其子公司生产机械和零部件，包括切割机、压力机和结构连接器，这些都是建筑商所需要的，有赖于此，他们才能将建筑和工程愿景变为现实。迈铁公司现在是集合了多家建筑部件行业公司的集团，它集建筑行业各种功能于一身，既开发自动化机械和设备，以降低出错风险，减少对人力的需求，例如具备锯片角度数据读取功能的六刃锯；还开发能进行工程分析和提供产品规格的软件，以及将屋顶桁架投射到组装台上的激光设备。

迈铁公司是由保罗·科内尔森通过并购建立起来的，保罗·科内尔森是来自堪萨斯州的一个农场男孩，他的商业生涯始于二战服役结束后，当时他在威奇托一家饲料厂打扫置物间。[14]之后，保罗·科内尔森花了35年的时间，在普瑞纳宠物食品公司一步步走上巅峰，最后负责国际部门并担任首席运营官。1981年，当竞争对手赢得这家宠物食品公司的最高职位时，科内尔森离开了普瑞纳，接手了Moehlenpah工业公司，后来他将公司更名为迈铁。

Moehlenpah工业公司是由沃尔特·莫勒帕创立的液压设备和屋顶组装产品的国际制造商，在工程、设计和制造技术等竞争领域享有良好声誉，它的液压气压工程部门在业界尤为知名。然而，这家公司在经营上却举步维艰。科内尔森接手后，开始着力整顿。除了出售公司名下的飞机和游艇（负担不起的奢侈品），吸引新的外部投资者之外，科内尔森还分散了决策权，并采用了股票激励计划。通过这些举措，科内尔森与七位同事一起成为公司股东。[15]

迈铁公司一直稳步增长，1987年，科内尔森策划了一桩极富创意的并购。迈铁公司收购了规模更大的主要竞争对手Gang-Nail系统公司，将合并后的公司一半股权卖给了一家名为宝华特的英国企业集团（宝华特后更名为英国雷盛集团），而迈铁公司的所有者（同时也是管理层）保留了另一半股权。雷盛集团有权将其全部收购。科内尔森重用他的高管团队来推动迈铁公司的收购，公司不断发展壮大。1989年他从爱达荷州的一家包装公司挖来尤金·图姆斯做他的副手；托马斯·曼尼蒂负责经营Gang-Nail系统公司；迈克尔·孔福尔蒂负责液压气压工程。

1993年，科内尔森退休后，雷盛集团行权收购了迈铁公司100%的股份。然而不久后，雷盛集团重新聚焦于自己的核心业务——铝罐制造。[16]这一决定让迈铁公司陷入尴尬的两难境地：它的利润如此丰厚，以至于雷盛集团坚持要等到高价才肯出售；然而，在它被出售之前，雷盛集团不会再投资于图姆斯和他的团队找到的并购机会。[17]

2001年，在雷盛集团的批准下，图姆斯提出将公司出售给伯克希尔。[18]图姆斯连夜为巴菲特准备了一份包裹，里面放着公司的一种产品，以及一封解释公司业务的信。收到包裹时，巴菲特并不知道摆在他面前的是什么。巴菲特称它为"一块不讨人喜欢的金属，我无法想象它的功能"。[19]这是一块3×5英寸⊖的连接板，是迈铁公司用来制造屋顶桁架的旗舰产品。巴菲特一了解到这类产品对屋顶行业的重要性和必要性，立即以3.79亿美元收购了迈铁公司90%的股份；当时，科内尔森设计的"所有者–经理人"股权结构颇为流行，另外10%的股份由55名迈铁公司管理

⊖ 1英寸等于0.0254米。——译者注

层持有，其中包括图姆斯和曼尼蒂（孔福尔蒂已于2000年去世）。[20]

被伯克希尔收购后，迈铁公司也完成了越来越多的收购，算起来差不多有超过40笔交易。[21]迈铁公司的大多数收购都旨在增强竞争优势，比如收购直接竞争对手或实现产品线的互补。这就是所谓的"补强型"收购，其中有个很好的例子是联合钢铁产品公司（USP）。这家公司成立于1954年，生产结构框架和连接器。迈铁公司与联合钢铁产品公司签有长期的独家分销协议，这两家公司一起合作过很多成功的项目。1998年，联合钢铁产品公司被直布罗陀钢铁公司收购时，联合钢铁产品公司与迈铁公司的关系是直布罗陀钢铁公司收购它的动机之一。[22]这种关系也促使迈铁公司在2011年收购了联合钢铁产品公司。这一合并，使得方方面面都在迈铁公司的安排和掌控之下。

与"补强型"收购不同的是，还有一种收购被称为"增强型"收购。这种交易带来了相关但是全新的业务，它没有补强任何原有业务，但也不是纯粹的多元化。例如，迈铁公司在2013年收购的班森工业公司，是高端建筑幕墙系统的全球领导者。幕墙是传统钢筋混凝土的一种昂贵替代品，被用在可以屹立百年的建筑上。班森工业公司的幕墙项目包括纽约的自由塔（即世界贸易中心一号楼）、联合国大楼，以及新加坡的滨海湾金沙酒店。

伯克希尔鼓励子公司进行进一步的"补强型"收购，大多数子公司都这样做，迈铁公司自然也乐意如此。例如，2008年，迈铁公司收购了H & B公司（Hohmann & Barnard）。H & B是一家成立于1933年的家族企业，总部位于纽约，其为各式各样、大大小小的建筑提供大理石和花岗岩外墙。除了"补强"迈铁公司现有的建筑材料业务以外，H & B还进行了进一步的"补强"，收购了一系列相关公司，包括金属加固建材制造商Blok-Lok；防水建材制造商Sandell；创新型建筑加固材料先驱（也是H & B的直接竞争对手）Dur-O-Wal；以及另一家本土竞争对手——RKL建筑公司。

伯克希尔子公司有一套自己的收购哲学，可能遵循伯克希尔的收购方式，也可能不。例如，在进行重大收购时，伯克希尔的许多子公司都会向新收购的公司及其管理层承诺经营上的连续性和管理上的自主权。相反，在对直接竞争对手进行"补强"型收购时，可能无法做出这种承诺，交易的价值往往在于减少重复劳动。例如，当H&B收购主要竞争对手Dur-O-Wal时，两家公司都继续出售各自的专利创新产品，但裁撤了重叠的部门和职能。[23]

伯克希尔子公司在收购领域的共同点是，它们都具有精明的投资理念，包括复制伯克希尔的方法，即不仅用经济价值补偿卖方，还使用无形资产作为价值交换。它们寻找契合自己企业文化的收购对象。在被伯克希尔收购之前，伯克希尔旗下大多数具有收购意识的子公司，就已经在开展收购活动了。无论是在加入伯克希尔之前还是之后，它们的文化都是这笔交易的重要组成部分。

一方面，这意味着筛选潜在的收购目标，以确保文化的契合。在任何两家公司合并时，这种兼容性都是非常重要的，因为相似的文化会促进它们形成更有效的联盟。另一方面，意气相投的文化使买方能够在交易中提供无形资产的价值。伯克希尔的许多直接收购都采用了这种做法，很多子公司在收购时也参照总部的做法，相比于那些在企业文化方面缺乏吸引力的买家，它们可以用更低的价格收购目标公司。

例如，在2009年，迈铁公司收购了热管技术公司，这家公司是为加热、通风和空调系统（HVAC）提供先进能源和湿度控制的管道行业领导者。热管技术公司的创始人是卡罕·丁恩，20世纪60年代，卡罕·丁恩在佛罗里达州创建了自己的公司。丁恩是一名工程师，也是一位发明家，他富有远见卓识，白手起家建立了属于自己的事业。在评估一项收购时，如果买方了解他的业务，欣赏他的产品，并能和他合作进行产品开发，对他来说是至关重要的。迈铁公司满足了丁恩的要求，以低价完成了收购。

迈铁公司的收购是其商业模式的固有组成部分。反过来，给予子公司经营自主权是其战略的一项关键特征——联合钢铁产品公司、班森工业公司、H&B公司和热管技术公司都是自主经营的。迈铁公司总部拥有并购中心的功能，有一名高管负责发现和审查收购机会。迈铁公司总部还有一位联络人，来负责协调子公司的后台需求，包括会计、人力资源和法律部门，等等。公司的组织架构是分散的，集团内部自主运营的子公司，由各自的总裁负责监督，并向CEO报告。

伯克希尔授予的自主权，让迈铁公司这种高度舒适的"去中心化"模式得到强化。迈铁公司的高管们在开展收购时，不一定要事先得到批准。在实践中，迈铁公司的CEO通过每月发送10份书面汇报，让伯克希尔的CEO知晓情况。只有在碰到大型的收购机会或者非常规的"补强型"收购机会时，迈铁公司CEO才会提前打电话请求批准。此外，伯克希尔子公司的CEO还负责推荐继任者。当图姆斯准备退休时，他打电话给几年前退休的曼尼蒂，请他回来。在退休期间，曼尼蒂拒绝了很多商业机会，但这次他接受了，因为他知道他将有自主权来经营他认为合适的业务。曼尼蒂在接受本书采访时解释说："伯克希尔和巴菲特给了我完全的自主权。我能这样被对待，也就能以同样的方式对待我们公司的管理层。"[24]

路博润公司：沉睡的雄狮终于觉醒

路博润公司的案例讲述了这样一个故事：一家卓越但沉睡的公司

重新觉醒，最后变成了伯克希尔的巨额利润中心。路博润的CEO詹姆斯·汉布里克先是进行了一次大规模的变革性收购，随后又进行了一系列的"补强型"收购。汉布里克激励路博润员工，充分利用他们在多平台地面技术方面的知识。

1928年，路博润由一批陶氏化学公司的前员工创建，其中包括阿尔伯特·史密斯的三个儿子。史密斯是一位化学教授，他在1897年成为陶氏化学的联合创始人。[25]这些陶氏化学的前员工共同成立了石墨石油产品公司，为新兴的汽车和石油行业提供解决方案。例如，他们发明了一种产品，这种产品运用一种复杂的技术，使石墨悬浮在油中，以减少汽车悬架弹簧发出的噪声。20世纪30年代，他们制造了一种含氯的添加剂来冷却运行中的发动机，从而解决了发动机过热的问题。而发动机过热往往是很多消费者不敢放心购买汽车的原因。这种润滑油添加剂就是公司今天的名字：路博润。1935年，通用汽车和其他汽车制造商，认可在它们的汽车发动机里使用路博润。

路博润的创始人努力完善公司的商业模式，打造其护城河。营销团队与客户、制造商和监管机构密切合作，以发现各种问题。然后，营销团队向路博润的技术人员解释出现的各种问题，由技术人员负责研究解决方案。例如，在添加剂方面，路博润与汽车、船用柴油发动机、发电厂发电机等制造商合作，这些制造商希望使用机油或传动液等润滑油来提高操作效率和延长使用寿命。路博润购买基础油和其他石化产品，并开发添加剂来生产这些产品，然后卖给润滑油制造商。反过来，路博润的润滑油客户希望他们的产品被批准用于制造商的设备，而路博润提供了性能测试证书。作为价值链中的知识和研究环节，路博润对其专业性和有效性收取高额费用。润滑油原本可能是一种大众化商品，路博润却将它品牌化。

到20世纪80年代末，路博润已成为石油添加剂生产的全球领导者。然而，润滑油行业现在已经进入成熟期，增长前景有限。例如，1987年，路博润的年营业收入突破10亿美元大关，利润达到8100万美元；16年后的2003年，路博润的净利润也只有9100万美元。[26]但就在此时，一位18岁时就加入路博润的资深化学工程师（当时还是20世纪70年代）在2002年成为公司总裁，并在2004年成为公司CEO。[27]

他就是詹姆斯·汉布里克，长期以来，他一直是路博润公司发展路上的敏锐观察者。汉布里克强调，营业收入的名义增长和利润的微小增长意味着路博润正在走下坡路。依靠添加剂业务，路博润能够勉强生存下来，但没有发展前景。汉布里克希望员工和客户明白一个道理：只有那些资本回报率高、专业技能强的企业，才有理由进行再投资。

汉布里克认为，指望路博润公司的科研人员去提振公司业绩并不现实。[28]他建议，将公司的核心竞争力转化为新的产品线。路博润的核心竞争力包括在长时间高速运行的内燃机等最难处理的表面上添加特种化学品。公司的战略愿景是向外扩张品类，把特种化学品应用在所有你能想到的表面上，从头发、油漆到钱币。

2003年4月，汉布里克请求路博润董事会授权管理层，寻求一项大规模的收购，以扩大其在传统业务以外的业务。路博润花了一年时间，在2004年初收购了诺誉化工。诺誉化工是一家特种化学品公司，它曾是古德里奇公司（B. F. Goodrich Company）的一部分，自2001年起由私募股权公司所有。这两家公司的业务是互补的：在交通运输行业的流体技术领域，路博润处于领先地位，而诺誉化工则生产个人消费品，以及特种涂料、聚乙烯醇、聚氨酯和液体聚合物。就技术而言，诺誉化工在聚合物化学领域表现突出，这是对路博润添加剂业务中传统单体化学的重要补充。

路博润收购诺誉化工的支付对价是18.4亿美元（9.2亿美元现金加上承接9.2亿美元债务）。当时，诺誉化工的营业收入为12亿美元，路博润的营业收入为20亿美元。从私募股权机构手里收购一家科技企业，乃是精明之举。因为私募股权机构有时会在研发方面表现得不够慷慨，而对于像路博润和诺誉化工这样的公司而言，研发投入至关重要，对公司是否能够繁荣发展具有关键作用。这样的价值主张，像汉布里克这样的化学工程师能够理解，但私募股权机构不一定能够理解。[29]此外，私募股权机构运营的基金通常存续年限较短，可能会存在出售资产的压力，这让买家在价格谈判中占尽优势。

事实证明，路博润对诺誉化工的收购至关重要。在个人护理领域，路博润开始参与生产用于皮肤和头发产品的涂料，为雅芳、雅诗兰黛和宝洁等公司提供技术支持，竞争对手包括陶氏化学旗下的罗门哈斯（Rohm & Haas）。表层处理技术可以运用到一系列的工业涂料中，其客户可能是本杰明–摩尔涂料、宣威或威士伯，竞争对手包括德国巴斯夫化学公司（BASF）。[30]路博润随时准备着开发未来特殊的利基市场，例如，随着货币当局从使用纸币改为使用各种塑料材质的货币，路博润可以提供货币的表层涂料。[31]回顾对诺誉化工的交易，汉布里克解释道：

> 我以前就说过，如果我们不能弄清楚如何让添加剂业务继续成长，就不值得继续投资。收购诺誉化工可以证明，我是认真的。这是向外界（包括我们的客户）发出的一个重要信号，对我的组织来说，亦是如此。如果说，有任何方法可以改变组织的惯性的话，那就是这件事。团队可能不愿意向我承认，但我可以告诉你，诺誉化工的表现令人"叹为观止"。[32]

在诺誉化工被收购后的十年里，路博润又进行了许多规模较小的收购，收购价格从1亿美元到5亿美元不等。所有的焦点，都是与表层相关的化学物质；所有的科研人员和管理人才，都符合路博润的道德至上和研究驱动的文化。[33]路博润的收购增强了自身的研发能力，以实现公司最深层次的理想："在艺术盛行之处，绽放科学之美。"[34]

收购带来的新技术拥有专利，也属于商业秘密，这些都拓宽了路博润的护城河。以最近的收购为例，路博润投入了总计超过5亿美元的投资，包括在特种热塑性聚氨酯（TPUs）领域的收购，以及对活性有机物公司的收购。活性有机物公司是一家总部位于得克萨斯州的植物提取物生产商，其生产的植物提取物可用于护发产品。在收购中，路博润都小心翼翼地避免支付过高的价格，有两个案例可以证明这一点。

2001年，私募股权投资机构高盛公司和帕米拉集团从德国汉高化学公司手里购入德国科宁化工公司，科宁化工是营养、采矿和个人护理行业的专用化学品巨头。2010年夏天，高盛公司和帕米拉集团决定出售科宁化工，巴斯夫化学公司、陶氏化学和路博润都对这笔交易很感兴趣，卖家主动提出竞价投标。路博润的出价最高，接近40亿美元，超过了巴斯夫，但高盛和帕米拉集团还是有意将科宁卖给巴斯夫。[35]这意味着，为了赢得收购科宁化工的机会，路博润需要以更高的出价加码。据汉布里克估计，在这笔交易中，如果路博润再投入2.5亿美元，或许能够将科宁化工从巴斯夫手里夺走。但是，汉布里克拒绝了这一机会。汉布里克认为，在收购的时候，你必须"有纪律，并且有一条合理的界限。一旦越界，那你就是愚蠢的"。[36]

之后还有一笔潜在的交易，那是在2012年美国劳动节放假之前的周五下午，汉布里克给巴菲特发了一封电子邮件。[37]汉布里克认为，继续在这笔交易上耗费精力是不明智的，他觉得对方的要价太高了，于是他点击了邮件的"发送"键，希望巴菲特能同意他的想法。当晚，汉布里克没有收到巴菲特的回复。对巴菲特来说，这是很正常的。第二天早上，汉布里克给巴菲特拨了一通电话，电话铃声刚刚响起，汉布里克就听到对面说："我是沃伦·巴菲特。"汉布里克还没来得及做自我介绍，巴菲特就说："是的，汉布里克，我收到你的邮件了，你做得很好，就按你的来。"

路博润是一家通过收购增强内力而实现增长的公司。到2011年，公司的净利润达到了10亿美元。[38]路博润加入了巴菲特谓之伯克希尔"五朵金花"的行列。所谓"五朵金花"，是指伯克希尔最大的五家非保险类子公司。路博润的庞大规模和全球事业，使它能够不断进行较小规模的收购，这些收购可以为它带来杰出的科技人才、先进的技术和发明，并使其价值倍增，这种做法被路博润称为"买小造大"。[39]

更多的收购还在持续进行中。2014年，伯克希尔通过收购菲利普斯特种产品公司，向路博润再投资14亿美元。菲利普斯特种产品公司是菲利普斯公司（Phillips66）旗下的一家化工企业，致力于开发工业管道流动性改进剂。伯克希尔通过将其持有的菲利普斯公司的一大部分普通股作为对价，来支付这笔收购。

伯克希尔－哈撒韦能源公司：具有合理回报的安全投资

接下来几年，伯克希尔将资金重点投向能源领域，主要是通过伯克希尔－哈撒韦能源公司（2014年由中美能源公司更名而来）的大规模收购来实现的。这家能源公司的历史可以追溯到20世纪70年代，当时全球石油短缺，预示着可能会发生一场能源危机，这激发了来自旧金山的查尔斯·康迪的创业热情，他成立了加州能源公司并开发地热能源。1978年，能源危机促使美国国会通过了促进可再生能源发展的法律。对于加州能源公司来说，这可谓一大福音。1987年，加州能源公司上市。后来，康迪因为创立了旧金山最好的餐厅之一——"海洋餐厅"（Aqua）而出名。康迪挥金如土，而加州能源公司却在苦苦挣扎。[40]

能源也是小沃尔特·斯科特的心头之念。斯科特是奥马哈第二杰出的企业家，他的办公室在巴菲特楼下。自1988年以来，斯科特一直是伯克希尔的董事。斯科特经营着彼得·基威特公司，这是一家蓬勃发展的建筑企业，从事桥梁、水坝、高速公路和发电厂建设业务。20世纪80年代，随着公司的多元化发展，它对"废物-能源转化"这一新兴领域产生了兴趣。[41]它曾与奥格登公司的一个部门合作过十几个项目，当时这个部门的负责人是戴维·索科尔，所以斯科特与索科尔很熟。1990年10月，索科尔离开奥格登公司后，斯科特鼓励他去寻找两家公司可以共同开发的能源项目。[42]

索科尔将加州能源公司确定为潜在的收购目标。1991年，彼得·基威特公司投资8000万美元，收购加州能源公司34%的股份。[43]不久后，斯科特加入了加州能源公司董事会，同他一起加入的，还有另外两位来自彼得·基威特公司的高管。加州能源公司董事会任命索科尔为CEO，康迪则黯然去职。索科尔上任之后，大幅削减成本，在最初的三个月里，他将年度管理费用削减了1200万美元。[44]索科尔将加州能源公司总部从旧金山迁至奥马哈，以便更靠近彼得·基威特公司。同时，他还解雇了一半以上的员工。[45]

索科尔和公司的二号人物（也是索科尔的继任者）格雷戈里·阿贝尔策划了一系列收购，加州能源公司的成长非常迅速。基威特公司为加州能源公司的收购提供融资服务，并经常在加州能源公司的收购项目中持有少数股权。[46]截至1992年，加州能源公司在加利福尼亚州经营着5家地热发电厂，不久之后，公司又在印度尼西亚和菲律宾各开设了5家分公司。

1994年末至1995年初，加州能源公司发起了一项成功的敌意收购要约，获得了总部位于圣地亚哥的竞争对手——马格马电力公司的控制权。在索科尔任职伯克希尔之前，他并不反对进行敌意收购。[47]这笔10亿美元的收购巩固了加州能源公司在加利福尼亚州能源领域的领先地位。1996年，在英国解除对其公用事业部门的管制后，索科尔把目标对准了北方电力公司，这是位于英格兰北部的一家大型公用事业公司（如今被称为北方电网控股公司）。加州能源公司以17亿美元的价格获得了北方电力公司70%的股份，彼得·基威特公司则获得了另外30%的股份。自此之后，加州能源公司成为能源行业的全球参与者。以前，各国大多将公用事业的所有权限制在本地公司，随着世界各地的监管机构纷纷取消这一限制，能源行业充满了新的投资机会。[48]

1997年，加州能源公司试图收购纽约州电力和燃气公司。然而，公司董事会拒绝了这笔19亿美元的提案，加州能源公司很快就放弃了这一努力。[49]此时，随着加州能源公司的发展，它不再需要来自彼得·基威特公司的融资支持，而彼得·基威特公司急于从能源领域获利。因此，加州能源公司斥资11.6亿美元，回购彼得·基威特公司持有的所有自家股票，以及其他投资项目的权益。[50]斯科特和另一名来自彼得·基威特公司的高管仍留在加州能源公司董事会，但一名委派董事辞职了。

1998年，加州能源公司以40亿美元的对价，收购了中美能源公司。中美能源公司也是放松能源管制新时代的产物。1990年和1995年，为伊利诺伊州、艾奥瓦州、内布拉斯加州和南达科他州客户服务的一些地区公用事业公司合并，中美能源公司正是由此而来。此次收购后，加州能源公司进行重组，更名为中美能源控股公司，并将总部迁至艾奥瓦州首府得梅因。

1999年，在中美能源担任了8年的CEO之后，索科尔厌倦了经营一家公共能源公司。[51]他不喜欢来自股票分析师的压力。股票分析师想要短期的结果，而索科尔更喜欢关注长期的结果。股票分析师想要更多的交易量，而索科尔希望有选择地进行收购。一些能源股因股价高企而成为市场宠儿，如德能公司和安然公司，中美能源没有经历过这样的泡沫。

1999年底，索科尔向中美能源董事会提出了私有化的建议。他们考虑过管理层杠杆收购（LBO），但并没有这样做，因为这将导致公司解体和裁员。一个周五的下午，索科尔打电话给斯科特，讨论备选方案。那个周末，斯科特在加州问巴菲特，是否有兴趣投资中美能源公司。巴菲特在一周内对公司进行了评估，并在与斯科特和索科尔会面后同意了这一收购。伯克希尔以总计20亿美元的价格收购了中美能源76%的股份，斯科特获得了其余的大部分股份，阿贝尔和索科尔也持有少量股份。买家还承担了中美能源70亿美元的债务。

索科尔认为，市场还没有意识到能源部门不断放松管制会带来未来潜在的增值。[52]当时，美国只有10余家电信公司，却有150家电力公司，但它们服务的客户其实是一样的。索科尔预测，行业整合将使能源供应商的数量减少到20家以内。索科尔强调，伯克希尔打算"向能源领域投入大量资金"。[53]当被问及伯克希尔希望购买这150家公司中的多少家时，索科尔回答说："尽己所能，多多益善。"[54]

伯克希尔和中美能源随后进行的收购满足了索科尔的愿望，他们确实在能源领域投入了大量资金。例如，在2002年，中美能源公司花了将近30亿美元，购买了两家极具战略意义的州际天然气公司：从怀俄明州到南加州的克恩河天然气输送公司，以及从得克萨斯州到美国中西部偏北的北方天然气公司。[55]

2005年，中美能源和伯克希尔共同投资51亿美元，收购了太平洋公司。太平洋公司是一家能源生产商，业务范围包括美国西部六个大州（包括加利福尼亚州、爱达荷州、俄勒冈州、犹他州、华盛顿州和怀俄明州）。中美能源提供了17亿美元资金，伯克希尔提供了更大份额的34亿美元资金。伯克希尔的直接投资反映出，中美能源的收购是伯克希尔旗下子公司规模最大的收购，是伯克希尔闲置现金的重要投资渠道。中美能源对这些交易提供的资金，往往是通过举债的方式获得的，这对伯克希尔的子公司来说很不寻常。但考虑到在公用事业领域，中美能源公司的业务仍受到监管，其借款成本较低，很容易被其现金流覆盖。

能源领域全新的竞争态势可能会带来惊人的回报。例如，2008年底，中美能源公司出价47亿美元，收购了总部位于巴尔的摩的电力公司——联合能源公司。当时，联合能源公司濒临破产。中美能源和联合能源私下达成的协议价很快就被一家法国竞争对手超过，这使中美能源公司陷入困境。但合并协议的违约费开始生效，加上先前所购股票的利润，伯克希尔净赚了10亿美元以上。[56]伯克希尔一向避免参与多个买家竞购同一家公司的拍卖，这笔交易只是其中的案例之一。拍卖通常是感性的基于对胜利的渴望，而不是理性的商业分析。这种拍卖的结果被行为经济学家称为"赢家诅咒"。[57]

2008～2013年，中美能源和伯克希尔又斥资数十亿美元，收购了一批替代能源领域的资产，尤其是风能和太阳能，包括Alta Wind、Bishop Hill Wind、Juniper Wind和Topaz Solar Farms。完成这些收购项目后，中美能源在可再生能源方面的投资将达到150亿美元。[58]

从投资的角度来看，受监管的公用事业可能不会保证过高的回报，但它们是有合理回报的安全投资。此外，特别是在行业整合加速的情况下，中美能源的其他能源投资有望获得可观的回报。[59]

2013年，伯克希尔和中美能源共同投资56亿美元，收购了NV能源公司，这就像是2005年它们投资太平洋公司的翻版。NV能源公司旗下的主要企业包括内华达州电力公司和塞拉里昂太平洋电力公司。目前，由阿贝尔领导的中美能源公司仍在继续寻找这样的投资机会，以运用和投放伯克希尔的巨量闲置资金。与此同时，伯克希尔最大的投资渠道将进一步扩大，将大量资金注入水电等项目，为中美能源建起一条又深又宽的护城河。2014年，伯克希尔和中美能源共同投资29亿美元，收购了加拿大输电公司AltaLink，并在收购的当周宣布中美能源公司更名为伯克希尔-哈撒韦能源公司。

本章小结

对伯克希尔来说，收购子公司的经济价值随着其数量和规模的增加而增加。这些子公司是伯克希尔配置大量资本的工具和载体。例如，在2012年和2013年，伯克希尔的子公司每年都进行了超过二十宗收购，交易价格从不到200万美元到超过10亿美元不等。2012年的总交易金额为23亿美元，2013年的总交易金额为31亿美元。[60]在中美能源公司（现为伯克希尔-哈撒韦能源公司）的案例中，我们能明显看出，伯克希尔是如何通过一家子公司寻找到在单笔交易中部署大量资金的投资机会的。在伯克希尔收购伯灵顿北方圣达菲铁路公司的交易中，这种机会产生的无形价值显得更为重要，我们将在本书的下一章详细讲述。表9-1为伯克希尔子公司并购案一览表。

表9-1 伯克希尔子公司并购案一览表

伯克希尔 子公司	被并购的企业	年份	并购金额[1] （单位：百万美元）
顶点砖材	Jenkins Brick	2010	50
BH传媒	由一系列本地报纸合并而来		
克莱顿房屋公司	Cavalier Homes	2009	22
	Southern Energy Homes	2006	95
	Fleetwood	2005	64
	Karsten	2005	
	Oakwood Homes	2004	328
CTB国际公司	Meyn Food Processing	2012	
	Ironwood Plastics	2010	
	Shore Sales of Illinois	2010	
	Uniqfill International B. V.	2008	
	B. Mannebeck Landtechnik GmbH	2008	
	Laake GmbH	2007	
	Porcon Beheer B. V.	2007	
森林河房车公司	Dynamax	2011	
	Shasta	2010	
	Coachmen	2008	
	Rance Aluminum	2007	
鲜果布衣	Vanity Fair Brands	2007	350
	Russell Corporation	2006	1120
美国家居公司	由数十家本地房地产经纪商合并而成		
伊斯卡	Sangdong Mining（少数股权）	2012	35
	Tungaloy	2008	
贾斯廷公司	Highland Shoe Co.	2013	
路博润	Phillips Specialty Products Inc.	2014	1400
	Chemtool	2013	70
	Lipotec	2012	
	Active Organics	2011	
	Nalco's Personal Care Business	2011	
	Merquinsa	2011	
	Dow's TPU Business	2008	60
玛蒙集团	Beverage Dispenser Division of IMI（包括3Wire Group，Display Technologies，and IMI Cornelius）	2013	1100
	Tarco Steel Inc.（通过Bushwick Metals）	2012	
麦克莱恩	Missouri Beverage Co.（合营企业）	2013	
	Meadowbrook Meat Co.	2012	
	Empire Distributors	2010	
	Horizon Wine & Spirits（通过Empire）	2010	

（续）

伯克希尔 子公司	被并购的企业	年份	并购金额[①] （单位：百万美元）
伯克希尔-哈撒 韦能源公司	AltaLink	2014	2900
	Nevada Power & Light	2013	5600
	Bishop Hill Wind	2012	
	Alta Wind	2012	
	Topaz Solar Farms	2011	
	American Electric Power	2009	
	Juniper Wind	2008	
	PacifiCorp	2005	5100
	Kern River Gas Transmission	2002	950
	Northern Natural Gas	2000	1900
迈铁公司	Truss Industry Production Systems (Wizard)	2014	
	Benson Industries	2013	
	Cubic Designs	2013	
	Kova Solutions	2013	
	RKL Building Specialties（通过Hohmann & Barnard）	2013	
	Sandell（通过Hohmann & Barnard）	2011	
	United Steel Products	2011	
	Dur-O-Wal（通过Hohmann & Barnard）	2010	
	Gang-Nail，Ltd.（再收购）	2010	
	Heat Pipe Technology	2009	
	Side Plate Systems Inc.	2009	
	Hohmann & Barnard	2008	
	Robbins Engineering	2006	
利捷航空	Marquis Jet Partners	2010	
国民赔偿保险 公司	Hartford Life International（通过Columbia Insurance）	2013	285
东方贸易公司	MindWare Holdings，Inc.	2013	
Richline	HONORA Inc.	2013	
斯科特-费泽	Rozinn Electronics（通过斯科特护理部门）	2007	
肖氏工业	Stuart Flooring	2010	
TTI	Ray-Q Interconnect Ltd.	2013	
	Sager Electronics	2012	

①所标注的收购金额，根据公开信息整理。

资料来源：本表中的公司并购相关数据由作者根据公开信息整理；另外，涉及克莱顿房屋公司的数据由公司官方提供。

第 10 章

恪守本分

国民赔偿保险公司在官网上朴素地宣称自己"可能是你从未听说过的最大的保险公司之一"。许多伯克希尔的子公司也会做出类似的声明。除非你是伯克希尔的忠实粉丝，或者与相关的公司有联系，否则在阅读本书之前，你不太可能熟悉伯克希尔的许多子公司，包括飞安公司、伊斯卡、路博润或迈铁。不过话说回来，还有许多伯克希尔子公司的品牌知名度很高，比如冰雪皇后、鲜果布衣、盖可保险和贾斯廷。无论是否有名，伯克希尔的这些子公司都有一个共同点，那就是朴实无华。

伯克希尔子公司从事的业务包括能源、住房、交通、化工等基础产业，或者其他坚守基本原则的传统产业，比如保险、服装、家具、珠宝、工具、吸尘器和金属加工。飞行员培训和飞机的部分所有权租赁已经是伯克希尔最引人注目的业务了。伯克希尔的业务大多追求简洁之美。

这类基础产业的吸引力是什么？它们为什么会是伯克希尔的企业文化特质？

一个流行的回答是，巴菲特患有"技术恐惧症"。巴菲特经常公开调侃说，手机、社交媒体和笔记本电脑的出现太迟了。任何读过本书或者浏览过伯克希尔子公司业务列表（详见本书附录）的人，可能都能直观地感受到，巴菲特对科技产业不太感兴趣。

伯克希尔的收购标准表明，巴菲特更青睐那些容易理解的企业。巴菲特还指出，那些高科技含量的企业更难理解。但伯克希尔偏爱基础产业的文化特质，并不只是基于巴菲特的个人喜好，还有基于永续经营的考虑。基础产业被定义为那些已经存在了数百年，可能还会存在更久的产业，包括农业、能源、渔业、林业和矿业，紧随其后的是化工、金属冶金和交通运输业。

按照这一概念，传统经济才是好经济，而新经济的风险更大。近年来科技快速发展，人们痴迷于变化和技术。这种痴迷让人们在努力跟上快节奏时，浪费了很多资源；专注于基础产业减少了这种浪费。与高科技驱动的企业相比，处于基础产业的企业更不容易受到技术冲击的影响。

在基础产业中，"如果没有损坏，就不用修理它"这句格言更容易被接受。在尖端科技企业中，很难判断资源应配置在哪些业务方向。投资高科技的回报可能很大，因此吸引力很强，这解释了为什么这么多人选择这条路。但在伯克希尔，避免亏损比赚钱更重要。在这一点上，伯克希尔的收购标准不是科技本身，许多基础产业也在大力投资科技，重要的是，要理解自己所投资的业务。

伯灵顿北方圣达菲铁路公司：坚守铁路业务

伯灵顿北方圣达菲铁路公司（BNSF），由近400条可以回溯至1849年的铁路合并而成。今天，BNSF是美国四家主要的铁路公司之一，它通过铁路在北美地区进行长途货运。150年以来，这项业务一直关系国计民生且有利可图，而且很可能在下一个150年里保持同样重要的地位，甚至可能更赚钱。正如独立铁路分析师安东尼·哈奇所说，行业正在经历新一轮的"铁路复兴"。[1]

BNSF的文化——重视创业精神和展望未来50年，几乎是为伯克希尔量身定做的，这两项企业文化是在两个关键阶段培养起来的。第一阶段发生在20世纪80年代放松铁路管制之后，代表着对铁路行业古老传统的突破；第二阶段可以追溯到1995年两大铁路巨头的合并，标志着公司开始采取美国现代企业的做法。

从19世纪50年代到19世纪末，铁路的运力大大提高，每条铁路都统治着特定区域。铁路部门的权力以及它的重要性，促使联邦政府进行监管。1906年，《赫本法案》（Hepburn Act）规定，由州际商务委员会决定铁路公司可以向客户收取多少费用，这一规定一直持续到1980年。驳船和卡车运输没有受到价格控制的影响，但价格控制促使铁路行业削减成本，并抑制了铁路行业提升客户服务的动力。[2]

从20世纪30年代开始，由于航空业、驳船业、卡车运输业和管道运输业不断发展，相应的铁路需求不断减少，铁路行业处于供大于求的状态。从20世纪50年代开始，随着汽车的普及和郊区的发展，全美许多地区对客运铁路服务的需求减少。铁路行业拥有的资产超过了其支持业务所需的限度。作为对这种过度情况的反应，铁路公司之间相互合并，数量从数百家减少到数十家。[3]

BNSF这一英文缩写名称的首字母，形象地说明了铁路企业之间的并购过程。伯灵顿铁路（Burlington）的历史可以追溯到1849年，当时奥罗拉支线铁路（Aurora Branch Railroad）刚刚在伊利诺伊州建成，后来发展成为芝加哥-伯灵顿和昆西铁路（Chicago, Burlington and Quincy Railroad）。北方铁路（Northern）包括19世纪的两支工业力量：大北方铁路（Great Northern Railway）和北太平洋铁路（Northern Pacific Railway）。1970年，伯灵顿铁路和北方铁路合并为伯灵顿北方铁路公司（简称BN）。[4]圣达菲铁路可以追溯到1859年建成的艾奇逊-托皮卡和圣达菲铁路（Atchison, Topeka, and Santa Fe Railway），这是第一条横贯美洲大陆的铁路。

到了20世纪70年代，铁路行业陷入危机，铁路继续被其他运输方式所取代，铁路客运业务几乎消亡，利润萎缩，而铁路维护成本仍然很高。这一时期发生了一些里程碑式的事件，突显了这些问题，包括联邦政府成立了国家铁路客运公司来提供客运服务，以及宾夕法尼亚中央铁路公司走向破产。人们一致认为，监管也是导致问题的因素之一，这促成了1976年《铁路振兴与监管改革法案》和1980年《斯塔格斯法案》中关于放松行业管制规定的出台。

放松行业管制，为铁路行业的发展创造了一个截然不同的商业环境。新世界充满了竞争，要求企业在运作上做出改变。伯灵顿北方铁路公司采取的行动比竞争对手更积极，原因之一是：其董事会任命的高管来自行业之外，他们不会固守铁路行业传统的文化。[5]

20世纪80年代，伯灵顿北方铁路公司的管理层改变了政策导向，更强调投资回报，而不是经营规模和长远前景。[6]从历史上看，铁路行业并没有典型的企业文化，员工们认为自己的工作就是开火车，而不是为顾客服务。[7]放松管制改变了这一切，管理的目标从铁路运营商转变为资产管理者。[8]例如，伯灵顿北方铁路公司开始研究和开发更便宜、更清洁、更本地化的机车燃料。[9]到了21世纪初，铁路企业的高管们只谈论投资的资本回报率，而不谈业内以前喜欢谈论的市场份额。[10]

从历史上看，独立自主也不是铁路行业的风格。虽然每家铁路公司的文化各不相同，但都有严格的命令和控制管理系统。一些公司（如圣达菲铁路公司）采用自上而下的管理风格，还有一些公司在管理方面非常傲慢，少数公司（包括大北方铁路公司）虽然处于严格的等级制度之下，但对员工更关心一些。[11]解除管制后，伯灵顿北方铁路公司改变了过去的管理方式。公司管理层发现,在商业活动中,刻板遵守现有规则和盲目尊重等级制度,往往非常低效。[12]

员工安全问题为企业文化变迁提供了一个生动的案例。在20世纪70年代以前的100多年里,所有铁路的安全记录都很糟糕。老式的铁路文化带来了严重的安全问题,比如说,一群大老爷们戴着容易卡在机器上的戒指,留着妨碍佩戴防尘面具的大胡子,在移动的铁路设备上来回穿梭。命令与控制的铁路文化强化了对危险的漠视和对保护的自满。在充满敌意的工会领导下,管理层和工人都认为,对方应该为工伤负责,并接受现状。

在伯灵顿北方铁路公司,这些态度打下的深深烙印导致公司出现了全行业最糟糕的安全记录。[13]但在20世纪90年代初,公司的一群高管在铁路安全领域掀起了一场革命。他们通过强调员工安全问题带来的高成本,比如索赔责任和和解金,以及运营中断,呼吁同业们一起出台议案。议案要求,禁止铁路员工攀爬移动设备,禁止员工佩戴戒指,禁止留大胡子。公司启动培训项目,将其文化从以前的虚张声势转变为现在的谨慎务实。

经过一系列改革,伯灵顿北方铁路公司的安全记录大大改善。公司节省了数十亿美元,还拯救了无数铁路员工的眼睛、手指、四肢和肺。[14]公司通过一种名为"2.5俱乐部"(2.5Club)的绩效考核制度,巩固了自己的安全成果。所谓"2.5俱乐部",指的是铁路行业最低的工伤率(每20万工时中有2.5人受伤)。进入"2.5俱乐部"的每名员工,都会获得5股伯灵顿北方铁路公司股票。在铁路行业以惩罚为导向的命令和控制传统里,这种绩效制度是闻所未闻的。这种制度如此激进,以至于支持这种做法的高管,不仅要游说其他高管,还要与工会代表合作,以增加普通员工的支持。这种文化的改变对全行业产生了深远的影响。例如,圣达菲铁路公司也制定了改进的安全措施,包括每年免费给员工发放一双安全靴。

在伯灵顿北方铁路公司和圣达菲铁路公司在1995年合并时,第二波文化变革随之而来。导致变革的诱因是两家合并的公司存在文化差异。
BNSF的第一任CEO罗伯特·克雷布斯解释说："在我来到这里之前，我
并不太关注企业文化，直到我意识到伯灵顿北方铁路公司和圣达菲铁路
公司之间有多么不同。我认为，两家公司的文化差异可能会超乎你的想
象。"[15]两种文化似乎水火不容：

> 圣达菲铁路公司以其管理层的步调一致、精诚团结而闻
> 名。而伯灵顿北方铁路公司的管理则被认为软弱无力，纪律松
> 弛。比如伯灵顿北方铁路公司举行会议的时候，大家表面上达成
> 协议，但会议一结束，他们就开始翻脸不认人。[16]

克雷布斯和他的管理团队，包括首席运营官卡尔·艾斯，试图让公
司把两种文化融合在一起，但这并不容易。反差巨大的背景催生了不同
的企业文化和相应的管理方法：

> 圣达菲铁路公司的员工认为人性本恶，人们的行为是建立
> 在奖励和惩罚的基础上的。伯灵顿北方铁路公司的员工则相信人
> 性本善，人们只有在受到威胁时才会做坏事。[17]

克雷布斯和艾斯聘请了顾问团队，帮助BNSF的管理层培养一种新的
文化。其结果是在两种极端立场之间，大家相互做出了妥协。实用主义将
指导解决大多数问题，解决方案将针对具体问题具体分析。例如，当被问
及组织是应该集中还是分散时，答案是两者都行，这取决于具体情境。分
散化可能最适合员工培训项目，而集中化则更适合资本配置决策。

2000年，克雷布斯的CEO职位由40岁的马修·罗斯接替，罗斯的专
业背景是卡车运输业。前文介绍过，铁路行业放松管制后，伯灵顿北方
铁路公司任命铁路行业外部人士领导企业，这种做法与之如出一辙。罗

斯被任命为CEO之前，铁路行业经历了一段关键时期，新的企业文化在铁路史上最彻底、最迅速的变革中产生，命令和控制的文化惨遭历史淘汰。铁路历史学家劳伦斯·考夫曼在他的BNSF简史里写道：

> 今天的铁路工人，不像他们的父辈那样愿意接受严厉的工作纪律和苛刻的工作条件。铁路行业的变革来得很慢，但是像罗斯这样比较先进的企业领导层，正在努力培养一种更具有合作精神，甚至是学院式的文化。[18]

在客户服务方面，BNSF促进了铁路行业的另一种文化变革——联合运输。通过联合运输，可以让拖车和货柜实现高速运输，在火车、卡车和船只之间自由移动。这种运输方式一开始的运输工具是卡车，因此需要说服客户改用火车运输货物。铁路公司通过提供更便宜、更安全、更可靠的运输来赢得业务。在联合运输行业，处于领先地位的BNSF开始为客户提供服务保障。客户支付了额外的费用，铁路公司增加了收入，改善了服务，吸引了更多的生意，从而形成良性循环。

BNSF提供的增值服务，包括跨境货柜通关服务、为处理重型汽车和货物而设计的轨道升级服务，此外，他们还提供更好的路线规划、温度控制和保证准时服务。BNSF有一句营销口号，支持这一承诺："要么准时，要么免费。"在提供全额退款保证方面，BNSF处于行业领先地位。BNSF也是第一家提供设备保障计划的公司。按照这项计划，客户可以自由选择特定的运输设备类型，无论是无盖货车、有盖货车、敞篷货车，还是隔板车或冷藏车。BNSF的优质服务，使其从包括卡车行业在内的竞争对手中脱颖而出。

克雷布斯将BNSF置于向客户服务导向转变的前沿，罗斯在卡车运输行业具有丰富的从业经验，艾斯则致力于促进公司的文化融合，三者结合在一起加强了BNSF的实力。服务创新已经取代成本削减，成为行业发展的战略驱动力。BNSF从一家低成本的运输公司，转变为一家信守承诺的服务提供商。

今天，以客户为中心的BNSF在整个美国大陆，特别是在占美国面积三分之二的西部地区，运送着大量的煤炭、谷物、石油、货物和集装箱。20世纪70年代，伯灵顿北方铁路公司建造了一条特别有价值的铁路，从怀俄明州的粉河盆地运煤。BNSF将煤炭运输到美国北部和南部地区，然后通过BNSF的其他路线，再将煤炭运输到全国的燃煤发电厂。BNSF还有另一项特许经营权，为美国中西部地区的数千个谷物仓库提供服务，将谷物运送到太平洋西北地区供美国当地使用；或出口到亚洲，或向南运往得克萨斯州供当地使用，或从墨西哥湾出口。BNSF还经营着芝加哥和洛杉矶之间的快速联运，运送卡车和海运集装箱。

BNSF拥有43 500名员工，资产价值约600亿美元，年均营业收入超过220亿美元，每年为伯克希尔贡献50亿美元的年度净利润。[19]公司的资产包括三条提供高速链接的跨大陆路线。公司在一些地区提供通勤列车，包括南加州、新墨西哥州和普吉特湾，以及为美国各地的众多州际铁路客运乘客提供服务。BNSF在整个美国西部都有转运设施，以协调货物运输和调动。其中包括洛杉矶港口附近的一组大型设施，通过它来直接连接铁路和陆海运输。BNSF拥有数千辆火车机车和数万辆货车，各种型号，各种尺寸，应有尽有，可以满足客户的不同需求。

近年来，在与卡车运输业之间的竞争中，BNSF及铁路行业逐渐占据了上风。在21世纪初，当铁路公司的高管们开始谈论投资回报率时，许多长期供应协议即将到期。这些早年签署的协议，其折扣价比市场价低40%。这些公司以市场价续签了这些协议，投资回报率得以提高。[20]

随着燃料成本的上升，BNSF在签署运输合同时，会将其成本转嫁给客户。不断上涨的燃料成本给铁路带来了双重好处：公司不必承担所有成本，而且客户发现火车比卡车更省油，因此铁路是一个更便宜的选择。[21]美国与亚洲和墨西哥之间的贸易增长也推动了经济增长。对于像BNSF和联合太平洋铁路公司这样的美国西部铁路公司来说，尤为如此。在很多方面，铁路都是国家经济状况的映射。例如，最近煤炭需求量的整体下滑拖累了铁路公司的利润；而水力压裂法⊖的运用、工业活动和汽车生产的整体回暖，则提振了铁路公司的收入。

伯克希尔逐步收购了BNSF，它首先以75美元/股的价格在公开市场上购买了一系列BNSF的普通股。2010年，伯克希尔持有BNSF约22.5%的股份，并通过谈判收购了其余股份。伯克希尔以现金和股票的形式向BNSF提供了100美元/股的交易对价，这是伯克希尔唯一的报价，没有任何讨价还价的余地。BNSF董事会两次向谈判团队施压，要求超过100美元/股，但都惨遭回绝。

巴菲特向团队解释说，他对BNSF的分析表明，其价值约为95美元/股。他准备让伯克希尔出价100美元/股，以保证对BNSF股东的公平。巴菲特还愿意将伯克希尔的股票作为交易的一部分，这在伯克希尔的收购中并非史无前例，但一般情况下他不愿这么做。巴菲特还保证，交付的股票数量将满足最低金额要求，但他不愿在价格上做出让步。BNSF没有寻求任何竞争性的出价，因为咨询顾问不认为会有别的买家提出更优越的收购条件。[22]

有人提出质疑，以100美元/股的价格收购BNSF是否意味着伯克希尔出价过高？这一价格超过了BNSF净利润的20倍，从许多标准来看都是很高的。如果把BNSF的资本支出超过折旧费用（这将减少收益）也考虑进来，这一比率甚至更高。批评人士还会质疑，BNSF的一些资产是否有这么值钱，尤其是路权（rights of way），因为这种权利只对铁路公司有价

⊖ 水力压裂法是一种利用高压将水、化学物质和沙打到地下以获取天然气的方法。——译者注

值，流动性很差。

用巴菲特的话来说，BNSF的价值接近95美元/股。那为什么要支付100美元/股？答案是，BNSF拥有更多的无形价值，特别是其与伯克希尔相契合的文化，及其庞大的规模。此外，公司还有增长潜力。很多专家和业内人士预计铁路行业将出现最后一轮整合，马修·罗斯就是其中之一。他们预见，会有两大巨头覆盖北美，在所有地区展开正面竞争，[23]BNSF将是其中之一。

BNSF横跨大陆运输能源、食品和货物，除了在最基本的业务中发挥领头作用，BNSF还注重节约成本，真诚对待客户，在建立声誉上深耕细作。并且，BNSF拥有比传统铁路文化更扁平的组织架构，更有利于促进创业精神的传播。BNSF奉行"长期主义"，它会有计划地收购或打造预计可存续50年的资产。近年来，BNSF的年均净资产回报率超过20%。伯克希尔买下BNSF，可谓是物超所值。[24]

肖氏工业集团：迷途知返，重塑辉煌

伯克希尔子公司之所以与众不同，不仅仅是因为它们中规中矩地经营基础产业；很多子公司曾在历史上经历过惨痛教训，有了这些经历，它们才认识到坚持基础产业的重要性。有的子公司曾做出战略转变，最后发现自己错了，并重新回归主业。例如飞安公司曾短暂地进入培训船长和核反应堆操作员的行业；再比如冰雪皇后曾收购一家滑雪租赁公司和一家露营连锁企业，想打造企业集团。

对于伯克希尔旗下另一家重要的子公司肖氏工业集团来说，冒险之后的航向修正是公司历史上最富有戏剧性的一章，比飞安公司和冰雪皇后的故事更加惊心动魄。在2000年被伯克希尔收购时，肖氏工业是全球主流的地毯制造商，也是伯克希尔最大的非保险业务部门，目前仍位居前列。然而，它曾试图建立自有品牌和打进零售业，在经历失败之后，它彻底、永久地重新专注于最基本、最保守的业务，那就是成为全球地毯行业里的低成本生产商。

1971年，罗伯特·肖和弟弟巴德共同创立了肖氏工业。[25]他们的父亲朱利叶斯·肖此前在他们的家乡（也是地毯制造圣地）——佐治亚州的道尔顿经营一家小型织物染色公司。其他家庭成员也在公司里扮演着各种角色，他们的表兄埃尔伯特负责员工培训，妹夫朱利安·麦卡米担任董事，巴德的儿子小朱利叶斯从实习生一直做到高级经理。

肖氏兄弟创办的企业与父亲经营的企业完全不同。父亲的公司规模很小，只专注于地毯业务的一小部分；而他们的公司是一家体系庞大的、垂直整合的地毯制造商。他们的父亲商业意识传统，为人独裁专断，肖氏兄弟则与父亲不同，他们领导和运营的是一家拥有扁平组织结构的企业。20世纪60年代末，巴德提出收购费城地毯公司，这是一家成立于19世纪的地毯制造商。

肖氏兄弟用借来的资金收购了费城地毯公司。这些资金一部分由公司资产担保，一部分由个人担保。（这笔交易是之后很流行的杠杆收购的原型之一；肖氏兄弟采取个人担保的做法，极具创业精神。之后伯克希尔旗下的子公司，如飞安公司的乌尔奇和利捷航空公司的桑图里等创始人，也效仿了肖氏兄弟的做法。）在收购费城地毯公司后不久，肖氏工业就上市了。公司用上市募集的资金偿还了债务，这种精打细算的经营风格在今后会成为公司的特质。

肖氏兄弟的愿景是让自己的生意经久不衰，基业长青。这种长期主义的态度与地毯行业同行的态度形成了鲜明对比。在20世纪60年代末和70年代初，许多公司为了快速获得现金回报，卖身给了正在扩张的企业集团。正如肖氏工业的一位高管所阐释的那样："我们从创业之初，就一直秉持着这样的理念：我们要建立一家在我们百年之后仍然存在的企业……我们的初心就是希望建立一个能够长久存在的事业。"[26]

像肖氏工业这样提供无差异化产品的企业，身处竞争激烈的市场，需要一般集团公司所不具备的那种创业精神，才有可能生存下去。肖氏工业经营灵活，总能洞悉市场业务的风向。例如，1972年，加州人口增长，运输成本高企，这促使肖氏工业在那里建造了一家新的精加工工厂，并建立了覆盖全国的分销体系。整个20世纪70年代，在地毯行业，肖氏工业继续巩固其服务提供商的角色。例如，在这一时期，纱线越来越多地用于粗毛地毯的制作，于是肖氏工业开始从事纱线加工业务。1973年，肖氏工业通过收购一家专门从事连续染色的公司，进入了这一领域。

随着肖氏工业的发展，它开始采用分散的管理结构，让各部门自主经营。然而，罗伯特·肖认为自主经营也会带来摩擦成本。例如，20世纪70年代末，肖氏工业有两大类业务，一类由罗伯特负责，另一类由巴德负责。罗伯特的地毯加工厂为地毯制造商服务，巴德的地毯制造生产线与罗伯特的客户形成了竞争关系。为了解决这些问题，罗伯特对公司进行了重组。罗伯特承担了所有部门的全部管理责任，并简化了垂直的汇报层次，巴德成为董事会主席。虽然对于各部门负责人来说要牺牲一定的自主权，但各部门的纵向一体化降低了公司运营的总成本。

降低成本成为肖氏工业公司的经营信条，这也折射出地毯行业的现实。在这个行业，没有特许经营权，也没有品牌忠诚度。但是存在一种竞争优势，或者说一条护城河，可以通过精打细算，成为低成本的地毯生产商。肖氏工业有一项大胆的尝试是，它在1982年成立了一家货运子公司。在此之前，所有的地毯制造商都使用相同的运输工具进行销售。每家公司的配送系统都是一样的。没有任何一家公司会在快递服务上竞争，因为没有公司能够掌控物流。肖氏工业建立了自己的物流系统，使其在战略上优于竞争对手。

肖氏工业的物流服务越来越好，而其竞争对手却每况愈下。为什么？因为肖氏工业的规模相对较大，这意味着它对于公共承运人而言，是行业里的"重量级客户"。当某地区的货运公司失去肖氏工业的订单后，该公司的每一辆卡车不得不停靠更多的站点，才可能装满货仓，这既浪费了时间，又浪费了金钱。肖氏工业自建物流以后获益良多。这家货运子公司的效率是如此之高，以至于肖氏工业的配送中心可以在满足产品配送的同时，保持较低的库存水平，从而节省了相当可观的成本。肖氏工业说服其零售客户，他们可以在提供完善的客户服务的同时，尽可能减少库存。这样一来，零售客户也省了钱。

20世纪80年代初期，肖氏工业公司将收购作为其成本驱动的内生增长的一种补充。1988年，肖氏工业抓住了一项重大机遇，当时著名的杠杆收购运营商威廉·法利将肖氏工业的竞争对手西点–佩珀雷尔公司作为收购目标。西点–佩珀雷尔从事多元化的业务经营，旗下拥有一家地毯制造厂。作为对敌意收购的防御性回应，西点–佩珀雷尔以1.4亿美元的价格将旗下地毯业务卖给了肖氏工业。这笔交易达成后，肖氏工业的年营业收入超过了10亿美元。1989年，肖氏工业又收购了阿姆斯特朗世界工业公司的地毯业务。在整合这两家公司的过程中，肖氏工业改变了它们的企业文化，以巩固其"低成本生产商"的经营信条。

在20世纪90年代中期，肖氏工业依然强调"低成本"的竞争优势，但它却接连犯了两大错误。肖氏工业试图将自己的地毯品牌化，并进入零售领域。虽然这两项努力都失败了，但当肖氏工业选择这样做的时候，其战略意图都是合乎逻辑的。公司想要打造自己的地毯品牌，虽然想法很天真，但出发点却是积极的，那就是公司一直以产品质量为傲，也希望让消费者了解其产品的吸引力。公司采取零售战略，目的是追求垂直整合，以避免公司的业务发展依赖于第三方的销售商。

但是，肖氏工业打造品牌时误判了消费者对信息的需求程度。肖氏工业的品牌推广计划叫作"信任标识"，在商品上提供纱面重量和毛毯等级等信息，让消费者"淹没在技术细节的海洋中"。[27]肖氏工业在品牌方面的努力让消费者感到迷惑不解，并且，贴牌、抽样和运输等给公司造成了高昂的内部成本。小朱利叶斯·肖认为，这种一时兴起的品牌尝试宣告"彻底失败"。[28]

肖氏工业的零售战略则造成了更严重的损害。这一策略像一把大锤，给公司造成了沉重的打击。按照肖氏工业的策略，既要保持自身的销售实力，又要与客户展开竞争，这几乎是不可能实现的。为了启动这一计划，肖氏工业从一些小型零售商和两家大型连锁店手里收购了400家门店。随后，因为一些门店不赚钱，肖氏工业剥离了其中的100家门店。收购和剥离的成本抵消了留下来的门店可能获得的任何利润。

对于肖氏工业的做法，产业刊物表示惊愕，而客户则大为光火。批发商不得与其零售客户开展竞争，这是最基本的商业规则。（这就是为什么麦克莱恩作为一家杂货批发商，承诺不会与其便利店客户开展竞争，这也是为什么沃尔玛在收购麦克莱恩时，剥离了一些便利店。）肖氏工业的零售客户是公司赖以生存的命脉，此次此刻他们感受到了严重的威胁。许多零售商，包括像家得宝这样的大客户，干脆停止购买肖氏工业的产品。肖氏工业失去了大量的市场份额，投资者纷纷抛售其股票，导致肖氏工业的市值暴跌。

除了来自零售商的外部冲击，肖氏工业也无力管理它的门店。当门店由小型独立零售商经营时，他们既是所有者，又是管理者，具有吃苦耐劳的创业精神。但在这些零售商以一笔小额的价格将门店出售给肖氏工业之后，公司要求他们继续担任管理者，他们却更喜欢有更多的闲暇时间。肖氏工业很难对他们形成有效的监督和激励。简而言之，肖氏工业擅长做低成本的地毯生产商，但对经营零售业务一无所知。至于打造自己的地毯品牌，希望也很渺茫。

1998年，肖氏工业终于放弃了打造品牌的努力，并退出了零售商店的运营。取而代之的是，它与尽可能多的零售商客户建立了联系。罗伯特·肖宣布，回归本源，坚持做自己最擅长的事情，即致力于成为低成本的优质地毯批发商。在这种背景下，肖氏工业进行了一项重要的收购，将皇后地毯收至麾下。皇后地毯是一家长期的、友好的同城竞争对手，当时由道尔顿的索尔家族控制。皇后地毯的企业文化与肖氏工业类似：注重成本控制，注重长期经营，且都是家族企业。此外，先前由于客户的流失，肖氏工业失去了很多生意，皇后地毯也因此赢得了很多生意。

如今，肖氏工业不太可能重蹈覆辙，重复它在打造地毯品牌和进军零售市场时所犯的错误。这些错误并没有损害企业的创业精神，这对企业的繁荣发展至关重要。近年来，随着美国人的消费偏好从地毯转向其他地板材料，肖氏工业已经扩大了其产品线，包括硬木地板。目前，肖氏工业仍然使用自己的货运和配送设施，这是维系其商业护城河的重要竞争优势之一。

2000年6月，肖氏工业发现了另一次收购机会。然而，这位未来可能的搭档因过去的行为而面临着潜在的石棉赔偿责任，肖氏工业希望通过一份保险来消除这种风险。[29]罗伯特·肖和朱利安·索尔约好，与巴菲特讨论承保事宜。尽管伯克希尔同意按照要求的规模承保，但巴菲特表示，如果不设定风险敞口上限，公司不会签发保单。肖氏工业最后决定，放弃并购计划。

与巴菲特的这次会面，为伯克希尔收购肖氏工业公司埋下了伏笔。2000年夏末，两家公司达成了一项协议。伯克希尔收购了肖氏工业80%的股份，索尔和肖氏家族保留其余股份长达数年，但最终伯克希尔还是收购了这些股份。在伯克希尔收购时，年销售额为40亿美元的肖氏工业是伯克希尔最大的非保险业务之一。[30]如今，肖氏工业仍然是一家目标坚定的公司，专注于它一直最擅长的业务领域。[31]

鲜果布衣：一堂生动的公司财务课

如果说肖氏工业在品牌和零售领域的尝试教会了我们要坚持自己的专长，那么本章最后的经验之谈，就是要坚持保守的资本结构。鲜果布衣公司将给大家上一堂生动的公司财务课。

今天的鲜果布衣源自两家古老的纺织公司：奈特兄弟公司和联合内衣公司。[32]奈特兄弟公司是一家位于新英格兰的家族企业，其历史可以追溯到19世纪中期。在那个时代，服装通常是从纺织品制造商那里买来布料，然后在家里手工缝制而成。1851年，奈特兄弟公司给他们的织物起了一个朴素的名字——鲜果布衣。在营销策略普及之前，这种品牌的创新领数十年风气之先。（我猜，鲜果布衣源于圣经的短语——子宫的果实，也就是"孩子"的意思。[33]）1871年，美国专利商标局成立以后，在数以百万计的注册大潮中，奈特兄弟公司是第一批注册商标的公司之一。鲜果布衣的标识是一堆水果，中间有一颗大苹果。

到了20世纪初，竞争对手开始为家庭主妇生产现成的成衣，而不是继续自制服装。奈特兄弟公司将鲜果布衣的市场重心从家庭主妇转移到服装批发制造。1928年，公司开展了另一项创新，将"鲜果布衣"的品牌授权给服装制造商。其中有一位年轻的商人雅各布·戈德法布，他专注于制造当时最流行的低价男士内衣"连衫裤"。[34]戈德法布从奈特兄弟公司那里，购买了为期25年的"鲜果布衣"商标使用权。

尽管只是"鲜果布衣"品牌的被授权方，戈德法布却"不走寻常路"，他将自己的资金投入到鲜果布衣的广告上。[35]到20世纪50年代中期，联合内衣公司已经成为鲜果布衣最大的被授权方。由于戈德法布的努力，消费者的第一反应几乎完全将"鲜果布衣"与内衣而不是布料联系在一起，尽管"鲜果布衣"仍然是布料的主要销售商。因此，富有戏剧性的是，被授权方变得比授权方更有影响力。

1955年，费城与雷丁煤炭钢铁公司收购了联合内衣公司。这家公司主业经营状况不佳，希望借此实现业务多元化。1961年，该公司又收购了鲜果布衣授权公司。这样一来，授权方和被授权方同处一间屋檐下。1968年，当时位于芝加哥的西北工业集团收购了费城与雷丁公司，戈德法布退休。尽管鲜果布衣的所有权再一次发生变化，但费城与雷丁公司以及后来的西北工业集团都让鲜果布衣继续保持了戈德法布留下的创业精神。

联合内衣公司通过创新的广告，延续了戈德法布的品牌实践。为了推广"鲜果布衣"品牌，公司聘请了体育播音员霍华德·科塞尔等名人，担任电视广告的形象代言人。在1975年的一次广告宣传活动中，三个男人装扮成苹果、树叶和葡萄串等品牌元素，在流行文化界引起了轰动。公司收购了高端品牌BVD的商标，并扩大了自己的产品线，包括顾客可以用丝印来定制的空白T恤，这在当时掀起了一股热潮。

20世纪80年代，西北工业集团已经成为一家多元化的集团，不仅从事内衣业务，还从事化工、铁路、葡萄酒、汽车电池和钢铁涡轮机等领域的业务。这样的业务组合引起了杠杆收购者的注意。就像1986年斯科特–费泽吸引了伊万·博斯基等企业狙击手一样。后来，斯科特–费泽被伯克希尔拯救了出来。

20世纪80年代，杠杆收购的风潮在美国企业界蔓延开来。为了收购公司，杠杆收购者以目标公司的资产为担保借入资金，然后通过稳步出售这些资产来偿还债务。1985年，西北工业集团成为这种杠杆收购的对象，始作俑者是史上最著名的杠杆收购者之一——威廉·法利。我们在前文提到过法利，正是他将西点–佩珀雷尔公司的地毯业务卖给了肖氏工业公司。

对西北工业集团的杠杆收购遵循了这样的既定策略：通过出售目标公司的资产来偿还大笔借款，只有联合内衣公司被保留了下来。法利深知"鲜果布衣"是一块金字招牌，因此他将联合内衣公司改名为鲜果布衣公司。通过一系列操作，法利从中赚了一大笔钱，然后在1987年，他将鲜果布衣上市。这一举动增加了法利的收益，同时也给鲜果布衣带来了大量未偿还的杠杆收购债务。

在鲜果布衣任职期间，法利担任董事长，长期担任鲜果布衣高管的约翰·霍兰德继续运营公司。幸亏有霍兰德，公司得以将"鲜果布衣"品牌扩展到更广泛的服装市场。1984年，霍兰德增加了女装的产品线；1987年，公司又增加了运动服的产品线，并继续推动休闲服的销售。

尽管霍兰德在商业上取得了成功，但鲜果布衣的杠杆资本结构导致公司在20世纪80年代末连续数年出现亏损。[36]与此同时，由于出现了更便宜的进口产品，以及与公司的主要竞争对手恒适（Hanes）的"内衣"之争，竞争显得愈发激烈。[37]20世纪90年代，美国出现经济衰退，加剧了这些负面因素的不利影响。迫于日益增长的压力，公司关闭了国内的大部分制造工厂，解雇了10 800名员工，并将业务逐步转移到墨西哥、摩洛哥和其他海外地区。为了避税，公司在开曼群岛重新注册。[38]1996年，霍兰德退休，公司业务由法利全权负责。

鲜果布衣的收缩战略被证明不够得力。随着公司不断亏损，持久的外部压力和杠杆越来越大。公司还犯了一个错误，即通过增加借款为收购提供资金，但结果却令人失望。1999年年中，法利因股东不满而辞职。1999年年底，公司申请破产。公司管理层迅速聘请已经退休的霍兰德，以重振公司的雄风。

在鲜果布衣申请破产保护后不久，伯克希尔就表示有兴趣收购其服装业务。这家公司的创业故事可以追溯到1851年，只不过是被短暂的过度杠杆和管理不善打乱了节奏。对巴菲特来说，这是一家很难抗拒的公司。除此之外，巴菲特与鲜果布衣也有一段渊源。

1955年，当费城与雷丁公司收购联合内衣公司时，费城与雷丁公司的控股股东正是巴菲特工作过的格雷厄姆–纽曼公司，巴菲特也是费城与雷丁公司的股东之一。当时，听闻费城与雷丁公司从戈德法布手中收购了联合内衣公司，巴菲特感到非常高兴，因为这是一件互惠互利、结果双赢的事情。[39]45年后，鲜果布衣的破产管理人宣布，伯克希尔是最后的中标者。于是，巴菲特的公司又一次收购了鲜果布衣。[40]

巴菲特请求曾帮助鲜果布衣渡过杠杆收购困境的霍兰德留下来继续经营这家公司。在霍兰德的努力下，公司的资本结构恢复到正常的水平——几乎没有债务，以及维持着适度的运营资金支出。数年后，鲜果布衣满血复活。按员工数量计算，如今的鲜果布衣已成为伯克希尔最大的子公司之一。2006年，鲜果布衣斥资11.2亿美元，收购了罗素公司，这家公司拥有包括布鲁克斯运动鞋在内的一系列著名品牌。

本章小结

在伯克希尔，经济价值来自于对自己"能力圈"的坚守，以及偏好相对容易理解的业务。把注意力集中在基础产业，专注于自己最擅长的领域，维持简单的资本结构，比涉足五花八门的行业，从事冒险的业务和大量举债，承担的风险要更小。

第 11 章

永续经营

布鲁克斯：颠沛流离，终得归处

在2011年圣诞节假期和新年前夕的那段时间，吉姆·韦伯定期查看他的电子邮件，但没有查看他的语音信箱。1月2日，韦伯回到办公室，他发现了一条语音留言。五天前，有人给他留言说："韦伯，我是沃伦·巴菲特。我有件事情想跟你说说，请给我回电。"韦伯非常忐忑，已经过去了将近一个星期，他还没有回复巴菲特的信息。[1]

韦伯给巴菲特回了一通电话，巴菲特说："给我讲讲鲜果布衣和布鲁克斯吧！你们在多大程度上实现了融合？你们现在的很多服务和系统是共享的吗？"巴菲特提到的是布鲁克斯体育公司（Brooks Sports, Inc.）。数年以前，鲜果布衣在收购罗素公司的时候，顺带着收购了这家公司。韦伯执掌布鲁克斯已有十年之久，巴菲特想要评估一下，是否应该将其剥离出来，成为伯克希尔旗下的一个独立子公司，而不是继续当二级子公司。

1914年，莫里斯·戈登堡在费城创立了布鲁克斯。20世纪60年代，布鲁克斯是一家钉鞋、运动鞋和溜冰鞋的中型制造商。[2]在20世纪70年代，布鲁克斯通过制造当时最先进的跑鞋，赶上了风靡全美的慢跑潮流。然而，由于扩张速度过快，布鲁克斯很快就遇到了现金流和产品质量等一系列问题，这些问题削弱了其独立和生存能力。布鲁克斯像被击鼓传花一般，20年里走马观花似的换了5家企业股东，这使得布鲁克斯沦为企业界的孤儿。

1982年，美国暇步士的生产商沃尔弗林集团收购了处于破产保护状态的布鲁克斯。整个20世纪80年代，沃尔弗林集团参与了各种各样的运动鞋市场竞争，包括篮球、网球、健身、训练和步行鞋，对手都是诸如阿迪达斯和耐克这样的行业巨头。沃尔弗林集团把布鲁克斯从小众玩家变成了行业通才，"从高格调走向大众化"，希望借此推动其繁荣发展。然而，事与愿违。

1993年，沃尔弗林集团以2100万美元的价格，将布鲁克斯卖给了挪威私募股权公司罗克集团。罗克集团收购布鲁克斯之后，布鲁克斯继续亏损了一年，罗克集团将原来的管理层悉数免职，[3]然后任命海伦·罗基担任公司CEO。海伦·罗基是一位干劲十足的高管，她试图将品牌重新定位为跑步发烧友的最佳选择，从"大众化"回归到"高格调"。[4]公司还大力拓展业务，为客户提供运动服饰。

然而，让人眼花缭乱的所有权变更仍在继续。1998年，罗克集团（当时已更名为挪威工业控股公司）以4000万美元的价格，将布鲁克斯的大部分股权出售给了康涅狄格州的一家私募股权公司——惠特尼（J. H. Whitney & Co.）。[5]2001年，韦伯加入布鲁克斯担任CEO，成为两年内的第四任CEO。尽管在罗基的领导下布鲁克斯的盈利能力有所提高，年销售额达到6500万美元，但由于债务结构膨胀，公司又陷入持续性的亏损。[6]此后，惠特尼一直持有布鲁克斯。直到2004年，罗素公司以1.15亿美元收购了这家跑鞋公司。最后，在2006年，鲜果布衣以11.2亿美元收购了罗素公司。除了布鲁克斯之外，其旗下品牌还包括罗素运动

（Russell Athletic）、卢塞尔（Jerzees）和斯伯丁（Spalding）。

经过股东轮番变换的曲折历程，韦伯始终坚信，布鲁克斯要想取得成功，最好是致力于维护自己的利基市场，也就是为专业的跑步者生产和销售作为跑步装备的跑鞋。韦伯专注于生产售价为80～160美元的高端跑鞋，并停产了较低端的产品线。韦伯的这一举措最初导致公司的年营业收入锐减至2000万美元，但他关注的重点是重建品牌。几年之后，公司的年营业收入达到了6900万美元。在伯克希尔持股期间，随着公司营业收入和市场份额的稳步增长，公司又重新回到了发展的轨道上，打进了韦伯设定的目标市场。

因此，在2011年的新年假期，巴菲特想知道，如果布鲁克斯成为伯克希尔旗下的独立子公司，让韦伯独当一面，公司是否会因此受益。[7]韦伯也认为，布鲁克斯和鲜果布衣的其他业务截然不同。现在的布鲁克斯已经成功地重新定义了"高格调"而非"大众化"。韦伯抓住了巴菲特抛出的橄榄枝，并继续将布鲁克斯发扬光大。例如，在2013年的波士顿马拉松赛上，运动员穿的布鲁克斯跑鞋，比除了亚瑟士（Asics）以外的任何品牌都多。[8]布鲁克斯的业绩一直非常出色，2012年的营业收入为4.09亿美元，2013年的营业收入则接近5亿美元，公司还计划到2020年营业收入达到10亿美元。一般来说，制鞋公司的内在价值是其年营业收入的两倍。照此计算，布鲁克斯现在的价值相当于伯克希尔在不到10年前收购罗素公司的总价。

在接受本书的采访时，韦伯将公司的快速发展归功于伯克希尔提供的永久家园。相比之下，在过去20年里，布鲁克斯忍受着不断易主。[9]加入伯克希尔大家庭后，管理层可以不受外界的干扰，专注于品牌建设，公司的愿景可以设想50年的时间跨度，而不是专注于满足善变的股东的短期需求。公司成功的另一项因素则要归功于韦伯本人。韦伯是一名伯克希尔式的企业家，具有创业精神，他也是安永年度企业家奖的又一位得主。

伯克希尔并不总被认为是专门收容那些无家可归的公司的"孤儿院"，但它确实为许多企业提供了永久的家园。至少有7家伯克希尔的子公司，在先后被母公司、杠杆收购者、私募股权公司或破产信托公司轮番持有之后，最终在伯克希尔找到了避风港。这些子公司在过去的种种境遇，全都是拜当时母公司的急功近利所赐。

森林河房车：命途多舛，绝处逢生

伯克希尔旗下的休闲汽车制造商森林河是另一家原本命途多舛的企业。[10]这家公司的历史可以追溯到著名的休闲汽车领导品牌——1972年由阿瑟·查普曼创立的洛克伍德。在成立洛克伍德公司不久后，查普曼把它卖给了一家制造飞机、帆船和枪械的企业集团——班戈蓬塔公司。1984年，规模更大的利尔-西格勒集团收购了班戈蓬塔，洛克伍德的所有权也随之易手。1986年，杠杆收购运营商福斯特曼-利特尔收购了利尔-西格勒。

遵循惯常的杠杆收购手法，福斯特曼-利特尔大幅举债收购利尔-西格勒，并出售利尔-西格勒的资产以偿还债务。洛克伍德被卖给了先锋美国公司，这家公司的股东之一是彼得·利格尔。[11]利格尔和他的搭档大力发展先锋美国公司。1993年，为了筹集扩张资金，他们将公司出售给另一家杠杆收购运营商，同时仍担任管理职位。之后，这家企业以眼镜蛇工业公司为名上市。公司销售眼镜蛇品牌和洛克伍德品牌的旅行拖车和房车，实力位列行业前五名。

然而，杠杆收购带来的沉重债务，让眼镜蛇工业公司的财务状况异常艰难。杠杆收购运营商试图向利格尔和他的同事们发号施令。双方存在严重的分歧，最终导致经营者解雇了利格尔，留下了权力真空。为了填补这一空缺职位，经营者聘请了咨询顾问，对眼镜蛇工业公司开展了全面评估。尽管如此，在缺乏称职的管理层的情况下，公司还是走向倒闭，并于1995年申请破产。

1996年，在破产法院的干预下，眼镜蛇工业公司的很多资产被出售，以偿还相关债务。利格尔和他的新公司森林河房车买下了其中很多资产（不包括负债），包括洛克伍德品牌。

有了眼镜蛇工业公司的资产，森林河公司开始生产弹出式露营车和旅行拖车。在最初的三年里，森林河公司发展了三个新部门：货运、海运和流动办公室。在接下来的几年里，森林河公司又收购了三家企业，同时在内部创建了另一个新部门：罗克波特商用车。

2005年，森林河公司的年销售额达到16亿美元。[12]利格尔的雄心是，扩大公司的制造范围，包括每一等级、每一类型的娱乐车辆。为此，他需要资金。但曾经痛苦的经历让利格尔对一系列的大型企业集团、杠杆收购者，甚至是IPO保持警惕。

因此，在2005年，利格尔给巴菲特发了一份两页长的传真，逐一解释了为什么森林河房车公司符合伯克希尔的收购标准。[13]之前，巴菲特没有听说过这家公司，也没有听说过利格尔，但是利格尔讲述的故事很吸引人，森林河房车的经营数据也很有说服力。第二天，巴菲特提出了一个报价。随后在一周内，两人就达成了成交协议。[14]

有了永久的家园和充分的自主权，利格尔充分释放了他的能量，去追求他对森林河房车公司的大胆愿景。公司先后收购了兰斯铝业制造公司（2007年收购）、柯士马（2008年收购）、沙士达（2010年收购）和戴娜麦斯（2011年收购）。通过这样的外延式收购和持续的内生性增长，现在的森林河房车公司可以生产各种各样的娱乐车辆和很多类型的相关设备，包括但不限于：浮船、备用轮、摆渡车、旅行拖车、货物拖车、停车场拖车、洗手间拖车、移动办公室和弹出式露营车，等等。

森林河房车公司的市场份额稳步增长，[15]它从2005年的60家工厂[16]发展到2010年的82家工厂[17]，从2005年的5400名员工[18]发展到2012年的7653名员工[19]，再到2013年的8770名员工[20]。森林河房车公司强大的生产能力，使其能够快速完成客户的订单，同时保持严格的施工和检验标准。公司的经营业绩令人印象深刻：2010年的销售额接近20亿美元，创历史新高；2013年的销售额飙升至33亿美元，同比增长24%。[21]

在宣布森林河房车公司被伯克希尔收购时，利格尔在一份行业贸易杂志上讲了这样的一席话：

> 我们竭尽所能，保证森林河房车公司的永续经营。具体来讲，伯克希尔-哈撒韦收购并将继续保留森林河房车公司，他们有能力、有资格这么做。对于我们来说，卖给其他投资集团，远不如卖给伯克希尔让人安心。森林河房车公司在此之前没有负债，之后也不会有负债。[22]

东方贸易公司：找到永久家园，重返美好时光

东方贸易公司也是在应对杠杆收购者沉重的债务负担之后，转而投身伯克希尔，才找到自己永久的家园。1932年，住在奥马哈的日本移民哈里·渡边创办了东方贸易公司。这家公司是一家零售商，销售从日本进口的新奇物品，比如丘比娃娃。公司生意兴隆，没过多久，哈里就在美国中西部地区开了十余家类似的分店。然而，第二次世界大战之后，

美国对日本进口采取限制政策，导致东方贸易在奥马哈以外的所有分店都歇业了。在那之后，哈里将陶瓷制品加入了自己的产品线，并将游园会商家作为自己的目标客户。到20世纪70年代早期，这一直是一个繁荣的利基市场。

1977年，哈里的儿子特伦斯扩展了父亲的商业版图。特伦斯将玩具和派对用品加入产品线，并开启了一场直销的营销活动，目标是那些举办筹款活动的组织，如教堂、学校和俱乐部等等。通过广泛散发产品目录和布局上门销售网络，特伦斯扩大了直销业务。20世纪80年代，特伦斯又补充了免费电话订购的渠道。20世纪90年代，特伦斯又开始利用互联网营销。

到2000年，东方贸易公司为数千万的客户提供了4万种产品，有近2000名员工。当时，特伦斯从私募股权公司——布伦特伍德筹集了一些资金。按照计划，由布伦特伍德提供资金，由特伦斯和他的团队继续管理公司。然而，这一安排发生了变化。最终，特伦斯把自己的全部股权卖给了布伦特伍德并辞职。

2006年，布伦特伍德开始寻求退出策略。[23] 在布伦特伍德的筹划下，凯雷集团以杠杆收购的方式买下了东方贸易公司68%的股权。布伦特伍德的计划在一定程度上取得了成功。尽管东方贸易公司有一份庞大的客户邮寄名单，还拥有4.85亿美元的年销售额，以及4.63亿美元的公司资产，但高企的债务成本最终导致公司在2010年申请破产，当时的负债达到7.57亿美元。[24] 在破产期间，另一家杠杆收购公司KKR买下了东方贸易公司的一大部分债权，并希望将其出售以获利，或者转换为股权。

在经历了这样的动荡之后，2012年，东方贸易公司向伯克希尔求助，看巴菲特是否有兴趣收购公司。管理层之所以这样做，是为了给这个古老的家族企业一个永久的家，而不一定是为了最大限度地提高出售价格。

巴菲特乐见其成。他强调，对于东方贸易公司而言，所有权的轮番变更是一种成本，现在可以宣告结束了。[25]东方贸易公司之所以能挺过这段艰难时期，是因为它很早以前就确立了行业领导地位，为客户提供精益求精的服务。东方贸易公司最近的财务记录表现良好，它在2010年、2011年和2012年的营业收入逐年增长，并恢复盈利。这家经营新奇玩具和派对用品的公司可以让客户获得快乐。有了稳定的家园以后，曾经的美好时光又回来了。

CTB国际公司：美国价值观的代表企业

从制度设计上看，杠杆收购和私募股权机构持股都是短期安排。即使是"成功"的案例，也会让企业的经营者渴望有一个稳定的家园。以CTB国际公司为例，这家公司最初名为美国侨太，由霍华德·布伦贝克于1952年创立。布伦贝克是一位来自美国中西部的企业家，他在自家的地下室里开展经营。公司的主营业务是，为饲养家禽和家畜的农民设计和制造农业设备。后来，公司还将业务扩展到储存饲料和谷物的垃圾箱制造上。[26]通过探索家禽机械化喂养、开发家禽饮水设备等创新举措，布伦贝克和他的同事们让行业发生了颠覆式的革命。

1996年，布伦贝克家族认为，总部位于印第安纳州的CTB国际公司已经准备好从家族企业转型为现代企业集团，但他们同时希望保持布伦贝克留下的良好作风。但他们缺乏资金，因此寻求外部合作伙伴。布伦贝克的孙子约瑟夫·克里斯托弗·乔科拉曾是印第安纳州的共和党国会议员。在克里斯托弗的领导下，他的家族与纽约一家私募股权公司——美国证券资本合伙公司开始接洽。美国证券资本合伙公司为CTB国际公司的10项并购提供了相关咨询服务，并在1997年进行了IPO。

然而，5年后，美国证券资本合伙公司希望退出。CTB国际公司的增长机会依然存在，但它只是一只小盘股，没有受到广泛关注，在行业之外也鲜为人知。布伦贝克家族最终选择接受伯克希尔，伯克希尔为其提供了所需的资金，以及一个"永久的家园"。

巴菲特认为，CTB国际公司是"一家具有伟大的美国价值观的优秀公司，它拥有卓越的特许经营权、强大的市场占有率和一流的管理团队"。[27]CTB国际公司已经用实力证明，它是那种在伯克希尔如鱼得水的公司：精打细算、认真做事、信誉良好、家族持有、具有创业精神，以及经营的是最基础的农业设备生产业务，尽管这听起来一点也没有想象空间。从那以后，CTB国际公司开始蓬勃发展，它创造了很多闲置资金，并将这些资金再投资于一系列的收购。

CORT商业服务公司：遇见贵人，命运逆转

接下来的案例是CORT商业服务公司，这是一家家具租赁公司，长期由保罗·阿诺德经营。自1972年公司成立以来，阿诺德就一直在此工作。1988年，CORT公司还只是地毯制造商莫哈斯科公司的一家子公司。后来，莫哈斯科公司将其业务扩展到家具制造和租赁领域。[28]在花旗集团风险投资公司（Citicorp Venture Capital，简称"CVC"）的安排下，莫哈斯科公司通过管理层主导的杠杆收购，抵御了北狄公司的恶意收购。

沉重的债务负担导致莫哈斯科公司在一年内剥离了CORT公司，将其交给CVC提供融资的其他管理集团。这是一件很奇怪的事，让CVC站在了交易的两边，它同时是公司卖方和买方背后的金主，这并不是非常理想的谈判结构。对于CORT公司来说，这一奇怪现象果然不是吉兆。事实

证明，在高杠杆收购的背景下，公司一直在艰难地维持流动性。

不过，在这样动荡不安的环境中，阿诺德坚持了下来，他不仅承担了债务，还支付了员工工资。1993年，阿诺德说服CVC，以优惠条件重组债务，并吸引更多的股权投资。阿诺德则专注于自己的业务，通过许多谨慎的收购，以及向新市场的逐步扩张，实现了稳定增长。

1999年，CORT公司的融资人又一次面临杠杆收购，阿诺德和他的公司迎来了命运的转折点。11月23日，巴菲特收到一位熟人发来的传真，其中附上了《华盛顿邮报》上一篇有关CORT公司最新交易的报道。CORT公司良好的财务状况给巴菲特留下了深刻印象。一周后，阿诺德与巴菲特会面时，也给巴菲特留下了良好的印象。不久，他们就达成了交易，伯克希尔收购了CORT公司。[29]CORT公司之所以吸引巴菲特，是因为它的业务"虽然不那么引人注目"，但阿诺德经营得很好。[30]

阿诺德很喜欢伯克希尔提供的永久家园，他在CORT公司工作了40年之久，直到2012年退休。阿诺德将CORT公司从一家小企业变成市场领导者，要归功于他完成的50多宗收购。[31]阿诺德将接力棒交给了杰夫·佩德森，佩德森自2004年以来就一直在CORT公司担任高管。目前，佩德森仍在领导这家公司，其2013年的盈利约为4000万美元。[32]

创科集团：看别人吃一堑，让自己长一智

俗话说，聪明的人从自己的错误中学习，智慧的人则从别人的错误中学习。如果这是真的，那么得州电子经销商创科集团（简称"TTI"）的创始人兼CEO小保罗·安德鲁斯（Paul E. Andrews Jr.），则毫无疑问属于智者。在看到其他公司和企业主遭遇了类似本章所述的困境后，安德鲁斯决意将自己的公司卖给伯克希尔。

超越巴菲特的伯克希尔：股神企业帝国的过去与未来

安德鲁斯曾是通用动力公司的一名采购员。在通用动力公司工作期间，他见证了制造商在采购电子元件时所面临的种种困难。[33]1971年，安德鲁斯被通用动力公司裁员后，在他那间小公寓的一间空卧室里创立了TTI公司，当年的销售额是11.2万美元，到2006年，其销售额达到了13亿美元。[34]对于一家拥有众多产品（包括电阻、电容器和连接器）、销售单价不到1美元的公司来说，这是一个天文数字。[35]2006年，贾斯廷公司（在2000年被伯克希尔收购）的董事长约翰·罗奇就TTI和安德鲁斯的事联系了巴菲特。[36]之前，罗奇曾帮助小约翰·贾斯廷，为他心爱的鞋业和砖材事业找到一个永恒的家。现在罗奇打电话跟巴菲特说，安德鲁斯正在为TTI寻找一个永久的归宿。当时64岁的安德鲁斯，其出售公司的动机让人动容。巴菲特解释说：[37]

不久前，有一家私人企业的创始人去世，安德鲁斯碰巧目睹了这件事对公司员工和老板家人造成的伤害。此外，一开始具有破坏性的事情，往往会演变成毁灭性的打击。因此，大约一年前，安德鲁斯开始考虑出售TTI公司。安德鲁斯的目标，是把他的企业交到他精心挑选的股东手里，而不是在他死后，让公证人员或律师拍卖他的遗产。

安德鲁斯拒绝引入"战略型"买家，因为他知道，在追求所谓的"协同效应"时，这种"战略型"买家可能会拆散他精心打造的事业，此举可能导致他的数百名同事失业（在此过程中，或许TTI公司的业务也会受损）。安德鲁斯还排除了由私募股权公司收购的可能性，因为私募股权公司很可能会让企业负债累累，然后尽快将其转手。剩下唯一的理想买家，就是伯克希尔。

安德鲁斯和巴菲特没花多少时间就达成了一致：他们早上见面，在午餐前就达成了交易协议。[38]在对企业估值的考量中，伯克希尔文化对永续经营的承诺占据了重要角色。2008年和2010年，TTI公司连续实现了创纪录的营业收入和盈利。不过，TTI公司所处的行业竞争激烈，2012年和2013年的利润率一直很低。[39]除了内生增长以外，公司还积极以外部收购作为补充，包括2012年收购Sager电子，2013年收购Ray-Q公司。

本章小结

上述的这些公司，或经历过股东的轮番变换，或与激进的金融家周旋，或承受过破产的阵痛。事实证明，它们具有持久的商业模式。伯克希尔并没有特意去寻找具有这些特征的企业。但是话说回来，那些经受住了这些严峻考验的公司，比如鲜果布衣和佳斯迈威，证明了它们的韧性。这些企业的所有者和管理者都非常珍视伯克希尔提供的永久家园。事实上，伯克希尔的每一家子公司都非常看重这一点。

伯克希尔不会收购那些亏损的公司，因为扭亏为盈往往是一项艰巨的任务，还涉及改变企业文化。盖可保险1976年曾濒临破产又起死回生，对此巴菲特曾说："当一位声誉卓著的管理者试图拯救一家经济状况糟糕的企业时，通常企业糟糕的声誉并不会改变。"[40]当然，这并不是说困境反转型企业就应该被抛弃。一些困境反转型企业的管理者已经取得了巨大的成功，其中的翘楚就是伯克希尔子公司玛蒙集团的杰伊·普里茨克和罗伯特·普里茨克。有关他们的精彩故事，我们将在下一章详述。

第 12 章

以小窥大

玛蒙集团：迷你版伯克希尔

假设你是一名分析师，现在要你评估一家多元化企业集团，它是由数百家不同行业的公司组成的，包括能源、建筑、制造、交通运输、金融服务等。这些业务的技术含量不高，也不那么有想象空间。在各自的行业，它们都是领导者。这些公司都是在不同时期收购的，却没有任何总体规划。

这家企业集团自成立以来的40年里，老迈的董事长和副董事长一直领导着公司。公司的所有重要决策基本上都是由这两位亿万富翁做出的，董事会几乎没做任何监督。集团坚持"不干涉"的管理政策，强调自主经营，其他所有决策都由各家子公司的经理人自行安排。如果让你预测，当董事长和副董事长去世后，集团会面临怎样的命运，你会说什么？

以上所述，其实是20世纪90年代中期，在普里茨克兄弟去世后，分析师在评估玛蒙集团接下来的命运时所面临的真实场景。当然，这也是分析师在考虑伯克希尔-哈撒韦的未来时所面临的场景。许多分析人士认为，除了普里茨克家族，其他任何人都无力经营玛蒙集团。他们预测，在普里茨克两兄弟离开后不久，玛蒙集团就会分崩离析。

然而，分析师们都错了。2008年，玛蒙集团成为伯克希尔-哈撒韦的子公司，并且跟过去数十年一样，经营一切如常。[1]这就是为什么玛蒙集团的故事如此重要。玛蒙集团可以被称为"迷你版"的伯克希尔，它拥有与伯克希尔及其他子公司相同的文化特征。这些共同的特征解释了，作为伯克希尔最庞大和最赚钱的子公司之一，玛蒙集团为什么适合留在伯克希尔。

在母公司层面，伯克希尔和玛蒙集团还有更多的相似之处，比如资本实力雄厚、依靠收购推动增长、有多重现金流。这些共同特征为预测伯克希尔的命运提供了参考。就像玛蒙集团一样，将来即使天才的创始人离开人世，伯克希尔也会安然无恙。在普里茨克家族离开后玛蒙集团还能屹立不倒，巴菲特的伯克希尔也能做到。

玛蒙集团的灵魂人物：普里茨克兄弟

19世纪末，尼古拉斯·普里茨克和家人从乌克兰移民到美国，他们在芝加哥定居下来。[2]1902年，普里茨克在芝加哥成立了Pritzker & Pritzker律师事务所。在20世纪20年代末，这家律师事务所一直繁荣发展，在房地产法律业务方面享有很高的声誉。在创始人的儿子艾布拉姆·尼古拉斯（Abram Nicholas）的领导下，律师事务所逐渐转向房地产投资业务。尼古拉斯的转型奠定了普里茨克家族帝国的根基。到1940年，律师事务所已经拥有巨额的投资收益，以至于它不再是一家律师事务所，而是一家纯粹的家族投资公司。

在艾布拉姆·尼古拉斯的两个儿子——杰伊·普里茨克和罗伯特·普里茨克的管理下，他们的家族企业取得了爆发性成长。杰伊和罗伯特各自发挥所长，经营业绩大放异彩。杰伊是一名律师，在西北大学获得了法律学位，第二次世界大战后在一家德国老板管理的美国机构工作，积累了商业和交易经验。杰伊有一项跟巴菲特很像的天赋，那就是通过阅读财务报表来预见企业运营细节的能力。同时，杰伊还是谈判和交易高手。

杰伊的弟弟罗伯特在商业运作和组织方面很有眼光。罗伯特早年在伊利诺伊理工学院学习先进工业工程，他在工业流程和制造方面积累了丰富的专业知识。罗伯特的这些技能让他能够迅速诊断出陷入困境的公司在运营方面存在的缺陷，并对症下药。

罗伯特的经营眼光与杰伊的交易头脑结合在一起，产生了不可估量的价值，这对兄弟建立起世界上最大的私人企业之一。杰伊和罗伯特配合默契，堪称"黄金搭档"：杰伊通过谈判，以低于账面价值的折扣价收购一家陷入困境的公司，然后罗伯特与管理层开展合作，对公司进行重组，使其价值达到账面价值的数倍。[3]

给大家举个例子，这个例子的原型是科尔森公司。这是一家不赚钱的小型制造商，总部位于俄亥俄州，其主营业务是生产脚轮、轮椅、自行车和推进器。杰伊经过分析后认为，如果公司实行清算，其价值还高于持续经营的公司价值。于是，杰伊以远低于清算价值的价格买下了科尔森公司。随后，罗伯特加入了现有的管理团队，并立即出售了与自行车相关的资产，同时大幅削减了推进器制造业务的成本，并最终决定终止这项业务，让公司管理层把所有的资金和精力都集中在有利可图的脚轮和轮椅生产上。

如果说杰伊是负责倒洗衣液的，罗伯特是负责清洗衣物的，那么普里茨克模式就是：倒洗衣液，清洗衣物，循环往复。罗伯特还有一项技能，就是通过现有业务和被收购业务之间的整合，实现规模经济。杰伊通过设计有利的公司结构，进一步增加了公司价值，减少了税收支出，实现了融资收益。不过，罗伯特并没有把这种策略称为"协同效应"。对商业收购中"协同效应"的概念，普里茨克两兄弟持怀疑态度。他们认为，这种概念可能会产生对收益的盲目乐观预测，并导致被收购公司不必要的分拆。

玛蒙集团承诺，会让被收购的公司继续运营。为了让这些公司获得成功，玛蒙集团投入了大量的财务和人力资本。普里茨克两兄弟会一直保留现有的管理层，并遵循不干涉政策，即给予管理者在经营决策方面的自主权。尽管普里茨克两兄弟愿意买入并持有所收购的公司，但鉴于他们的模式主要是收购境况不佳的公司，如有必要，他们还是会为关停亏损的业务做好准备，并对有潜力的业务进行再投资。例如，1963年，科尔森收购了玛蒙–赫林顿公司（其前身为玛蒙汽车公司）。收购之后，管理层剥离了重型拖拉机、运输车和公交车底盘的制造业务，并将回笼的资金再投资于核心业务，从而增强了公司的实力。

当然，"有意处置"与"希望处置"不能混为一谈。一些人对普里茨克家族的战略存在误解。与那些把公司当作商品一样买来卖去的市场炒家相比，普里茨克家族处置资产的方式截然不同。罗伯特和杰伊都是长期投资者，他们希望长期持有一家公司的所有权。玛蒙集团进行了一百多宗收购，其剥离的公司数量屈指可数。[4]

1971年，在经历过短暂上市后，玛蒙集团由普里茨克家族全资拥有，当时他们已经稳步收购了许多基础制造产业的中小企业，从公司名就可以看出，这些企业从事的都是朴实无华的基础业务：比如阿玛里洛齿轮、拱心石管道、宾夕法尼亚铝业、斯特林起重机和三角悬挂系统。

20世纪70年代中期，玛蒙集团开展了一项大型收购：买入Cerro集团，这是一家从事采矿、制造、房地产和卡车运输的综合企业，年营业收入约8亿美元。这家公司的企业画像符合普里茨克家族的实质性收购标准：其资产的清算价值高于运营价值。但有一点又是非同寻常的，那就是这家企业会参与对一家上市公司的敌意收购。[5]这家企业过去等级森严、气氛紧张，罗伯特·普里茨克费了九牛二虎之力，在公司反复灌输创业精神，终于完成了重塑公司文化的艰巨任务。[6]

更典型的收购紧随其后。1977年，玛蒙集团收购了风琴制造商Hammond公司，这家公司旗下还拥有一家手套制造商Wells Lamont。公司的风琴生意令人失望，但手套生意却成了行业的领头羊。[7]1978年，玛蒙集团收购了安全带制造商美国安全设备公司。

到20世纪70年代末，玛蒙集团已发展成为一家繁荣的、资本雄厚的、高度多元化的企业集团。其旗下的成员公司从事各种各样的业务，包括管道、乐器、零售设备、农业设备、服装配件、汽车产品、电线电缆的生产制造，还涉及一些采矿和金属贸易方面的服务。

1981年，玛蒙集团再次拉开了大型收购的帷幕：它以6.88亿美元的价格收购了环联公司。环联公司是一家大型企业集团，曾是约翰·洛克菲勒商业帝国的一部分。[8]环联公司的主要业务是制造和租赁运输石油和其他货物的罐车，以及提供消费信贷服务。除了规模之外，这笔交易还体现了典型的普里茨克模式：环联公司连续几年发生亏损，杰伊从中发现了价值，因为这些亏损可以产生投资税收抵免，从而减少玛蒙集团的税收支出；罗伯特则发现了隐于各处、价值连城的经营宝藏。[9]（这笔交易引起了对美国董事会在进行购并时失职的关注。法院给出一纸影响深远的判决，认为环联公司的董事未能认真履职，他们应当详尽了解这笔交易的背景情况。[10]）

20世纪八九十年代，玛蒙集团继续定期收购一系列基本业务。尽管许多交易规模不大，但收购的频次很高：1998年30起，1999年35起，

2000年20起。[11]由于公司以"去中心化"的方式运作，因此同化和融合并不是问题。大多数公司经营得很成功，只有少数业务被迫关闭。玛蒙集团不曾卖出过任何一家公司，不过在2001年，集团剥离了两家成立时间更久的公司——Jamesway（一家农业设备公司）和Long-Airdox（一家煤矿设备制造商）。[12]从20世纪90年代初开始，为了继续保持增长，玛蒙集团的子公司开展了越来越多的补强性收购。

早在20世纪80年代末，批评人士就曾经质疑，玛蒙集团庞大的规模、疯狂的增长和极度的多元化，在公司现行的结构框架下，能否继续保持下去。[13]他们想知道，除了杰伊和罗伯特，还有谁能管理这样一个庞然大物？1999年，杰伊去世；2002年，罗伯特退休；2011年，罗伯特去世。不过事实证明，批评人士的想法实属多虑。

罗伯特从玛蒙集团退休时，他把科尔森公司的业务切出一块，由他自主经营。另外，环联公司的消费信贷部门被转移到普里茨克家族帝国的其他地方。后来，这两项业务都被卖掉了。[14]除此之外，玛蒙集团几乎没有什么变化。2002～2006年，约翰·尼科尔斯成为公司CEO。2006年之后，弗兰克·普塔克继任CEO。在他们的领导下，玛蒙集团继续繁荣发展。

尼科尔斯和普塔克的大部分职业生涯都是在伊利诺伊工具公司的高管职位上度过的。1912年，拜伦·史密斯在芝加哥创办了伊利诺伊工具公司，后来传承到家族第三代。在企业文化上，伊利诺伊工具公司与玛蒙集团有很多共同之处，它们都是在20世纪后期先后发展起来的。[15]此外，伊利诺伊工具公司也是一家庞大的企业集团：2005年通过内生增长和抓住机遇的收购，它在全球44个国家经营着625个营业机构。[16]

为了管理这样一家庞大的企业集团，尼科尔斯、普塔克以及其他公司高管运用了80/20法则。80/20法则是一种基于一般统计分布的思维过程：80%的产出由20%的投入贡献。20世纪80年代，尼科尔斯、普塔克在研究伊利诺伊工具公司利润率下降的原因时，发现了80/20法则的实用性。

尼科尔斯和普塔克发现，公司80%的营业收入来自20%的产品组合，而80%的利润来自20%的客户。运用80/20法则，他们专注于研究业务的哪些特定部分对整体业绩的贡献最大或最小。他们决定集中精力，将时间和资源分配给那些能够给公司带来最大利润的部门、产品和客户。其结果是更加"去中心化"，这使得伊利诺伊工具公司拥有了巨大的规模优势。

1980～1996年，尼科尔斯曾担任伊利诺伊工具公司的CEO。2002年，已经退休的尼科尔斯重出江湖，接替罗伯特·普里茨克在玛蒙集团的职位。在普里茨克两兄弟离开后，尼科尔斯运用80/20法则对玛蒙公司进行了一项重大的组织改革：他将公司划分为十个事业群，每个事业群都有一位总裁向他汇报工作。[17]这使得尼科尔斯能够对公司庞大的组织进行监督，同时推动业务和产品层面的收购和增长。

2006年，普塔克接任玛蒙集团CEO，尼科尔斯出任副董事长。自2003年起，普塔克就开始担任玛蒙集团董事，并与尼科尔斯在伊利诺伊工具公司共事过数十年。作为一名注册会计师，普塔克还是独立投资研究机构晨星公司的董事。

2008年，伯克希尔从普里茨克家族手里买下了玛蒙集团的控股权。根据一项协议，伯克希尔在2014年又买下了玛蒙集团的其余股份。这笔80亿美元的交易很快就敲定了，双方既没有讨价还价，也没有开展尽职调查[18]。在1954年的一次商业交易⊖中，巴菲特结识了杰伊·普里茨克。此后，巴菲特一直密切关注着杰伊的职业生涯。巴菲特说，杰伊喜欢简

⊖ 这里指的是洛克伍德公司可可豆套利一案。——译者注

简单单的生活。[19]

　　普塔克继续像以前一样管理玛蒙集团，严格执行80/20法则。2012年，在80/20法则的指导下，普塔克在公司又开展了一次深度的组织调整。公司当时的11个事业群被整合成三家新的独立公司，每家公司由一位资深的玛蒙高管领导。在普塔克的领导下，玛蒙集团一如既往，蓬勃发展，股东权益从2006年的不到50亿美元上升到2012年的近70亿美元。批评人士曾认为，如果没有普里茨克家族，玛蒙集团就会分崩离析，然而，事实证明他们错了。

玛蒙集团的成功之道

　　玛蒙集团的成功秘诀是什么？答案是，它具有类似伯克希尔的特点：一家自主经营的家族企业，从事基本业务，具有永续经营的长期视野，以节俭、认真和正直而著称。在伯克希尔收购玛蒙集团前后，尼科尔斯和普塔克一直坚守着以下价值观：

　　一、精打细算。玛蒙集团非常注重成本控制，无论是杰伊还是罗伯特，他们都不喜欢开展旷日持久的调研，召开冗长的会议，或者对商业事务进行繁复的讨论。玛蒙集团总部的员工很少。普塔克一直引以为傲的是，*2012年玛蒙集团的营运费用率为22.5%，在制造业中是最低的*。[20]

　　二、真诚友善。玛蒙集团始终信守诺言。[21]加入公司的经理人都知道，无论普里茨克家族在收购时说什么，他们都可以相信。反过来，对于普里茨克家族而言，他们会把说过的话当作契约。在并购市场，他们被认为是值得信赖的人。由于同样的原因，玛蒙集团也赢得了真诚的声誉。早在伊利诺伊工具公司工作期间，尼科尔斯、普塔克就为自己和公司树立了这样的口碑。

三、珍视声誉。 普里茨克家族看重正直的品格，他们相信，衡量成功的标准主要看为人是否正直，而不是赚钱能力。杰伊·普里茨克意识到，什么对企业的长期最有利，什么对股东的短期最有利，两者之间往往存在着一种矛盾。[22]普里茨克家族奉行"买入并持有"的策略，并借此建立起自己的声誉。普里茨克家族收购公司是为了维持和运营它们，而不是为了剥离资产和裁撤员工。大家都愿意和杰伊、罗伯特做生意，而在他们离开之后，玛蒙集团还有这样的吸引力。

四、重视家风。 玛蒙集团是一间家族企业，由杰伊·普里茨克和罗伯特·普里茨克两兄弟经营，他们有着非凡的合作能力，[23]这种能力是他们从父亲那里继承而来的。事实上，他们模仿了父亲建立的商业模式以及经营公司的技巧。例如，老普里茨克在1941年以5万美元收购了家用电器制造商Cory公司，并在1967年以2300万美元的价格卖给了Hershey公司。[24]普里茨克兄弟也把这种基因传给了他们的下一代，其中一些孩子后来加入了家族企业。

后来，普里茨克家族也出现了家族企业常见的一些问题。杰伊去世、罗伯特退休后，为了争夺家族财产，子女和孙辈之间长期失和。关于如何处置玛蒙集团，大家争吵不断。11位继承人原来准备将其分拆出售，幸好伯克希尔及时出手相救。

五、自我驱动。 玛蒙集团是创业文化的典范。罗伯特和杰伊是典型的自我驱动型人格，其他家庭成员也是如此。他们的另一位兄弟白手起家创立了凯悦酒店，后来由杰伊的儿子托马斯接手经营。[25]直到今天，玛蒙集团的商业模式依然注重创业精神：

要有创新和冒险精神，具有创造力，还要具备坚忍不拔的毅力。唯有如此，才有可能实现困境反转。

六、充分放权。普里茨克家族离开后，玛蒙集团的数百名经理人继续经营着他们的业务，没有出现任何问题。玛蒙集团一直奉行"不干涉"的管理政策，给予经理人充分的自主权。普里茨克家族从不让总部发号施令，事实上，总部没有雇用任何营销、市场、工程或运营人员。玛蒙集团的经理人可以专注于他们的业务。集团并不通过内部调动的方式培养更高层级的管理者。那些渴望承担更多责任的经理人只需专注于自己的事业成长就好。

在玛蒙集团，为了让工作效率更高，普里茨克家族经常将公司分成更小的业务单元。利用80/20法则，普塔克让组织里的每个人把注意力集中在挖掘潜能上，比如哪些投入能够驱动最理想的产出，并相应地分配时间和资源。玛蒙集团变得越来越"去中心化"，这促进了一种"不干涉"的工作方式的形成。

七、智慧投资。普里茨克家族为精明投资树立了标准，并培育了遵循这一标准的企业文化。1980～1989年，玛蒙集团的营业收入翻了一番，从20亿美元增至40亿美元；其利润额翻了一倍多，从8400万美元增至创纪录的2.05亿美元；其净资产收益率从19.1%（比《财富》500强企业中值高出5个百分点）增长到26.3%（比《财富》500强企业中值高出10个百分点）。不过，公司也经历过一些艰难的年份，比如1990年，尽管公司的营业收入接近40亿美元，但其利润额下降了40%，只有1.25亿美元。[26]

2005年，玛蒙公司营业收入达到56亿美元，利润达到5.56亿美元，利润率为9.9%。2008年，也就是伯克希尔收购了公司控股权的那一年，公司营业收入为69亿美元，利润率为14.1%。在

2009年的经济衰退中，公司营业收入下滑至50亿美元，但利润率上升至14.8%。从那以后，随着公司净资产的增加，情况一直在稳步好转（见表12-1）。

表12-1　玛蒙集团财务信息摘要　　　　　（单位：百万美元）

	2005年	2006年	2007年	2008年	2009年	2010年	2011年	2012年	2013年
营业收入	5605	6933	6904	6919	5062	5963	6913	7163	6979
利润	556	884	951	977	751	855	1018	1163	1176
利润率	9.9%	12.8%	13.8%	14.1%	14.8%	14.3%	14.7%	16.2%	16.5%
净资产	4495	4486	5037	4311	4840	5393	6065	6854	n/a
净资产收益率	n/a	19.7%	21.2%	19.4%	17.4%	17.7%	18.9%	19.2%	17.2%

资料来源：玛蒙集团2012年年报；伯克希尔2013年年报。

为促进内生性增长，并保持普里茨克兄弟建立的收购传统，玛蒙集团一直在进行再投资。例如，2013年，在普塔克的主导下，玛蒙集团以11亿美元的价格收购了零售行业的饮料机制造商IMI。

八、恪守本分。作为一家综合性企业，玛蒙集团专注于那些从事最基础、最朴实，但至关重要的业务的基础产业制造公司。这些公司通常不会活跃在镁光灯下，也没有很高的品牌认知度。此外，尽管玛蒙集团规模巨大，资本实力雄厚，但它依然保持谦逊。作为一家不愿公开露面的家族拥有的私人企业，玛蒙集团一直非常低调。

九、永续经营。玛蒙集团以其"买入-整合-持有"的理念，在收购领域有别于竞争对手。其竞争对手是专业收购者、杠杆收购者和私募股权公司，这些公司往往更喜欢通过收购和转手获利。玛蒙集团偏爱永续经营，它倾向于保留现任管理层，给予其自主权，并任由其处置公司的大量资本。[27]

玛蒙集团和伯克希尔的相似之处

玛蒙集团和伯克希尔拥有很多共同特征，这也是玛蒙集团是伯克希尔理想子公司的重要原因。除了在控股公司层面有许多相似之处，它们还证明了公司永续经营的可能性——普里茨克家族离开后，玛蒙集团屹立不倒；同理，在后巴菲特时代，伯克希尔也会前景光明。

玛蒙集团和伯克希尔都是通过收购建立起来的，两家公司在进行收购时都按照既定的原则行事。两家公司的收购标准是相似的，特别是它们都坚持以合理的价格收购优秀的企业，并避免和不合适的企业打交道。与此同时，两家公司都不相信战略规划。正如玛蒙集团的一位高管所说："我们不做规划，我们见机行事。"这句话既适用于他的公司，也适用于伯克希尔。[28]

这两家公司都已成长为拥有多种收益来源的企业，构成了庞大的现金流体系。两家公司的表现经常超过标准普尔500指数。两家公司都拥有巨额资本，其子公司可以背靠大树而受益，它们能够开展其他单打独斗的公司无法开展的投资。当然，这些子公司既拥有来自集团近乎无限的资本支持，也负有尽职尽责的管理使命。

从历史上看，玛蒙集团和伯克希尔都是声誉卓著的市场买家。这两家公司之所以能够做到这一点，部分原因在于它们的股权结构。当玛蒙集团做出承诺时，等于是罗伯特·普里茨克和杰伊·普里茨克的承诺，他们的家族拥有这家公司。当伯克希尔做出承诺时，这是控股股东沃伦·巴菲特的承诺。随着时间的推移，大量具有相同价值观的子公司越来越多，玛蒙集团和伯克希尔及其各自的子公司获得了自己独立的声誉，即便普里茨克家族或者巴菲特没有亲自出面，它们也依然广受信任。

最后，玛蒙集团和伯克希尔的创立和发展都离不开那些强有力的领导者，他们给公司留下了不可磨灭的印记。值得一提的是，他们所有人，包括罗伯特和杰伊兄弟、沃伦·巴菲特以及查理·芒格，都拥有与这种领导能力相关的、类似的个人特质：

知之为知之，不知为不知： 罗伯特精通制造业，他专注于此；杰伊擅长交易、金融、法律和税务，他把业务交给了罗伯特；巴菲特和芒格表示，运营和高科技不在他们的"能力圈"范围内，因此他们不碰这些领域。

视野开阔： 罗伯特同时从多维度观察潜在的交易；巴菲特和芒格从机会成本的角度比较投资机会。

耐心： 坚持"长期主义"的价值观，但在决策时（尤其是关于收购的决策）身手敏捷，反应迅速。

明白资本资产需要依靠再投资才能维持： 折旧费用是一种经营成本，在进行现金流分析的时候，不能依照会计惯例而忽略它。

保持冷静和理性： 相信常识的力量，坚持用逻辑思考。

普里茨克家族、巴菲特和芒格在早期运用上述这些能力，是为了建立一家公司；在之后的岁月里运用这些能力，是为了能让公司永续经营。

想不到的是，伯克希尔和玛蒙集团在命名上竟然有着相同的渊源，虽然它们发家的源头早已在历史的长河里湮没无闻。伯克希尔-哈撒韦公司发源于一家已倒闭的纺织公司，而玛蒙公司发源于一家早已倒闭的汽车制造商。1964年，科尔森收购了玛蒙-赫林顿公司，并采用了"玛蒙集团"作为公司名。这个名字有浓厚的美国文化气息。1911年举办的第一届印第安纳波利斯500汽车比赛中，夺冠的汽车产自一家高端汽车制造商——玛蒙汽车公司。

本章小结

当然，每家公司都是独一无二的，伯克希尔和玛蒙集团也有重要的不同之处。例如，在收购方面，普里茨克家族有时候会利用玛蒙集团开展敌意收购，但在伯克希尔，这种情况绝不会发生。我们可以看看一些案例，比如伯克希尔作为白衣骑士，从伊万·博斯基的手里拯救了斯科特-费泽公司。在20世纪80年代，恶意收购处于全盛期，伯克希尔为一些公司提供了应对恶意收购的保护，充当了白衣骑士的角色。

玛蒙集团有时会参与对目标公司的竞价，伯克希尔通常会避免这种做法。例如，1995年，在竞购亚洲特种钢铁制造商阿特拉斯钢铁时，玛蒙集团中标胜出。不过，在参与竞拍的时候，罗伯特·普里茨克强调了玛蒙集团和伯克希尔的共同之处："我们通常是长期投资。我们不只是买卖公司。"[29]还有一点，普里茨克家族会投资困境反转型企业，而伯克希尔没有。罗伯特拥有工业工程技术背景，从运营的角度来看，这种方法是明智的，而杰伊精通财务，可以确保相关的盈利能力。伯克希尔一直避免投资困境反转型企业，因为这超出了巴菲特的能力圈。巴菲特强调，很少有人具有这种"挽狂澜于既倒"的能力，普里茨克家族属于特例。

至于投资者关系，玛蒙集团是一家私有企业，完全由普里茨克家族所有，而伯克希尔是一家上市公司。如果伯克希尔也是一家私有企业，那么玛蒙集团的先例，将是预测后巴菲特时代的伯克希尔的决定性依据。虽然过去发生的事并不能完全用以推断将来可能发生的事，但玛蒙集团之所以能够永续经营，正是得益于其文化特质。尽管玛蒙集团的股权结构已从私人持有转变为上市公司的子公司，也不影响这一点结论。

即便如此，后普里茨克时代的玛蒙集团，还是为后巴菲特时代的伯克希尔–哈撒韦提供了一个潜在的模板。在后普里茨克时代，尼科尔斯和普塔克做出了一些渐进式的改变。如今的玛蒙集团拥有少量独立经营的子公司，并划分为11个事业群。这样的架构更方便新的领导层实施管理，并有助于自身专注于收购和其他增长战略。虽然伯克希尔没有实施类似的管理，但它有这样一张组织结构的蓝图，巴菲特在伯克希尔年度报告中介绍过这些子公司：①保险；②金融；③受监管/资本密集型业务；④制造业、零售业和服务业。玛蒙集团还为希望委派后台工作的子公司提供内部专业服务公司，负责集中处理会计、预算、财务、法律和人力资源事务。伯克希尔赋予每家子公司自主运营的权限，不过它有一套中央会计和审计系统，可以复制玛蒙集团的做法，给子公司提供其他职能服务。

最后，玛蒙集团的收购资金主要源于其产业公司的留存收益，并再投资于其他的产业公司。相比之下，伯克希尔从保险业务中获得了收入，并将其大量的浮存金投资于全资子公司以及一些上市公司和私人公司的少数股权。虽然伯克希尔的一些投资组合不能像其全资子公司那样去定义伯克希尔的文化，但它们阐明了企业文化的概念，有助于我们理解伯克希尔的文化。下一章将探讨伯克希尔投资组合中一些更具启发性的投资。

第 13 章

伯克希尔的投资组合

伯克希尔的股票持仓

当伯克希尔就收购伯灵顿北方圣达菲铁路公司进行谈判时，这家铁路公司的总法律顾问罗杰·诺伯指出，伯克希尔的其他铁路投资可能会引发监管方面的担忧。[1]巴菲特欣然同意，如有必要，可以剥离任何股票投资。很快地，伯克希尔就出售了其在诺福克南方公司1%的股份和联合太平洋铁路公司2%的股份。[2]如果是为了回应同样的监管关切，巴菲特是不会同意出售子公司的。同样，如果伯克希尔面临的保险索赔超过了现金储备，那么巴菲特会优先考虑出售股票，而不是变卖任何一家子公司。对伯克希尔的文化而言，其控股的子公司与其投资组合中持有的少数股权存在诸多差异，持有的期限不同是其中的差异之一。

作为拥有少数股权的股东，伯克希尔可以影响但不能支配诸如诺福克南方公司或联合太平洋铁路公司的事务，甚至包括那些伯克希尔拥有9%到14%股份的公司，如美国运通、可口可乐或富国银行。在这些公司中，伯克希尔不能任命或控制所有董事或高管，也不能设定任何员工的薪酬。相比之下，拥有本杰明-摩尔涂料、通用再保险、利捷航空和其他子公司的全部股票，伯克希尔就拥有了对这些公司的绝对权力，包括雇用和解雇员工的权力，以及利润分配和决定工资的自由裁量权。伯克希尔子公司与伯克希尔投资少数股权的公司最明显的区别就是，子公司的名称后面都有"伯克希尔-哈撒韦旗下公司"的标注。

伯克希尔投资的股票，或者说它持有少数股权的公司，可能会倒闭、被收购、重组，或者成为伯克希尔出售或交易的有价证券。在伯克希尔之前投资过的股票中，由于合并或倒闭而不复存在的企业包括：比阿特丽斯食品公司、大都会/美国广播公司、伍尔沃斯百货公司、通用食品和奈特里德报业。伯克希尔已出售的公司包括：房地美、强生、卡夫食品、麦当劳、中石油、旅行者集团和华特迪士尼公司。此外，伯克希尔为了支付路博润收购菲利普斯特种产品公司的费用，卖出了菲利普斯公司的股票；为了收购一家电视台，卖出了格雷厄姆控股公司（其前身为《华盛顿邮报》）的股票；为了换购一组精选的保险资产，卖出了白山保险集团的股票。白山保险集团由杰克·伯恩创立，他在1976年曾拯救了处于水深火热之中的盖可保险。

相比于伯克希尔子公司的规模，其股票投资组合的规模相形见绌。例如，在2013年底，伯克希尔股票投资组合的总成本为560亿美元，是伯克希尔子公司投资成本的1/3，并不比伯克希尔对子公司的单笔投资（比如BNSF或伯克希尔-哈撒韦能源公司）高多少。[3]这些股票投资的市值为1150亿美元，不到伯克希尔总资产的1/5。[4]今天，伯克希尔公司80%的资产由子公司组成，只有20%的资产由股票构成，这与20世纪80年代早期的情况截然相反，当时伯克希尔80%的资产都是股票，只有20%的资产属于子公司。[5]

有一些公司，如伯灵顿北方圣达菲铁路公司和盖可保险，伯克希尔最初持有它们的少数股权，随后收购其余股权，使其成为全资子公司。从投资的角度来看，对少数股权的评估和对整个公司的评估是相似的，因为两者都包括如何评估一家公司的经济特征，以及如何评估价格与价值的关系。要想成为伯克希尔的投资对象，无论是少数股权还是子公司，一家企业必须有保证其持续盈利能力的护城河。然而，在伯克希尔对子公司的收购中，非经济价值的考虑也扮演着重要角色。在公开市场上购买股票则没有这样的考虑。

伯克希尔在私下谈判的情况下购买少数股权时，非经济价值的考虑也会占有一席之地。比如，购买可转换证券或权证时，案例有20世纪80年代末的吉列和所罗门兄弟，还有2008年金融危机期间的高盛、USG以及其他公司的案例。有时候，还包括入股一家私人公司，如2008年的玛氏公司与箭牌公司。[6]在这类交易中，伯克希尔不仅可以提供经济上的有形对价，而且可以提供有价值的无形承诺，包括自主经营和永续经营。但在大多数常见的股票投资中，伯克希尔都是在市场上匿名购买，没有提供无形承诺的机会。

这些差异意味着，是伯克希尔的子公司，而不是股票投资组合，构成了伯克希尔文化的基本盘。本-布里奇珠宝、克莱顿房屋公司、冰雪皇后、路博润和喜诗糖果等子公司将自己的企业文化融入了伯克希尔的文化。而过去的股票投资，甚至有些比子公司规模更大的投资，比如在2011年以117亿美元买下IBM约6%的股份，或者在2006年和2009以30亿美元买下沃尔玛约1.8%的股份，这些投资最多也只能间接地为伯克希尔的企业文化添砖加瓦。（在表13-1中，我们将伯克希尔的子公司与当前主要投资对象进行了比较。）

伯克希尔的投资组合就像伯克希尔的一个业务单元，相当于一家大型的子公司。虽然被投资的股票不能定义伯克希尔的文化，但对这些股票的买卖反映了伯克希尔的价值观，许多企业拥有强大的文化、恢弘的气度和精彩的历史。其中，有代表性的企业包括：历史最悠久的两家

表13-1　伯克希尔的主要投资组合

投资对象	市值（百万美元）	伯克希尔持股比例（%）
美国运通	13 681 349	14.27
美国银行①	*	*
纽约梅隆银行	828 828	2.15
Chicago Bridge & Iron	733 115	8.90
可口可乐	16 184 000	9.06
ConocoPhillips	957 466	1.10
开市客	528 930	0.99
Deere	339 468	1.04
DIRECTV	2 426 036	6.95
DaVita HealthCare	2 047 671	16.52
埃克森美孚	3 834 548	0.92
通用电气	304 122	0.11
通用动力	1 606 800	2.88
高盛公司	2 184 196	2.88
IBM	12 522 183	6.54
强生	30 891	0.01
卡夫食品	10 317	0.03
Lee Enterprises	302	0.17
Liberty Media	837 897	4.97
万事达	307 180	0.34
穆迪公司	1 842 247	11.59
Mondelez	20 282	0.03
Media General	92 227	5.25
M&T Bank	615 167	4.13
Munich Re	4 415 000	11.20
National-Oilwell Varco	724 519	2.07
精密铸件公司	502 895	1.36
宝洁公司	4 462 070	1.94
赛诺菲	1 747 000	1.70
Starz	160 461	4.97
Suncor Energy	434 980	0.87
特易购	1 666 000	3.70

（续）

投资对象	市值（百万美元）	伯克希尔持股比例（%）
Torchmark	325 226	4.68
美国合众银行	3 137 800	4.33
USG	1 208 246	25.10
维萨卡	314 000	0.24
Viacom	625 311	1.69
Verisk Analytics	105 266	0.93
Verisign	626 998	8.00
WABCO	368 051	6.51
沃尔玛	4 470 000	1.52
富国银行	21 370 054	8.81

注：阴影部分表示投资组合的集中度，突出显示占总投资近70%仓位的股票。

　　表13-1中的股票数据主要来自CNBC，根据伯克希尔–哈撒韦公司提交给美国证券交易委员会的13-F文件（2014年2月14日和2014年2月26日）进行整理，大部分数据截至2013年底。本表还包括各企业2013年底的市值。其中关于非美国本土的股票及其持股比例等补充信息来自伯克希尔–哈撒韦公司的年度报告。

① 2021年底之前，伯克希尔有权以50亿美元的价格买下美国银行（Bank of America）7亿股股票，目前美国银行的市值为110亿美元。伯克希尔可能会在期权到期前夕行使这一期权，届时美国银行将成为伯克希尔持有的最大股票仓位之一。○

（《华盛顿邮报》和现在已经并入宝洁的吉列公司），规模最大的两家（可口可乐和沃尔玛），以及见机买入的两家（一家是高盛，另一家是USG，它也是伯克希尔全面收购的主要候选对象之一）。为了一窥伯克希尔的未来，我们最后会讲到另一家可能被全资收购的公司——亨氏食品。伯克希尔通过与一家私募股权公司建立的新型合作伙伴关系，收购了亨氏食品一半的股份。伯克希尔对亨氏食品的持股比例为50%，所以亨氏食品既不算股票投资组合，也不算子公司，这笔交易为伯克希尔下一时期的交易定义了一种新模式。

○ 截至2021年底，伯克希尔持有美国银行12.8%的股份，持仓成本约146亿美元，持仓市值约460亿美元，美国银行是伯克希尔的第二大持仓股票。—译者注

华盛顿邮报：凯瑟琳和巴菲特相互成就

1973年，伯克希尔买入华盛顿邮报公司的股票；1974~2011年，巴菲特在华盛顿邮报公司董事会扮演着重要角色。巴菲特与公司前后两任CEO——凯瑟琳·格雷厄姆和她的儿子唐纳德·格雷厄姆都保持着密切关系，这也使得巴菲特的这笔投资成为传奇。2013年，格雷厄姆家族出售了这家旗舰报纸，将公司更名为格雷厄姆控股公司。如今，格雷厄姆控股公司还拥有一些其他与媒体相关的资产。此后不久，在2014年，伯克希尔将其在格雷厄姆控股公司的股票换成了格雷厄姆控股公司旗下迈阿密电视台的所有权。[7]

《华盛顿邮报》的历史可以追溯到1877年，当时的出版人斯蒂尔松·哈钦斯希望从民主党的立场去关注和聚焦国家事务。[8]1905年，《华盛顿邮报》被约翰·麦克莱恩收购，他采用了报业大亨威廉·伦道夫·赫斯特的模式，将新闻版面扩充到专题报道和体育报道等领域。1916年，麦克莱恩去世，他的儿子爱德华接替了他的职位。20世纪20年代，爱德华陷入了华盛顿的一桩丑闻——茶壶山丑闻案。这一事件严重干扰了公司业务，导致了公司在财务上的失败。

1933年，为了摆脱破产的命运，《华盛顿邮报》的资产被凯瑟琳·格雷厄姆的父亲尤金·迈耶收购。作为一名来自纽约的共和党银行家，迈耶相信（就像巴菲特后来相信的那样），一份报纸既可以有社会效益，也可以赚钱。这份报纸在迈耶的领导下取得了成功。后来，迈耶被哈里·杜鲁门总统任命为世界银行的第一任行长。之后，迈耶把报纸的控制权移交给女儿凯瑟琳和她的丈夫——菲利普·格雷厄姆。菲利普一直经营到1963年，之后由凯瑟琳接棒，华盛顿邮报公司在两人的领导下，正如迈耶当初所设想的那样，既赚到了钱，又兼顾了社会效益。

　　凯瑟琳·格雷厄姆不顾律师的阻拦，在1971年执意披露了《五角大楼文件》。律师警告说，公布关于越南战争的政府绝密档案可能会让报纸承担刑事责任。对凯瑟琳来说，报纸诚信的声誉更有价值；美国最高法院很快就表示支持《华盛顿邮报》的发表权利，这证明了凯瑟琳的立场是正确的。[9]此外，鲍勃·伍德沃德和卡尔·伯恩斯坦这对富有活力的二人组撰写的有关水门事件的系列文章，也是在凯瑟琳的支持下才得以发表的。水门事件最终导致理查德·尼克松总统黯然去职。凯瑟琳充分授权，让记者和报纸主编本·布拉德利放手去做。这些事件彰显了凯瑟琳和《华盛顿邮报》的务实作风，使其成为当代美国文化中的英雄。

　　在财务方面，迈耶支持公司的利润分红计划，并对员工实施股权激励。对于这家私营公司来说，有必要为大家提供一个股票交易的场所。为了解决这一问题，1971年，凯瑟琳安排公司公开发行B类股票。凯瑟琳保留了大部分A类股票，她的子女保留了其余的A类股票，从而确保格雷厄姆家族对公司的控制权。[10]1973年，伯克希尔收购了华盛顿邮报公司超过10%的B类股票。不过，巴菲特向凯瑟琳保证，他尊重格雷厄姆家族一直以来对这家公司的所有权和控制权。凯瑟琳对此表示赞赏，并在1974年提名巴菲特加入公司董事会。凯瑟琳的儿子唐纳德表示，他几乎与巴菲特同时加入董事会，巴菲特是董事会最重要的外部董事。[11]

　　凯瑟琳和巴菲特之间的关系为公司管理层和股东如何互相成就树立了典范。凯瑟琳盛赞巴菲特教会了她有关商业和金融的基础知识；[12]巴菲特则非常欣赏凯瑟琳的判断力、人生信念和主人翁意识。巴菲特在公司事务、管理战略和收购（包括在全国范围内购买广播和电视媒体）等方面，为格雷厄姆一家出谋划策。巴菲特建议，将公司的养老基金从大银行转移到小公司，这一举措大大降低了成本，增加了收益。巴菲特还建议，用多余的现金回购公司股票。凯瑟琳最终回购了华盛顿邮报公司超过40%的股份，这也导致伯克希尔的持股比例增加到将近25%。

唐纳德·格雷厄姆继承了母亲的职位后，多年来一直维持着核心的报纸业务，同时涉足广播电视、有线电视、教育服务（Kaplan）、在线杂志（Slate）和个性化新闻服务（Trove）等领域。在印刷媒体面临严峻挑战的时代，2013年，格雷厄姆家族以2.5亿美元的价格，将这家旗舰报纸卖给了在线零售商亚马逊的创始人杰夫·贝佐斯。交易完成后，伯克希尔在格雷厄姆控股公司的权益市值约为10亿美元。2014年，伯克希尔以格雷厄姆控股公司的股权作为交换，买入了一家电视台，以最友好的方式正式结束了这段长达40年的合作关系。这家电视台的首字母缩写是WPLG，其中PLG是菲利普·格雷厄姆名字的缩写。

吉列公司：无与伦比的竞争优势

1988年，伯克希尔靠着其反对敌意收购的声誉，以现金出价的方式购买了吉列公司的优先股。在宝洁公司（P&G）2005年收购吉列时，伯克希尔将吉列的股票换成了宝洁的股票。直到今天，伯克希尔的投资组合中，这仍然是一笔令人印象深刻的投资：伯克希尔的买入成本约为3.36亿美元，如今的市价约为45亿美元，占宝洁股份的2%。不过，过去几年，伯克希尔出售了很多宝洁的股票，持有的吉列股份减少了一半。

吉列公司成立于1901年，其创始人金·吉列曾是一名走街串巷的推销员。吉列受不了危险又钝感的直剃须刀，这启发他想制造一种不需要熟练操作就能安全使用的剃须刀。吉列与科学家威廉·尼克森合作，筹集资金成立了一家公司，并为一项发明申请了专利。这家公司最初的名字叫美国安全剃须刀公司，1903年更名为吉列安全剃须刀公司。在吉列等人和他们的继任者的努力下，公司被打造成国际品牌。从20世纪60年代到80年代，吉列公司开展了多元化经营，其业务板块添加了打火机（Cricket）、除臭剂（Right Guard、Softand-Dri）、钢笔（Paper Mate），以及博朗和欧乐B。

20世纪80年代，吉列公司充裕的现金引来了无数觊觎者，其中包括罗纳德·佩雷尔曼，他的一次收购企图被吉列公司董事会击退。为抵御此类市场袭击，吉列向伯克希尔出售了可转换优先股。这样一来，吉列公司就有大量股份掌握在一家反对敌意收购、支持吉列管理层的知名公司手里。巴菲特加入了吉列公司的董事会。吉列公司继续专注于剃须刀业务，同时也实现了业务多元化，收购电池生产商金霸王国际股份有限公司就是一例。截至2004年，也就是吉列并入宝洁公司的前一年，其销售额超过了90亿美元。

宝洁公司是美国最古老的公司之一，其2013年的营业收入为840亿美元。宝洁公司的历史可以追溯到1837年威廉·普罗克特和詹姆斯·甘布尔合作开创的香薰蜡烛事业。[13]宝洁公司是品牌的先驱，它在1850年推出了月亮和星星标志的标识，其产品拥有悠久的历史，比如诞生于1879年的象牙肥皂。1890年，宝洁正式注册成立公司；1931年，宝洁公司创建了正式的品牌管理体系，并给品牌赋予了文化意义。有人说，宝洁公司是市场营销这一领域的开创者。[14]公司的内部增长促进了1946年汰渍洗衣粉和1955年佳洁士牙膏的开发。而公司的外部收购则带来了1957年的Charmin卫生纸和1963年的福爵咖啡。

更大规模的收购紧随其后，其中包括1985年买下理查森-维克斯公司（Richardson-Vicks Company，拥有Vicks、MyQuil和玉兰油等知名品牌），1989年买下Noxell公司（旗下拥有Noxema系列产品和"封面女郎"化妆品），以及1991年买下露华浓旗下的蜜丝佛陀香水和化妆品系列。日渐庞大的业务规模导致公司出现周期性的重组，其中1998年开始的一次重组，按产品分类而不是地理位置对公司业务进行了重新划分。通过品牌管理、产品开发和持续收购，宝洁公司不断成长。

宝洁公司以核心品牌为基础，并稳定建立和巩固新品牌，其企业文化比任何CEO的任期都持久。例如，宝洁公司自成立以来的120年里，曾换过12位CEO，其中德克·耶格尔的任期只持续了17个月，在1999年和2000年上半年。2000年初，宝洁公司的利润下滑，股价暴跌。股票价格1999年从88美元涨到109美元，2000年从1月的114美元跌到3月的53美元，年底前才有所回升，之后开始稳步上升。[15]分析人士认为，耶格尔之所以出现短暂而麻烦的任期，是因为他忽视了"重塑企业文化并不是一个简单、线性的过程"。[16]

宝洁公司和吉列公司认为，它们的合并是一次"伟大的文化匹配"。然而，事实并非全然如此，因为运营实践发生了冲突：吉列是一个去中心化、具有创业精神的企业，大家更喜欢快速做出决定，并通过交换备忘录来协调事务。[17]但是在宝洁公司，大家只有经过多次面对面的讨论，才能做出决定。两家公司合并后，发扬了宝洁的传统，摒弃了吉列曾经的文化。[18]曾经，人们想象过伯克希尔会完全拥有吉列，因为巴菲特曾经多次盛赞这家老牌剃须刀和电池制造商。但是现在，伯克希尔似乎不太可能全部收购宝洁的业务。

可口可乐：百年老店，享誉全球

2013年，可口可乐公司的销售额达到了500亿美元，无论是在它的大本营亚特兰大，还是在世界各地，可口可乐都是一个非常强大的品牌和公司。可口可乐的成功最终要归功于一款单品，它最初是由药剂师约翰·斯特·彭伯顿在1886年用糖、水、咖啡因等原材料混制而成的。

1891年，同为药剂师的阿萨·坎德勒获得了可口可乐产品的控制权，并着手发展业务。1899年，可口可乐成立了第一家装瓶特许经营公司，这是一项面向当地合作伙伴的投资，为可口可乐的品牌打造奠定了基石。其基本的业务流程是，可口可乐公司将可乐浓缩液出售给装瓶商，将其混合成液体饮料，再打包出售给零售商。可口可乐早期的其他里程碑事件，还包括1905年改良配方，以及1916年设计出独特的流线型瓶身。

1919年，坎德勒把公司卖给了欧内斯特·伍德拉夫和一家投资集团，之后公司火速上市。1923年，欧内斯特的儿子罗伯特·温希普·伍德拉夫成为公司总裁，并一直担任总裁至1954年，之后担任董事直至20世纪80年代。20世纪40年代，可口可乐走向全球，在二战前线附近建立了灌装厂。1960年，在CEO威廉·罗宾逊的领导下，可口可乐收购了美汁源公司。1961年，可口可乐推出了雪碧品牌，这是公司首次开展品牌扩张活动，之后公司又开拓了500种不同饮料的产品线。

20世纪70年代，在保罗·奥斯汀的领导下，尽管公司销售业绩差强人意，但问题却接踵而至。先是装瓶商觉得自己不被理解，紧接着是美汁源果园的移民工人受到不公正的对待，继而是环保主义者抱怨其包装，后来联邦监管当局又质疑其特许装瓶系统的合法性。[19]尽管奥斯汀将可口可乐引入中国，并在其他国际市场也取得了一些成绩，[20]但批评人士认为，奥斯汀将业务扩展到水、葡萄酒和养虾业，忽视了公司的旗舰品牌。随着投资者"用脚投票"，可口可乐股价连年下跌，董事会终于在1980年将奥斯汀赶下台，由罗伯托·戈伊苏埃塔接任。戈伊苏埃塔是可口可乐公司最著名的CEO，其任职时间始于1981年，终于1997年。

作为一名传奇商人和华尔街宠儿，戈伊苏埃塔致力于回归本质，专注于可口可乐的品牌建设，重振可口可乐重视产品引领和成本管理的传统企业文化。在戈伊苏埃塔的任期内，他带领公司把利润率从14%提升到

20%，把年销售额从60亿美元提高到180亿美元，把年利润从不到10亿美元提高到近40亿美元，把净资产收益率从20%提高到30%。[21]这一切要归功于可口可乐的全球扩张，以及1982年成功推出的健怡可乐。

当然，在可口可乐重塑辉煌的过程中也出现过一些失误。其一，1985年推出的新款可口可乐惨遭消费者拒绝，这也揭示了核心品牌的力量。其二，可口可乐在1982年收购了哥伦比亚电影公司，但是由于它摸不透好莱坞的运作模式，于是放弃幻想，在1987年又剥离了这笔资产。但这种业务多元化的尝试反而证明了可口可乐公司企业文化的持久性。对哥伦比亚电影公司的投资最后也大赚了一笔，因为可口可乐的收购价是7.5亿美元，最后的卖出价却高达34亿美元。

在1988年和1989年，巴菲特盛赞了戈伊苏埃塔取得的成就，当时伯克希尔买下了可口可乐公司的大量股份（至今仍然持有），巴菲特也加入了可口可乐公司的董事会，一直担任董事至2006年。不过，在戈伊苏埃塔执掌公司16年退休之后，公司CEO如走马灯一般，短短13年就换了4位。尽管偶有失误，但没有什么能够比毁掉可口可乐的品牌或企业文化更具伤害性。道格拉斯·艾夫斯特（1997～2000年在任）将可乐流线型的瓶身换成了更大容量的、让人陌生的形状，这对可口可乐的商标价值是一种损害。道格拉斯·达夫特（2000～2004年在任）解雇了大量员工，严重打击了可口可乐以人为本、终身雇用的企业文化。[22]

然而，正如德克·耶格尔在宝洁的经历告诉我们的那样，改变强大的企业文化并不容易，可口可乐的继任者很快就拨乱反正，让公司重上正轨。已经退休的内维尔·艾斯戴尔重返舞台中央，将公司带回正确的航向。2009年接手的穆泰康恢复了权力下放的结构，以及戈伊苏埃塔青睐的专业风格。他们也都明白国际市场的重要性，尤其是增长前景依然强劲的东南亚市场。穆泰康尤其强调可口可乐最伟大的传统，它拥有数百家下游的瓶装厂商，既立足本地，又放眼全球。[23]

　　对伯克希尔来说，可口可乐是一项获利颇丰的投资，其今天的价值是伯克希尔当初购买它时的12倍。自2010年以来，巴菲特的儿子霍华德一直是可口可乐董事会成员。可口可乐似乎正在蓬勃发展，巴菲特家族也很看好它。巴菲特和芒格依然在伯克希尔年度股东大会上为可口可乐做广告。但一些怀疑论者也提出质疑，现在人们开始从碳酸饮料转向健康饮品，可口可乐的竞争优势还能持续多久。[24]

沃尔玛：从偏安一隅到零售之王

　　在2006年和2009年，伯克希尔先后买下了沃尔玛的大量股份，这家大型零售商在2003年将旗下的麦克莱恩公司卖给了伯克希尔。相对于其庞大的规模，沃尔玛算是一家年轻的公司。1962年，沃尔玛的事业才刚刚起步，它是由山姆·摩尔和山姆·沃尔顿两兄弟在阿肯色州创立的。[25]从开第一家店到增长到18家连锁店，他们花了10年时间。1970年，山姆两兄弟带领公司上市，两年后在纽约证券交易所挂牌。公司业绩一飞冲天，到1979年，沃尔玛的营业收入达到了10亿美元。

　　沃尔玛可谓是内布拉斯加家具城等伯克希尔旗下主要企业的升级版。沃尔玛在销售上的精打细算已臻化境，通过大力削减成本，在很多货品上给消费者提供大幅折扣。进行定期促销的竞争对手必须经常打广告，而沃尔玛的"天天低价"策略则不需要这样的促销费用，从而减少了沃尔玛的广告预算。另一项富有创业精神的创新让人想起了麦克莱恩的成长历程：自建仓储来储存大量的打折商品，然后在方圆百里内开设门店。沃尔玛的第三项创新，做法与乔丹家具类似：沃尔玛建立了大型商店（被称为大型商业超市或者大型购物中心），并为儿童增加娱乐设施。沃尔玛和伯克希尔还有更早的渊源：从1966年起，玛蒙集团的洛杉矶达林分部就是沃尔玛商超展示系统的供应商。[26]

沃尔玛在20世纪80年代的快速扩张让它在1990年成为美国最大的零售商。沃尔玛开始在全球推广其注重预算的创业模式，包括1994年收购加拿大伍尔沃斯百货公司的门店。1997年，沃尔玛取代了伯克希尔曾经投资过的伍尔沃斯百货公司，成为道琼斯工业平均指数的30家成分股之一。沃尔玛的发展呈现几何级增长，其1997年的营业收入突破1000亿美元，公司收购了世界各地的很多同行企业，以巩固其在全球零售商中的领导地位。随着并购步伐的加快，沃尔玛开始进入全球市场，包括墨西哥（1997年）、德国（1997年）、英国（1999年）和日本（2002年）。2003年，沃尔玛的营业收入攀升至2440亿美元。

1992年，山姆·沃尔顿去世，但沃尔顿家族仍然拥有沃尔玛近一半的股票。沃尔顿的儿子成为董事长，戴维·格拉斯成为CEO。直到2000年，格拉斯买下堪萨斯城皇家棒球队，并将领导权交给在沃尔玛担任了20年高管的小李·斯科特。很多人都想知道，如果没有山姆·沃尔顿，沃尔玛将如何生存下去。尽管业绩有些低迷，但格拉斯和斯科特都证明了，在创始人离开后，公司还会延续下去。[27]尽管近些年来，沃尔玛疯狂的增长势头有所减弱，但在迈克·杜克（2009～2014年在任）和董明伦（2014年以后在任）两位CEO的领导下，沃尔玛一直在稳步扩张。2013年，沃尔玛的营业收入达到4730亿美元。

一家迅速获得财富和势力的企业很容易招致各种各样的批评。供应商抱怨沃尔玛滥用其采购权，坚持严苛的定价，强行规定条件，绕过销售代表，并回避独立制造商。竞争对手提出抗议说，沃尔玛在郊区的大规模扩张扰乱了小城镇的市场，让市中心的购物区无人问津，损害了当地零售商、夫妻店和其他小型企业的利益。这些为数众多的小型企业（包括伯克希尔旗下本杰明–摩尔涂料的经销商）曾经是美国经济的心脏。

沃尔玛的员工们面临着低工资和高离职率等问题。社会批评人士质疑，沃尔玛在美国GDP中所占的份额近3%，或与历史上的巨无霸企业相当，比如1917年的美国钢铁公司和1955年的通用汽车。1993年，最具毁灭性的批评重创了沃尔玛。人们发现，沃尔玛的很多商品实际上是由孟加拉国的童工生产的。沃尔玛促销活动中印着"美国制造"的商品，实际上是在海外生产的。

作为对批评和质疑的回应，沃尔玛改善了供应链的监控体系，并对员工的工作条件、社区捐赠计划和其他企业社会责任事宜进行了监督。虽然沃尔玛仍然是一家精打细算的零售商，但它重新赢得了消费者的信任，这让公司有能力抵御亚马逊等新来者的冲击。亚马逊的在线零售可能会对沃尔玛产生的威胁，就像沃尔玛过去对其他零售商产生的威胁一样。总而言之，尽管沃尔玛属于家族控股企业，这在涉及价值交换的谈判收购中颇具吸引力，但它更适合作为伯克希尔的投资对象，而不是子公司。

USG公司：2008年金融危机期间的一笔重要投资

伯克希尔的很多普通股投资，包括期权、认股权证、可转换优先股，或者是陷入困境的公司的债务，其实都是见机行事。每当这个时候，伯克希尔的无形价值都会生动地证明它们的经济价值。历史上的案例可以追溯到20世纪80年代末，当时伯克希尔投资了吉列和所罗门兄弟等公司。从这些企业的基本面看，高股息和有吸引力的转股条件对伯克希尔都非常有利。因为被投资方的管理者看重伯克希尔关于自主决策和永续经营的无形承诺。此外，引入伯克希尔作为股东，也可以阻止敌意收购。

2008年的金融危机凸显了伯克希尔有耐心、放权管理等声誉的长期价值。伯克希尔向美国银行、通用电气、高盛、哈雷-戴维森、瑞士再保险和蒂芙尼等公司提供了不同数额的资金。[28]在信贷市场冻结的情况下，所有这些企业都面临着不同程度的、暂时性的流动性危机。对高盛的投资是伯克希尔规模最大的交易之一。当时伯克希尔斥资50亿美元购买高盛的优先股，股息率10%。高盛如果要赎回这些优先股，需要支付10%的溢价。伯克希尔还获得了一项期权，有权以115美元/股的价格（低于当前125美元/股的市价），购买同样金额（50亿美元）的高盛普通股，这使得这项期权成为"价内期权"[⊖]。

2011年初，随着信贷市场恢复运转，金融行业回归稳定，高盛赎回了优先股。伯克希尔这些年收到的股息，加上回购的溢价，总共赚了18亿美元。2013年初，伯克希尔行使了购买高盛普通股的期权。高盛没有让伯克希尔拿出50亿美元的现金（当时这部分股票的市值约为64亿美元），而是让伯克希尔获得了相当于14亿美元价差的股票。在对高盛这笔50亿美元的投资中，伯克希尔获得的总收益为32亿美元，或者说这几年的收益率为64%。此外，伯克希尔还持有高盛3%的普通股。在此期间，伯克希尔的其他投资也保持着同样的回报率。[29]

从股东的角度来看，在2008年金融危机期间，伯克希尔最重要的投资是将其在USG公司的长期持股增加了近一倍。USG公司是世界上最大的石膏墙板生产商，并一直致力于成为一家低成本的生产商。考虑到石膏墙板行业竞争激烈，消费者对价格敏感，且行业的进入门槛不高，低成本是其至关重要的护城河。[30]

石膏是一种白色矿物，通常被称为雪花石膏，产于北美地区。加热石膏可以去除其水分，并使其结晶成俗称的熟石膏。石膏具有较好的延

⊖ 价内期权是具有内在价值的期权。期权持有人行权时，对看涨期权而言，行权价格低于标的证券结算价格；对看跌期权而言，标的证券结算价格低于行权价格。——译者注

展性，加水后可以塑造成任何形状，在建筑行业中可以通过添加缓凝剂来强化墙体（通常称为干墙或薄板石膏板，薄板石膏板是USG打造的品牌名称）。

19世纪末，美国涌现出了数十家石膏公司，其中的35家在1901年合并为美国石膏公司，这也是USG最初的名字。美国石膏公司由公司的大股东休厄尔·埃弗里经营至1951年。后来，埃弗里应摩根大通的要求去美国钢铁公司董事会任职。埃弗里将USG的文化定义为精打细算、研究驱动、渴求进步，这些文化特征一直延续至今。[31]

USG早期的一次收购发生在1909年，当时的并购目标是萨基特石膏板公司，这家公司是用石膏墙板的发明人奥古斯丁·萨基特的名字命名的。石膏墙板是由夹在纸层之间的多层石膏板构成的，具有隔热和防火的功效。USG改进了萨基特公司的石膏墙板，减少了石膏板的层数，并密封边缘，以避免破碎。20世纪，USG的市场份额保持在1/3到1/2。USG的规模和文化被证明具有持久的竞争优势。20世纪50年代，USG进军国际市场。20世纪60年代，USG打入家装行业。

在1977年之前，USG一直在一些特殊产品的生产中小规模地使用石棉。与佳斯迈威一样，20世纪80年代，大规模的诉讼爆发，USG成为一些案件中的被告。与吉列在同一时期的遭遇一样，USG也曾两次击退了敌意收购。USG为反收购付出的代价是高昂的，包括开展资本重组，并因此增加了大量债务。[32]20世纪80年代末，当美国房地产行业陷入低迷时，USG也大受影响，深陷困境。

USG试图重组其债务，但依然在1991年出现债务违约。挣扎了一年之后，公司在1993年申请破产。在协商"预先打包破产"（prepackaged bankruptcy）的解决方案时（预先打包破产是指债权人同意在公司申请破产保护之前重组债务），USG削减了债务，并保留了其股权价值。[33]房地产市场很快复苏，USG在1996年恢复盈利。USG对其核心业务进行了再投资，建立了新工厂，实现了内生增长。它还通过向保险公司施压，要求其提供保险，从而处理了石棉诉讼问题，避免自身被赔偿责任压垮。

2000年，当USG的市场价格为15.34美元时，伯克希尔购买了其15%的股份。[34]2001年上半年，USG试图保持在石棉战中不被淘汰出局，但不幸的是，陪审团做出不利裁决，这导致形势急转直下，USG被迫屈服。因此，它又一次选择了走破产程序。[35]USG的第二次破产重组持续了5年时间，直到2006年才重新出现转机。由于董事长威廉·富特富有经验，USG再次在保留普通股价值的同时清偿了所有债务。巴菲特称之为"我所见过的最成功的一次破产管理"。[36]

2006年，美国房地产市场的泡沫带来了商业上的繁荣。但当2008年金融危机袭来，房地产市场暴跌时，建筑业的周期性体现得淋漓尽致。USG的股价在2006年飙升至100美元，然后在2008年底跌至6美元。[37]当时正值金融危机最严重的时期，伯克希尔投资了3亿美元购买USG的债权，年化收益率为10%，今后有权以11.40美元/股的价格转换为USG的普通股。[38]

在2009年和2010年，USG遭受了重大损失，并解雇了5000名员工，员工数量减少到9000人。[39]在经济衰退期间，许多公司在研发方面的开支都有所削减，但USG在2008年之后却加大了研发投入。[40]为了满足客户的需求，USG的研究人员创造出了比过去的产品轻1/3的薄板石膏。这种薄板石膏更容易搬运和施工，也节省了不少成本，深受客户喜爱。

2013年，USG恢复了盈利增长。美国经济和USG复苏了，USG的股价也回升至29美元/股。随后，伯克希尔将其债权转换为普通股。除了在5年内获得每年10%的收益外，这一转换还使伯克希尔投资的股票价值翻了一番。伯克希尔的持仓成本很低，债转股以后，伯克希尔对USG的持股比例增至25%，鉴于USG符合伯克希尔的文化，它是全资收购的理想对象。

亨氏公司：伯克希尔少有的合作投资

2013年，伯克希尔做了一件非同寻常的事，它与3G资本联合投资，收购了亨氏公司。3G资本是一家由亿万富翁豪尔赫·保罗·莱曼运营的私募股权投资公司。两家公司分别持有120亿美元的亨氏股份，3G资本通过举债筹集了部分资金，伯克希尔则通过优先股获得了部分投资份额。伯克希尔持有亨氏50%的股份，对伯克希尔来说，亨氏既不是典型的控股子公司，也不是传统意义上的股票投资，而是介于两者之间的一种新型交易结构。巴菲特说，这可能成为伯克希尔未来的交易模式。[41]

1869年，亨氏公司由亨利·亨氏和诺布尔创建，当时名为亨氏–诺布尔公司，主营业务是销售瓶装辣根调味品。[42]公司在1875年的经济恐慌中一败涂地，之后亨利将其重组，重点放在番茄酱上。1888年，亨利接管了公司，并将其改名为亨氏公司。它的营销口号"57种口味"最早出现于1892年。到1900年，尽管这家公司已经有了大约200种产品，包括泡菜、芥末、橄榄和醋，但这句广告语还是为纽约市最早的电子广告牌增添了一抹亮色，在第五大道和二十三街的交汇处，还有一款长达40英尺的腌黄瓜造型广告牌。

作为全球贸易的先驱，亨氏公司于1905年在英国开设了首家海外工厂。亨氏公司的工厂因其安全的工作环境和良好的员工待遇而被视为行业典范。亨氏还与食品行业决裂，公开支持1905年出台的《纯净食品与药物法》（*Pure Food and Drug Act*），这是一项旨在促进加工食品纯度的联邦普通立法。亨利·亨氏支持这一法案，因为他相信，这将有助于提升消费者信心。

1919年，亨利·亨氏去世，公司的权杖传给了他的儿子霍华德·亨氏。1941年，霍华德的儿子亨氏二世继承了他的事业。在亨氏二世漫长的任期内（他担任CEO至1966年，一直担任董事长直至去世），公司在国内外都实现了扩张。1946年，亨氏公司上市，接着又马不停蹄地展开收购计划，包括1963年收购StarKist，1965年收购Ore-Ida食品公司，以及1978年收购Weight Watchers国际公司。亨氏公司见证和参与了那个时代的行业巨变，当时连锁超市开始发展起来，新的经销系统也逐渐出现（伯克希尔旗下的麦克莱恩也是其中的先锋）。

1979年，非亨氏家族成员的安东尼·奥莱利成为公司的CEO，他是一个工作狂，带领公司走向了更大胆的方向。20世纪80年代，亨氏公司又进行了20次收购。面对来自非专利产品的竞争，亨氏公司采用创造性的成本削减措施，如使用更薄的玻璃瓶以减少包装和运输费用，缩小一些产品的尺寸，并尽量减少标签。在20世纪80年代，亨氏公司的销售额翻了一番：从1980年的30亿美元增长至1990年的60亿美元。

在20世纪90年代的全球化进程中，亨氏公司进行了一次重大重组，类似于同一时期宝洁公司的做法，按照产品类型而不是传统的地理区位开展全球的业务布局。按照重组计划，公司关闭了一些工厂，裁撤了一些冗员，剥离了部分资产（其中就包括Weight Watchers国际公司，尽管还和它保持着合作营销关系）。1994～1995年，亨氏公司收购了速冻食品品牌Budget Gourmet，以及宠物食品品牌"桂格燕麦公司"（Quaker Oats Company）旗下的三项业务，分别是Kibbles'n Bits、Gravy Train和Ken-L Ration。

1998年，威廉·约翰逊接替奥莱利担任公司CEO，当时公司的年销售额接近100亿美元。然而，由于约翰逊选择保持规模而不是扩大规模，多年来其销售额一直保持稳定。2006年，出于对业绩不佳的担忧，从"企业掠夺者"转型为股东维权人士的纳尔逊·佩尔茨，在一场代理权争夺中把亨氏公司作为目标，赢得了董事会席位。亨氏公司的业务是持续稳定增长，而不是快速增长，因此其预期远超业绩。2012年，亨氏公司的销售额达到120亿美元，公司仍然以番茄酱闻名于世，同时在全球各地销售数千种食品。

2013年1月，伯克希尔和3G资本提出，以70美元/股的价格收购亨氏公司。这一价格比当前的每股市价大约溢价20%。亨氏公司董事会的回应是要求更高的出价，并强调说，如果买家不承诺继续保持亨氏公司的传统，继续让亨氏公司留在匹兹堡，就不可能达成任何交易。伯克希尔和3G资本将出价提高到72.50美元/股，并承诺让亨氏公司继续在匹兹堡运营。

对伯克希尔来说，这笔交易的不同寻常之处在于，它主动提出了收购要约，这是伯克希尔一直尽量避免的；而且还出现了一位共同投资者，这是伯克希尔一直不喜欢的。还有一点，3G资本的莱曼把收购的想法告诉巴菲特之后，两人同意由3G资本而不是伯克希尔来决定亨氏公司的命运。自两人一起在吉列董事会任职，巴菲特就和莱曼相识，并非常钦佩他。这一决定也为另一个转折埋下了伏笔：莱曼很快任命了一位新的CEO，也就是汉堡王的前任领导，随后进行了一系列的人事管理变动。[43]

作为伯克希尔未来收购的模式，对亨氏公司的这笔投资是明智的。私募股权公司作为合作伙伴，可能会希望在5～10年内出售标的资产，假设它对标的资产的改善是有效的，伯克希尔将收购其余部分。在这种模式下，私募股权公司成为伯克希尔收购的另一个潜在来源，它提供了将私募股权公司的短期需求与伯克希尔的长期资本结合起来的机会。亨氏公司是一家类似伯克希尔的公司，如果伯克希尔以后收购亨氏公司的其余股份，也会有光明的前景。同时，伯克希尔可以在其他收购中复制这种交易模式。

本章小结

除了间接展示伯克希尔的文化外，其投资组合中具有代表性的公司也展示出文化超越个人的力量。无论是《华盛顿邮报》的凯瑟琳·格雷厄姆、沃尔玛的山姆·沃尔顿，还是美国石膏公司的休厄尔·埃弗里，这些令人敬畏的人物都在他们的公司留下了不可磨灭的印记。然而，CEO来来去去，企业文化却经久不衰：在过去的12年里，宝洁公司换过12位CEO，却始终保持着以品牌为中心的一贯文化，而至少有一位CEO——德克·耶格尔发现，这种文化拒绝改变。在过去的13年里，可口可乐换了4位CEO，但它依然保留着早期领导人熟悉的底色（尽管传奇人物罗伯托·戈伊苏埃塔在任期间也留下了自己的印记）。戈伊苏埃塔，和吉列、亨氏等多家公司的历任CEO，以及《华盛顿邮报》的凯瑟琳和沃尔玛的沃尔顿的继任者们，都在提醒我们注意一个事实——很少有商业领袖对自己的公司而言是不可或缺的。

伯克希尔的股票投资组合，可以被视为一家与路博润、玛蒙集团、麦克莱恩、盖可保险、通用再保险、伯克希尔–哈撒韦能源公司或伯灵顿北方圣达菲铁路公司类似的业务单位。对于投资的决策者而言，它们具有同等的重要性。从历史上看，直到2010年，一直是巴菲特和路易斯·辛普森共同负责盖可保险的投资组合业务。2010年以后，伯克希尔又增加了两位子投资组合的管理者——托德·库姆斯和泰德·韦施勒，他们的投资对象包括医疗设备制造商DaVita保健合作公司和卫星电视提供商DirecTV。巴菲特盛赞托德和泰德这对投资界的"双子星"，称他们是"正直的典范，在投资组合管理之外的许多方面对伯克希尔都做出过巨大贡献，而且他们的价值观和公司文化非常契合"。[44]截至目前，投资组合部门的运作，既重申了伯克希尔文化的独特性，也表明了伯克希尔经营的持久性。有关这一点，我们将在本书的下一部分做进一步探讨。

第三部分

BERKSHIRE
BEYOND
BUFFETT

第 14 章

继承者

拉森-朱赫：巴菲特的年轻助手浮出水面

2012年1月，伯克希尔-哈撒韦公司10年前收购的定制相框制造商拉森-朱赫的客户，收到了德鲁·范·佩尔的一封公开信。这位行业的新兵、年轻的高管宣布，他已成为公司CEO，并向公司报告了前任CEO史蒂夫·麦肯齐的离职。麦肯齐在拉森-朱赫工作了20年。[1]这一举动让很多旁观者错愕不已。

拉森-朱赫的起源可以追溯到1893年，当时太平洋相框公司在西雅图成立。当时，相框行业欣欣向荣，随着框架夹具的发明和切割机器的改进，太平洋相框公司也跟着行业一起蓬勃发展。1968年，与另一家成立于10年前的大型相框制造商朱赫公司合并，成为美国西部主要的相框制造商。1988年，朱赫-太平洋公司与拉森相框公司合并，成为行业的领导者。当时，拉森-朱赫在全球17个国家拥有67家制造工厂，为数千家相框店提供服务，满足高端客户的需求。

2001年，拉森-朱赫公司的总裁克雷格·蓬齐奥提议伯克希尔收购自家公司，蓬齐奥曾负责监督1988年拉森和朱赫的合并。巴菲特此前从未听说过这家公司，但在两周内就敲定了这笔交易，当时拉森-朱赫的年销售额为3.14亿美元。蓬齐奥退休后，麦肯齐继续担任CEO。到2005年前后，拉森–朱赫公司开始蓬勃发展，并将业务扩展到艺术品销售领域。然而，在充满挑战的行业经济形势下，公司利润出现下滑。消费者认为定制相框的成本过高，普通定制相框就要花费数百美元，而零售商则认为必须维持高利润率，这样才能给消费者提供更多的款式选择。

在伯克希尔总部，巴菲特请另一位年轻的经理人特雷西·布里特·库尔协助监管伯克希尔旗下的一些小型公司，或者那些需要总部提供帮助的公司，拉森–朱赫公司就同时属于这两类公司。2012年冬天，对于拉森–朱赫的库尔来说，她的一项任务就是寻找接替麦肯齐的合适人选，最终范·佩尔得到了这份工作。从那以后，范·佩尔一直在努力维护消费者的信心，宣扬拉森–朱赫的"强大文化"。范·佩尔一方面要满足相框店对高利润率的需求，另一方面要顾及消费者无法承受过高的价格，他试图在两者的夹缝之间求得一席生存之地。[2]

2009年，巴菲特聘请库尔的这一举动减轻了自身的工作负担，并提升了组织的工作效率。由于伯克希尔的发展呈现爆炸式增长，所以巴菲特要提前为未来做好规划。这些举措有助于让外界对后巴菲特时代的伯克希尔有更清晰的认知，也试着回答了一个被反复提及多年的问题："如果巴菲特被卡车撞了，伯克希尔会怎么样？"[3]

这一问题已经困扰了伯克希尔股东大约20年之久。股东担心的是，伯克希尔的前途命运和巴菲特紧紧相连。如果巴菲特离去，伯克希尔也将好景不长。但经过多年的思想、行动和训练的强化定义，巴菲特已经将伯克希尔的观点和做法制度化，因此在他离开后，伯克希尔将继续发展下去。（巴菲特的健康状况也很好，所以在这个老生常谈的问题中，用这个例子比较合适。）

谁会是巴菲特的接班人

自1993年以来，巴菲特就一直在为他的离任提前准备，他和伯克希尔董事会已经正式制定了接任计划。2006年，巴菲特对接任计划进行了更新，将自己的工作分为两个部分：管理（一位CEO）和投资（一位或多位投资经理）。在投资方面，巴菲特写道：

> 芒格一度是接替我投资工作的潜在人选，最近，路易斯·辛普森填补了这一空缺。辛普森是一流的投资者，在管理盖可保险的股票投资组合方面有着出色的长期记录。但他只比我小六岁。如果我很快去世了，他会在短时间内出色地填补我的空缺，但从长远来看，我们需要一个不同的答案。[4]

因此，伯克希尔聘请了更年轻的投资经理托德·库姆斯和泰德·韦施勒。他们（或者再加一名投资助理来协助他们）应该能够处理巴菲特的投资工作。他们拥有管理证券投资所必需的技巧，而且在过去的一些年份，他们有超过巴菲特的业绩记录。[5]

然而，在许多方面，现在将面临比过去更多的困难。库姆斯和韦施勒只管理伯克希尔投资组合的一部分，2013年底，在伯克希尔1150亿美元的投资组合中，两人各管理70亿美元。如果没有巴菲特，他们最终管理的投资组合规模将远远大于他们过去的管理规模。在其他条件相同的情况下，大规模的投资组合比小规模的投资组合更难跑赢市场。

除此之外，伯克希尔投资组合中的持股数量也将增加。如今，伯克希尔的投资组合以集中投资为主。其最大的四笔持仓分别为美国运通、可口可乐、IBM和富国银行，市值为600亿美元，超过了其投资组合规模的一半；其中最大的八笔持仓（最大的四笔持仓加上埃克森美孚、慕尼黑再保险、宝洁和沃尔玛），超过了其投资组合规模的70%。⊖对于库姆斯和韦施勒来说，他们的职责是监督这些持仓，如果企业基本面出现恶化，则出售这些持仓。如此大的持仓规模（平均每笔持仓约100亿美元）再投资于单只股票的机会将会非常稀有。这意味着必须增加更多不同种类的股票，这样一来就更难跑赢大盘。

与此同时，伯克希尔拥有无与伦比的资本资源和企业文化。对于寻求融资的企业来说，伯克希尔是它们的首选买家。无论是身处困境、资金匮乏的公司，比如2008年的高盛或USG，还是寻求合作伙伴的私募股权公司，比如2013年想要共同投资亨氏的3G资本，伯克希尔都处于独特的地位，能够吸引投资机会。伯克希尔的首席投资官，比如库姆斯和韦施勒等人，会紧紧抓住这些投资机会。

CEO的工作包括：监督子公司、分配公司资本和进行新的收购，这些任务都将是艰巨的。与巴菲特相比，其继任者将面临更大的管理难度。对于每次收购都躬身入局的创始人来说，支持和监督旗下公司的经理人，并在他们之间分配资金是相对容易的；对于其他人来说，这项任务却是艰巨的。尽管如此，伯克希尔子公司的那些CEO还是为伯克希尔提供了人才济济的管理队伍。

作为巴菲特的继任者，也就是伯克希尔的CEO，最重要的特质是要对伯克希尔的企业文化了如指掌，并恪守承诺，包括允许子公司自主决策、永续经营，以及延续之前的收购政策。因此，根据伯克希尔的继任计划，最好的继任人选当然是内部人士，也就是那些伯克希尔子公司的现任高管。在这些候选人里，特别有希望的是那些拥有特长的高管，比

⊖ 截至2021年底，以市值计，伯克希尔最大的四笔普通股持仓分别为：苹果公司、美国银行、美国运通、可口可乐，市值合计2556亿美元，占其全部股票投资的比重为73%；最大的八笔普通股持仓还包括：穆迪公司、威瑞森通信、美国合众银行、比亚迪，市值合计2892亿美元，占其全部股票投资的比重为82%。可见，至少在巴菲特时代，伯克希尔还是以集中投资为主。——译者注

如长期在伯克希尔工作；对规模最大的业务驾轻就熟；拥有和伯克希尔类似企业文化的子公司的经营管理经验。此外，有大型上市公司领导经验者优先。

根据上述因素，似乎可以解释为什么多年来观察人士都认为，巴菲特将索科尔视为头号继任人选。另外，很多人也猜测，桑图里可能是最佳人选。桑图里创立利捷航空，并将其上市，而后又出售给伯克希尔，并在伯克希尔旗下又工作了10年。在此期间，桑图里表现出了认真务实的工作态度，以及不屈不挠的创业精神。但最终，桑图里似乎没有充分表现出精打细算的作风。索科尔将中美能源公司打造成了一家规模可观的上市公司，在十三年的时间里，索科尔为中美能源公司（作为伯克希尔的子公司）进行了精明的收购，将路博润确定为伯克希尔的收购候选对象，在利捷航空推行严格的成本管控，还一度参与了对佳斯迈威的管理。但最终，索科尔因涉嫌内幕交易而黯然去职。

还有很多大有希望的继任人选。在我为本书所做的研究中，包括对伯克希尔内部人士和股东群体的采访和调查，我至少能够确定10位有能力执行收购和资本配置、鼓舞士气、建言献策和偶尔出手应对公司危机的人士。国民赔偿保险公司的阿吉特·贾因是伯克希尔任职时间最长的高管之一。[6]他运营着伯克希尔的资本引擎，是巴菲特给予最多赞誉的高管。不过，贾因没有运营过上市公司。伯克希尔最大子公司的CEO也通常被认为是巴菲特的继任人选，那就是伯克希尔-哈撒韦能源公司的格雷格·阿贝尔，他是最具收购欲望的伯克希尔高管之一。而伯灵顿北方圣达菲铁路公司的马修·罗斯则拥有最丰富的上市公司运营经验，他自1997年以来一直在这家铁路公司担任高管职位。

或许最有切身经验的高管是玛蒙集团的弗兰克·普塔克，玛蒙集团堪称真正意义上的迷你版伯克希尔，普塔克也有着令人印象深刻的收购记录。他曾担任过上市公司伊利诺伊工具公司的联席总裁，还做过晨星公司的董事，富有投资知识。许多其他堪称楷模的经理人也值得一提，比如：通用再保险的泰德·蒙特罗斯，他经营着一家规模庞大、生意兴隆的公司；詹姆斯·汉布里克，他曾领导上市公司路博润，并拥有出色的收购记录；麦克莱恩公司的格雷迪·罗齐尔，他年复一年地在一家去中心化的大型企业里发光发热；克莱顿房屋公司的凯文·克莱顿，他在公司的每个岗位上都经受过历练；飞安公司的布鲁斯·惠特曼是任职时间最长的负责人之一，他管理着一家曾经上市的典型的伯克希尔子公司。这份长长的候选人名单还可以继续列下去。这些例子足以说明，伯克希尔人才济济，可以填补后巴菲特时代的空缺。

继任者在接手巴菲特的工作时，可以借鉴约翰·尼科尔斯接替罗伯特·普里茨克执掌玛蒙集团的做法：将公司划分为由各部门总裁负责的业务单元。巴菲特的继任者可以用同样的方式处理伯克希尔未来面临的挑战：

> 对于一家企业的创始人来说，他亲手创立了一个组织，收购了一些实体，并躬身入局；而对于我来说，我虽然和创始人有着类似的管理风格，但缺乏一线的经营经验。就这点来说，公司创始人和职业经理人有云泥之别。在玛蒙集团，罗伯特保持着非常扁平的组织架构；在伊利诺伊工具公司，我认为应该把业务划分为不同板块。所以，当我来到玛蒙集团时，我们组建了10个不同的事业群，每个事业群由一名总裁负责。这样一来，我就拥有了一批经理人，他们每天都可以制定和实施战略。玛蒙集团大约有150家子公司，涉及10个不同的专业领域，我不可能事必躬亲。[7]

我的改革措施卓有成效：

虽然罗伯特·普里茨克和我使用了许多相同的管理技巧，但玛蒙集团的组织结构发生了变化，在罗伯特奠定的基础之上，我们的企业文化有所改良。我们几乎没有管理层流失，这是我们取得成功的证明之一。[8]

伯克希尔可以按照巴菲特致股东信里的分类方式进行组织：第一大类是保险业务（特别是盖可保险、通用再保险和国民赔偿保险公司）；第二大类是受监管/资本密集型业务（主要是伯克希尔-哈撒韦能源公司和伯灵顿北方圣达菲铁路公司）；第三大类是金融业务（克莱顿房屋公司、CORT和XTRA）；最后一大类，可以按照不同的业务领域做进一步的划分，包括服装鞋帽（伽蓝、布朗鞋业、鲜果布衣、贾斯廷、布鲁克斯）、建筑材料（迈铁、顶点砖材、佳斯迈威、本杰明-摩尔涂料），以及零售业务（明星家具、本-布里奇珠宝、赫尔兹伯格珠宝、内布拉斯加家具城）。

每个事业群都有一位总裁向集团CEO汇报工作。这样的结构简化了管理层级，同时减少了官僚作风，保持了各自业务的自主经营权。这样安排的结果，不仅与玛蒙集团的模式相似，也与麦克莱恩、迈铁和斯科特-费泽的模式相类。数十名继任人选脱颖而出，领导这些业务部门，这将确保伯克希尔CEO的继任大业顺利进行。

伯克希尔的股东群体

大多数公司的继任计划都涉及人事变动，但伯克希尔的继任计划还涉及公司的所有权。因为自1965年以来，巴菲特一直是伯克希尔的控股股东。按照最新公布的数据，巴菲特持有伯克希尔公司21%的所有权，并享有34%的投票权，他在伯克希尔的股份占他净资产的99%。[○]巴菲特计划每年将其持有的伯克希尔股份转移一部分到慈善基金会，从而逐渐减少自己持有的股份，这一过程将在他去世后持续。

例如，自2006年以来，巴菲特每年都向比尔–梅琳达·盖茨基金会转让伯克希尔的B类股票。巴菲特承诺，到2026年将累计转让5亿股（约为目前B类股票的45%），附加条件是盖茨基金会的捐款也须随之增加。实际的运作方式是，只要盖茨基金会出售股份，并且捐款数额和所收金额大致相当，它就有权每年都获得巴菲特的股份转让。巴菲特也向他的子女和已故妻子的基金会进行了类似但规模较小的B类股份转让，总额为1.025亿股（约占B类股票的9%）。这些基金会也以同样的方式变卖股份以发放捐款，但这不是巴菲特承诺捐款的前提条件。⁹

巴菲特的遗产继承人将接替他成为伯克希尔的控股股东，而他的遗嘱执行人将逐步分配他的股份。专家估计这段时间可能长达12年，在此期间，执行人将控制规模巨大但不断减少的伯克希尔股票。作为受托人，执行人将按照巴菲特此前的指示行事，这将涉及挑选和选举董事，监督经理，并根据伯克希尔现行的原则以股东的身份行使投票权。

在巴菲特去世后的10年或更长时间里，他所持有的伯克希尔股票将由他指定的多位股东继承，其中一些股东继承的股份规模将会非常可观。巴菲特将不再是伯克希尔的控股股东，但伯克希尔不会突然转变为一家没有控股股东的企业，而是会经历一个漫长的过渡期。

伯克希尔的股东群体大多认同巴菲特为伯克希尔注入的文化基因，伯克希尔的永续经营也因此得到强化。尽管伯克希尔是一家大型上市公

[○] 伯克希尔有两种股票：A类股票和B类股票，它们代表着不同的表决权和所有权。每股A类股票拥有一份投票权及同等的所有权（以及享有相应的分红权），而每股B类股票则拥有每股A类股票1/10000的投票权，及其1/1500的所有权（以及相应的其他经济权益）。

司，但伯克希尔的股东却更像是企业的合伙人。巴菲特通过在每年的致股东信里反复强调"股东是企业的合伙人"这一观点，并亲自扮演执行合伙人的角色，形成了这一理念。巴菲特向股东坦率地解释自己的商业决策，承认自己的投资失误，并对定义伯克希尔文化的事件进行分类。

与之相应的，伯克希尔股东群体的行为也使其更像是私人企业的合伙人，而不是上市公司的股东。许多持有伯克希尔股票的投资者，其最大的持仓之一就是伯克希尔的股票。[10]在过去的十年里，与其他企业集团、大型保险公司或伯克希尔旗下曾经上市过的子公司动辄3%、4%或5%的年换手率相比，伯克希尔的股票年换手率一直不到1%。[11]

伯克希尔之所以长期保持较低的股票换手率，与其另一项非同寻常的特点有关：伯克希尔的绝大部分股票由个人和家庭持有，而不是由机构和基金持有。通常，大型上市公司大约有70%~80%的股份是由机构投资者持有的。[12]通常情况下，机构的投资委员会可能会根据财务模型和预测做出决策，这些模型和预测可能导致股票以与公司基本面无关的理由进行交易。相比之下，在伯克希尔，绝大部分股票的投票权和所有权是由个人和家庭控制的，他们关注的是伯克希尔独特的竞争优势和企业文化。

伯克希尔的股东们成群结队地参加公司的年度股东大会。参会人数从1997年的7500人增加到2004年的21 000人，再到2008年的35 000人，直至2013年的40 000人。[13]他们研究伯克希尔的年度报告、巴菲特致股东的信和其他参考材料。对于大多数大型上市公司来说，其个人股东表现得理性且冷漠，他们不读公司年度报告，也很少参加股东会议，因为这些会议近乎于例行公事。相比之下，在伯克希尔的年度股东大会上，巴菲特和芒格会进行实质性的业务讨论，股东们对公司的热情显而易见。

伯克希尔不像本-布里奇珠宝或者威利家居那样，它不是一个家族企业，但许多家庭把伯克希尔股票作为他们财务版图的宝贵部分，不但不会出售，甚至代代相传。[14]巴菲特和芒格等伯克希尔高层为股东们树立了标杆。巴菲特的儿子霍华德·巴菲特拥有伯克希尔0.12%的投票权和0.07%的所有权。（说得直观一点，伯克希尔每0.01%的所有权，即一个"基点"，价值约为3000万美元。）[⊖]查理·芒格的八个子女和几十个孙子孙女，合计拥有伯克希尔超过1%的投票权和近1%的所有权。这位德高望重的长辈公开指示说："不要蠢到出售伯克希尔的股票。"[15]

某些持有大量伯克希尔股票的股东还管理着一些机构，这些机构的客户包括一些富有的个人或家庭，他们往往也是伯克希尔的重要股东。例如，伯克希尔公司的董事桑迪·戈特斯曼，他拥有伯克希尔2.02%的投票权和1.29%的所有权。戈特斯曼在1964年创立了第一曼哈顿公司，他的儿子罗伯特·戈特斯曼也在公司担任高级经理，这家公司的客户合计拥有伯克希尔1.91%的投票权和1.22%的所有权。

伯克希尔公司的董事比尔·盖茨持有伯克希尔A类股票，拥有相当于伯克希尔0.45%的投票权和0.26%的所有权。而比尔–梅琳达·盖茨基金会则收到并分配了巴菲特承诺给它的数百万股B类股票（如果算上这一数字，盖茨的投票权将提高到1.32%，所有权将提高到3.70%）。[16]2013年，梅里尔·威特默在当选为伯克希尔的董事后不久，购买了7股伯克希尔A类股票，她也是老鹰资本的老板之一。老鹰资本持有伯克希尔的B类股票，拥有伯克希尔0.16%的投票权和0.53%的所有权。

在其他拥有大量公司股份的伯克希尔董事中，汤姆·墨菲拥有0.14%的投票权和0.08%的所有权（见表14-1）。伯克希尔子公司的管理层也拥有大量的伯克希尔股票。他们中的大多数人都是财务自由的富人，许多人持有的伯克希尔股份，除了不如那些拥有大量股票的董事以外，比其

⊖　截至2022年5月，伯克希尔的市值已超过7000亿美元，其0.01%的股份价值约为7000万美元。——译者注

他的所有人都多。和那些董事一样，他们信仰伯克希尔的企业文化，和公司风雨同舟，和衷共济。

表14-1　伯克希尔董事持股一览表

姓名	出生年份	当选年份	持有A股	持有B股	投票权（%）	所有权（%）
沃伦·巴菲特	1930	1965	336 000	1 469 357	34.41	20.50
戴维·戈特斯曼	1926	2003	19 538	2 393 398	2.02	1.29
查理·芒格	1924	1978	5324	750	0.53	0.32
比尔·盖茨	1955	2004	4350	0	0.45	0.26
汤姆·墨菲	1925	2003	1376	26 976	0.14	0.08
霍华德·巴菲特	1954	1993	1200	2450	0.12	0.07
罗纳德·奥尔森	1941	1997	306	17 500	0.03	0.02
夏洛特·盖曼	1956	2003	100	600	*	*
唐纳德·基奥	1927	2003	100	60	*	*
小沃尔特·斯科特	1931	1988	100	0	*	*
史蒂芬·伯克	1958	2009	22	0	*	*
梅里尔·威特默	1962	2013	7	0	*	*
苏珊·德克尔	1962	2007	0	3125	*	*
合计数					37.70	22.54

注：1. *代表不足0.01%的微量持股，但加起来合计是0.03%的投票权和0.02%的所有权。（最后合计数一栏，未包含微量持股在内。如果加上微量持股，则伯克希尔董事合计拥有37.73%的投票权和22.56%的所有权。）

2. 伯克希尔每股A类股票有一份投票权和所有权，并享有同等的股息和其他权益分配权；每股B类股票的投票权是每股A类股票的1/10 000；每股B类股票的所有权是每股A类股票的1/1500。因此，任何董事或股东的投票权都是其所拥有的A类股份数量，加上其所拥有的B类股份数量的1/10 000；而其享有的所有权则是所拥有的A类股份数量，加上所拥有的B类股份数量的1/1500。附表所列示的数据是截至2013年底的数据。当时，伯克希尔的总市值约为3000亿美元，一个基点（0.01%）的经济价值相当于3000万美元。

资料来源：伯克希尔-哈撒韦公司年度投票委托书（2014年）；Bloomberg（2013年底）。

　　很少有投资者会出于感情方面的考虑而继续持有股票，但伯克希尔的许多股东都视巴菲特为朋友，他们尊崇伯克希尔的企业文化。当然，他们也因为投资伯克希尔而赚了很多钱。例如，1969年创立戴维斯精选顾问公司的谢尔比·戴维斯，个人也持有伯克希尔的股票（未披露具体数量）。现在，这家公司由他的儿子克里斯托弗·戴维斯经营，公

司客户合计拥有伯克希尔1.19%的投票权和0.79%的所有权。其他的一
些长期股东，以和伯克希尔文化相近的公司为载体（比如都看重永续经
营），也持有数量可观的股份，其中包括：Ruane Cunniff & Goldfarb（红
杉基金的运营公司），拥有1.15%的投票权和0.85%的所有权；Gardner
Russo & Gardner，拥有0.53%的投票权和0.40%的所有权；Brown Brothers
Harriman，拥有0.49%的投票权和0.47%的所有权；Markel Corporation，
拥有0.21%的投票权和0.21%的所有权；Tweedy Browne，拥有0.13%的投
票权和0.09%的所有权（见表14-2）。

表14-2　伯克希尔非董事重要股东一览表

	持有A股	持有B股	投票权（%）	所有权（%）
富达基金管理公司	29 493	10 006 024	3.12	2.20
First Manhattan	18 419	2 438 265	1.91	1.22
Davis Selected Advisers	11 367	2 424 072	1.19	0.79
Ruane Cunniff & Goldfarb	10 710	4 773 987	1.15	0.85
先锋集团	3593	76 265 844	1.15	3.31
Capital Group	9332	3 067 498	0.99	0.69
贝莱德集团	1350	79 992 047	0.96	3.33
美国道富银行	830	78 145 827	0.89	3.22
Norges Bank	6233	*	0.64	0.38
Gardner Russo & Gardner	4953	2 317 684	0.53	0.40
Brown Brothers Harriman	4309	5 130 657	0.49	0.47
Bank of New York Mellon	2772	18 467 142	0.47	0.92
First Eagle	3815	*	0.39	0.23
LourdMurray Capital	2838	472 377	0.30	0.19
Legal & General	2203	4 700 001	0.27	0.32
Northern Trust Corp.	307	21 215 675	0.25	0.88
Water Street Capital	1909	3 295 776	0.23	0.25
Intl. Value Advisers	2068	161 530	0.21	0.13
Markel Corporation	1752	2 553 764	0.21	0.21
美国银行	1307	5 434 334	0.19	0.30

（续）

	持有A股	持有B股	投票权（%）	所有权（%）
加州公务员退休基金	1427	3 327 100	0.18	0.22
富国银行	1099	5 363 611	0.17	0.28
Eagle Capital	320	12 625 866	0.16	0.53
Everett Harris	1480	814 362	0.16	0.12
PNC	1418	1 237 468	0.16	0.14
Geode Capital	*	13 629 477	0.14	0.55
Stewart West Indies	1335	*	0.14	0.08
INVESCO	1099	2 057 949	0.13	0.15
Mackenzie Financial	1249	*	0.13	0.08
Tweedy Browne	1184	412 914	0.13	0.09
高盛公司	384	5 624 318	0.10	0.25
摩根士丹利	208	7 497 457	0.10	0.32
American Century	313	1 912 350	0.05	0.10
合计			17.28	21.00

注：1.*代表未披露或者为零。

2.最后合计数一栏，英文原文分别为17.28%和21.00%，实际加总数据为17.29%和23.20%，可能是由于"四舍五入"造成的统计误差。

资料来源：Bloomberg（2013年底）。

经验丰富的投资者通常遵循着传统的智慧，避免将投资组合的持仓集中在一家公司的股票上。例如，一些公开披露持股情况的公司，像苹果、通用电气和埃克森美孚这样的蓝筹股，在其前100大股东当中，很少有人把他们投资组合的5%以上持仓配置到那家公司的股票上。[17]相比之下，伯克希尔的很多股东，就像伯克希尔自身的持仓风格一样，会集中持有少数股票。举例来说，在公开披露的伯克希尔前100大A类股票的股东中，有44名股东持有的伯克希尔股票超过了他们投资组合的5%，其中持股比例最高的是巴菲特。[18]在伯克希尔前100大B类股票的股东中，有17名股东的持仓也非常集中，其中包括巴菲特和其他7位重仓伯克希尔A类股票的股东（见表14-3和表14-4）。

表14-3 伯克希尔A类股票前100大股东名册

	持股数量	持股比例（%）
沃伦·巴菲特	336 000	39.11
富达基金管理公司	29 493	3.43
戴维·戈特斯曼	19 538	2.27
First Manhattan	18 419	2.14
Davis Selected Advisers	11 367	1.32
Ruane Cunniff & Goldfarb	10710	1.24
Capital Group	9332	1.08
Norges Bank	6233	0.72
查理·芒格	5324	0.62
Gardner Russo & Gardner	4953	0.57
比尔·盖茨	4350	0.50
Brown Brothers Harriman	4309	0.50
First Eagle Investment	3815	0.44
先锋集团	3593	0.42
LourdMurray Capital	2838	0.33
Bank of New York Mellon	2772	0.32
Legal & General Group	2203	0.25
Intl. Value Advisers	2068	0.24
Water Street Capital	1909	0.22
Markel Corporation	1752	0.20
Everett Harris & Co.	1480	0.17
加州公务员退休基金	1427	0.17
PNC Financial Services	1418	0.16
汤姆·墨菲	1376	0.16
贝莱德集团	1350	0.16
Stewart W. Indies Trading	1335	0.15
美国银行	1307	0.15
Mackenzie Financial	1249	0.14
霍华德·巴菲特	1200	0.14
State Farm Mutual Auto	1186	0.14
Tweedy Browne Co.	1184	0.14
Boulder Inv. Advisers	1156	0.13
INVESCO Ltd.	1099	0.13
富国银行	1099	0.13
Wellcome Trust	1000	0.12
Clearbridge Investments	933	0.11
Hikari Tsushin Inc.	887	0.10
美国道富银行	830	0.10

（续）

	持股数量	持股比例（%）
Legg Mason, Inc.	778	0.09
Pacific Financial(Clipper)	709	0.08
Baldwin Investment Mgmt	707	0.08
Sleep, Zakaria & Co.	666	0.08
US Bancorp	636	0.07
IG Investment Mgmt.	552	0.06
Eaton Vance Mgmt.	526	0.06
Eagle Capital Mgmt.	520	0.06
Investment Taktiengesell	511	0.06
Troy Asset Mgmt.	500	0.06
Allen Holding Inc.	500	0.06
Universal Investment Co.	471	0.05
Henry H. Armstrong Assoc.	469	0.05
瑞银集团	400	0.05
Timucuan Asset Mgmt.	392	0.05
高盛公司	384	0.04
Virtu Financial	384	0.04
Falcon Edge Capital	377	0.04
Punch Card Capital	373	0.04
Union Investment	371	0.04
Gamco	360	0.04
Whalerock Point	359	0.04
Vontobel Holding AG	347	0.04
汇丰银行	342	0.04
Auto Owners Group	333	0.04
Royal Bank of Canada	322	0.04
Bridges Inv. Mgmt.	314	0.04
American Century Cos.	313	0.04
Ronald L. Olson	306	0.04
Northern Trust Corp. Cos.	307	0.04
Chou Associates	300	0.03
Fayez Sarofim	300	0.03
Credit Agricole	290	0.03
Franklin Resources	289	0.03
Amundi SA	289	0.03
Degroof Gestion Inst.	288	0.03
德意志银行	286	0.03
Burgundy Asset Mgmt.	277	0.03

（续）

	持股数量	持股比例（%）
Brown Advisory Inc.	269	0.03
Hartline Investment Corp.	263	0.03
摩根大通公司	232	0.03
KCG Holdings	221	0.03
RBF LLC	220	0.03
Aviva PLC	218	0.03
Kovitz Inv. Group	213	0.02
摩根士丹利	208	0.02
Fenimore Asset Mgmt.	207	0.02
Budros Ruhin & Roe	201	0.02
Stearns Financial	200	0.02
Shelter Ins. Group	199	0.02
Matthew 25 Mgmt. Corp.	197	0.02
State Farm Ins. Cos.	197	0.02
Great Lakes Advisors	196	0.02
Irish Life Inv. Mgrs.	171	0.02
Suntrust Banks	171	0.02
TDAM USA Inc.	163	0.02
CMT Asset Mgmt.	159	0.02
Ballentine Finn	154	0.02
Insight 2811	153	0.02
Toronto Dominion Bank	145	0.02
Forum Inv. Advisors	144	0.02
Arlington Value Capital	140	0.02

注：阴影部分表示持仓集中的投资组合；持仓集中的投资组合指的是，投资者将其投资组合的5%
　　以上资金投资于伯克希尔（无论是A类股票还是B类股票）；如果一家实体拥有多只基金，其
　　中至少有一只基金属于持仓集中的情况，则被统计在内。

资料来源：Bloomberg（2013年底）。

表14-4　伯克希尔B类股票前100大股东名册

	持股数量	持股比例（%）
盖茨基金会	81 384 404	6.91
贝莱德集团	79 992 047	6.79
美国道富银行	78 145 827	6.63
先锋集团	76 265 844	6.47
Northern Trust Corp.	21 215 675	1.80
BONY Mellon	18 467 142	1.57

（续）

	持股数量	持股比例（%）
Geode Capital	13 629 477	1.15
Eagle Capital	12 625 866	1.07
富达基金管理公司	10 006 024	0.85
D. E. Shaw & Co.	8 297 240	0.70
TIAA-CREF	8 071 048	0.69
Robeco Group NV	7 775 857	0.66
摩根士丹利	7 497 457	0.64
瑞银集团	6 848 650	0.59
Fiduciary Mgmt.	6 809 912	0.58
Alliance Bernstein	6 508 151	0.56
摩根大通公司	5 854 663	0.50
高盛公司	5 624 318	0.48
美国银行	5 434 334	0.46
富国银行	5 363 611	0.46
Fisher Investments	5 190 077	0.44
Norges Bank	5 157 763	0.44
Brown Bros. Harriman	5 130 657	0.44
New York State C.R.	5 126 517	0.44
Manulife Financial	5 067 856	0.43
Ruane Cunniff	4 773 987	0.41
英国法通保险集团	4 700 001	0.49
德意志银行	4 462 645	0.38
Neuberger Berman	4 393 807	0.38
Canada Pension Plan	4 272 687	0.37
SE Asset Mgmt. (Longleaf)	4 240 058	0.36
Caisse de Depot	4 131 100	0.35
T. Rowe Price Group	3 962 531	0.34
Charles Schwab Inv.	3 909 676	0.33
Primecap Mgmt.	3 853 924	0.33
N.Y. State Teachers Ret.	3 733 504	0.32
Columbia Mgmt.	3 625 473	0.31
Sumitomo Mitsui Trust	3 447 571	0.29
加州公务员退休基金	3 327 100	0.28
Water Street Capital	3 295 776	0.28
Cal. State Teachers	3 258 400	0.28
Prudential Financial	3 146 939	0.27
Credit Suisse	3 091 442	0.26
Capital Group	3 067 498	0.26

（续）

	持股数量	持股比例（%）
Rhumbline Advisers	3 020 881	0.26
Mitsubishi UFJ	2 984 453	0.26
Florida State Board	2 982 011	0.25
Adage Capital	2 775 977	0.24
Wedgewood Partners	2 698 966	0.23
Acadian Asset Mgmt.	2 672 776	0.23
Susquehanna Intl.	2 606 017	0.22
Markel Corp.	2 553 764	0.22
First Manhattan	2 438 265	0.21
Davis Select Advisers	2 424 072	0.21
戴维·戈特斯曼	2 393 398	0.20
Janus Capital	2 372 483	0.20
Gardner Russo & Gardner	2 317 684	0.20
Principal Financial Group	2 305 645	0.20
Teachers Advisors Inc.	2 267 430	0.19
Royal Bank of Canada	2 251 053	0.19
Allianz	2 240 609	0.19
Clearbridge Investments	2 236 151	0.19
INVESCO	2 057 949	0.18
Cortland Advisers	2 000 000	0.17
BMO Financial	1 961 063	0.17
American Century	1 912 350	0.16
ING Inv. Mgmt.	1 890 652	0.16
Parametric Portfolio	1 841 284	0.16
Check Capital Mgmt.	1 782 399 ·	0.16
Dimensional Fund	1 768 096	0.16
SQ Advisors	1 754 366	0.16
Frank Russell Trust Co.	1 751 443	0.16
APG All Pensions Group	1 698 381	0.15
Barclays	1 658 413	0.14
Chevy Chase Trust	1 646 451	0.14
Legg Mason	1 586 376	0.14
Sprucegrove Inv. Mgmt.	1 574 265	0.13
Great West Life Assur.	1 558 404	0.13
Wisconsin Inv. Bd.	1 552 376	0.13
Mizuho Financial	1 540 497	0.13
Ohio Public Emp. Ret.	1 518 038	0.13
State of Tennessee	1,490,061	0.13

（续）

	持股数量	持股比例（%）
花旗集团	1 474 054	0.13
沃伦·巴菲特	1 469 357	0.13
Baillie Gifford & Co.	1 463 455	0.13
STRS	1 353 327	0.12
BNP Paribas	1 311 726	0.11
汇丰银行	1 266 295	0.11
Eaton Vance Mgmt.	1 244 371	0.11
PNC	1 237 468	0.11
Wintergreen Advisers	1 222 090	0.10
Klingenstein Fields	1 179 926	0.10
AXA	1 161 424	0.10
Gateway Inv. Advisors	1 132 067	0.10
Prudential	1 125 510	0.10
Weitz Wallace	1 118 981	0.10
Met Life	1 115 353	0.10
Toronto Dominion Bank	1 101 182	0.09
Creative Planning	1 074 700	0.09
Brown Advisory	1 051 916	0.09

注：1.阴影部分表示持仓集中的投资组合；持仓集中的投资组合指的是，投资者将其投资组合的
5%以上资金投资于伯克希尔（无论是A类股票还是B类股票）；如果一家实体拥有多只基
金，其中至少有一只基金属于持仓集中的情况，则被统计在内。

2.英国法通保险集团的持股比例在英文原文中为0.49%，经计算，疑为0.40%之误。

资料来源：Bloomberg（2013年底）。

美国的蓝筹股公司往往拥有相同的主要股东群体，主要是大型银行机构、投资顾问公司和基金管理公司。例如，贝莱德集团、富达基金、道富银行和先锋集团等机构，一般会拥有这类蓝筹股公司2%～5%的股票，在它们的股东名单上占据主导地位。虽然许多机构也拥有伯克希尔，但它们不是伯克希尔的主要股东。

因此，伯克希尔不同寻常的股东团体实际上是由一群易于协调、步调一致的股东构成的，他们拥有相当比例的投票权和所有权，这在美国企业界是罕见的。伯克希尔庞大的、忠实的股东群体一直视自己为公司的合伙人，对伯克希尔及其子公司的股东利益导向信心满满。[19]诚然，对

于股东来说，尽管他们对巴菲特的喜爱溢于言表，尽管他们相信没有人能取代巴菲特，但他们同样相信巴菲特一手缔造的伯克希尔，并相信在巴菲特离开之后，伯克希尔依然会经久不衰。他们拥有的投票权将有助于塑造伯克希尔的未来。

继任者会发现，遵循伯克希尔既往的商业模式才是明智之举。伯克希尔给予子公司管理层自主经营权，以及不会出售子公司的承诺，创造了一项独特的资产。在伯克希尔，如果有任何人提议收回子公司的管理权，或将子公司当作商品出售，必将遭到异口同声的谴责，笃信伯克希尔文化的股东会行使自己的投票权，尤其是在董事选举和撤换时会行使他们的权利。伯克希尔子公司的管理者们也会反对，除了投票之外，他们还会以辞职或离任相威胁。无论是巴菲特的继任者，还是伯克希尔的董事，他们都不希望看到这种混乱局面。

因此，伯克希尔不太可能很快失去其独特的文化魅力，转而成为另一家综合企业集团或并购公司。伯克希尔也许可以没有巴菲特，但伯克希尔的子公司不能没有伯克希尔文化。

伯克希尔：股东的分化与上市的利弊

从许多方面来看，绝大多数伯克希尔股东的观点是一致的。在公司盈利能力和经营业绩保持强劲的情况下，尤为如此。然而，作为一家上市公司，伯克希尔将面临外部压力，危及其对永续经营的承诺。大型上市公司往往会受到股东活跃分子的密切关注，也会受到关心季度和年度业绩的分析师的广泛关注。巴菲特的存在确保了伯克希尔对其价值观的坚守，包括坚持投资的"长期主义"。在后巴菲特时代，持有和巴菲特相同理念的股东，和更倾向于短期收益而非长期价值的股市活跃分子之间，可能会展开一场激烈的拉锯战。

在许多情况下，伯克希尔的传统股东和活跃股东可能会有截然不同的偏好。其中的分歧之一与伯克希尔的股息政策有关，即如果每股收益至少能增加一美元的市值，伯克希尔就会保留这一美元的收益，否则就支付股息。根据这一政策，伯克希尔自1967年以来就没有支付过股息[⊖]。随着伯克希尔的规模增长，以"一美元原则"作为标准的话，其支付股息的可能性将会增加，而形形色色的股东都可能支持这种可能性。与伯克希尔传统不一致的活跃股东，可能会鼓动公司改变股利政策，进行大量且频繁的现金分配。

另一个场景发生在伯克希尔业绩表现不佳的时候。在公司业绩严重或长期停滞的情况下，无论是在某些子公司还是在整个伯克希尔，股东活跃分子可能会寻求彻底改变伯克希尔，不仅是剥离其特定业务，甚至还会提出拆分伯克希尔，或出售其部分业务。他们可能比伯克希尔的传统股东更缺乏耐心。有些股东甚至会同时要求资产剥离和股息分红。

为了应对可能出现的局面，我们不妨想象一下，伯克希尔的忠实股东可能会考虑将公司私有化。私有化是一项艰巨的任务，从来都不是一件容易的事。在伯克希尔，这样做会招致非议。准备分拆公司以获取短期利益的集团会提出竞争性报价，并提起诉讼，质疑过程和价格的公平性。但是，伯克希尔可能会私有化的威胁或许会让那些内心矛盾的股东转而支持伯克希尔的传统价值观，联合起来击败外部的竞购者。

要想私有化，伯克希尔的忠实股东必须让公司的股东数量下降到300名以内，才能继续以集中持股的方式将伯克希尔作为一家私人企业持有（这一数字是区分上市公司和私人企业的法律界限）。根据伯克希尔忠实股东（包括巴菲特和他的遗产继承人在内）的具体持股情况，这个由

⊖ 伯克希尔历史上仅有的一次现金分红发生在1967年。当时每股分红0.1美元，共计分红10.17万美元。如果不分红的话，这笔资金放到今天大约价值17亿美元。——译者注

300名忠实股东组成的团体将掌握绝大多数投票权，至少2/3，甚至有可能多达3/4。这样一来，收购剩余股份需要大约750亿～1000亿美元，这比历史上任何一次收购的规模都要大得多，但考虑到这300名股东所拥有的资源，这是有可能实现的。

真正的挑战在于，如何说服其他股东同意私有化。热衷短线交易的股东肯定会愿意出让股份，以获得相对于市场价格的少量溢价；但是，对于长期信奉伯克希尔文化的股东来说，他们将丝毫不为所动，一如既往地持有伯克希尔的股票。[20]如果后者在股东团体中占了相当大的比例，那么私有化就会失败，但伯克希尔的传统股东还是赢了。这样的结果将最终证明，伯克希尔的企业文化具有持久性。

但假设事实并非如此，不是伯克希尔的传统股东占有更大比例，而是伯克希尔价值观的反对者占了上风，那么就会有足够多的股份被收购，这样伯克希尔的私有化就可能实现。这可能对伯克希尔更加有利。变成由传统股东拥有的私人企业，可能比作为一家置于分析师们和激进股东短期压力之下的上市公司更好。对于伯克希尔来说，当上市公司几乎没有什么好处，反而平添了许多麻烦。

虽然在过去数十年里，伯克希尔可能因为其上市公司的身份和地位，获得的好处远远超过麻烦，但就目前而言，继续当上市公司是否仍然有益恐怕很难说。[21]伯克希尔不需要依靠公开资本市场融资，因为它是资本的净提供者，通过运营产生大量资本，并将其投资于广泛的经济领域。如果伯克希尔想要外部资本，它的去中心化结构使其能够精准定位到有融资需求的子公司。这家子公司可以直接从债券市场发债融资，伯克希尔-哈撒韦能源公司和伯灵顿北方圣达菲铁路公司就一直是这样做的。

同样地，伯克希尔也不像许多公司那样，需要提供上市的股票来奖励管理人员或用于收购。伯克希尔会避免把股票当作红利或支付工具，对董事也不例外；巴菲特只在极少数的情况下才同意这么做，比如交给他的继任者，或者收购一家管理层拥有股票期权的公司（伯克希尔收购伯灵顿北方圣达菲铁路公司即是如此）。伯克希尔很少将其股票用于收购。

上市的受益者更多的是股东，而不是作为一家机构的伯克希尔。对于股东而言，上市最大的好处是有一个流动性市场，可以凭着低廉的成本交易股票；对于一小群非常富有的股东来说，他们更不会在意是否私有化。对于基金会来说，他们需要售出巴菲特承诺转让的伯克希尔股票以获得善款，因此上市很重要。但是话说回来，也可以安排私人配售，这可能是一些买家更喜欢的方式。如果承受短期压力的代价太大，两害相权取其轻，那还不如选择私有化。

还有一点，伯克希尔是独一无二的，它所大力宣扬的价值观是值得效仿的。巴菲特和芒格是美国企业界的标杆人物，也为很多人树立了榜样。如果伯克希尔是一家私人企业，那么它的这些价值观将不会再被公众看到。因此，归根结底，保持上市身份可能是伯克希尔承诺的一部分，也是其身份的一部分。考虑到巴菲特的产业会永续经营，还存在一众的忠实股东，以及伯克希尔文化的兼收并蓄，合乎逻辑的预测是，在后巴菲特时代，伯克希尔仍将无限期地保持上市公司的身份。

霍华德·巴菲特：伯克希尔未来董事长的理想人选

作为一家上市公司，伯克希尔董事会将在后巴菲特时代发挥作用。特别是在制定股息政策和解决股东之间的战略分歧等方面，伯克希尔董事会扮演着举足轻重的角色。伯克希尔的股东将继续根据对伯克希尔文化的忠诚度来选举董事会和董事。巴菲特的继任计划也在考虑董事会本身是否要采取一项行动：任命一位董事长。一直担任董事长和CEO的巴菲特建议，由巴菲特家族的一名成员担任董事会的非执行主席。[22]

因此，伯克希尔将加入很多大型公司的行列，由不同的人分别担任董事长和CEO，已经有越来越多的大型公司采取这一做法。为了填补伯克希尔在后巴菲特时代的巨大空缺，该做法或许是可取的。

尽管人们会设想提拔其他董事担任董事长一职，尤其是像比尔·盖茨这样的重量级董事，但让霍华德·巴菲特担任董事长一职是合乎逻辑的。伯克希尔的其他董事中，有一半的人年龄都在70岁以上。在霍华德这一代人中，他是任职时间最长的伯克希尔董事（见表14-1）。作为巴菲特家族的一员，作为对巴菲特忠心耿耿的儿子，霍华德对巴菲特的价值观以及伯克希尔的企业文化有着独特的观察视角。就继任计划而言，很难找到比霍华德更合适的人选。正如霍华德·巴菲特在写给本书的信件中所说："伯克希尔是我父亲毕生的事业和心血，让它保持永续经营，对我来说意义重大。"[23]

本章小结

伯克希尔的继任计划旨在确保公司的永续经营。通过让优秀的管理者担任以往由巴菲特独力担任的各种角色，可以让继承者顺利接班。巴菲特的遗产计划设计了一个漫长的过渡期，巴菲特作为伯克希尔控股股东的影响力将逐渐减弱。在这一过渡期前后，伯克希尔的一群忠实股东会把自己看作公司的合伙人，他们将为公司的永续经营做出贡献。伯克希尔凝聚着巴菲特一生的心血，注定会长长久久。当然，伯克希尔也会面临很多挑战，我们将在下一章详述。

第 15 章

后巴菲特时代的挑战

XTRA公司：巴菲特的收购方式与众不同

2001年，著名的老虎基金创始人朱利安·罗伯逊向巴菲特暗示，他愿意出售卡车租赁公司XTRA的大量股份。[1]伯克希尔加码，通过XTRA的董事会，向这家上市公司的股东提出了一项收购要约。在公司董事会和股东的支持下，伯克希尔很快就完成了收购。

XTRA公司是卡车拖车商业租赁的行业领导者。公司成立于1957年，1961年在纽约证券交易所上市，并入选道琼斯指数的20只运输股票之列。如今，XTRA公司为大型企业客户管理着庞大的运输车队。比如：联邦快递和联合包裹等物流企业，家得宝、克罗格和沃尔玛等零售企业，卡夫和百事等消费企业，亨特、彭斯克和耶路货运等货运企业。[2]XTRA公司拥有8万辆规模的拖车车队，为客户提供底盘、平板、干式货车、冷藏货车、仓储货车和专业设备。

XTRA公司是美国最早开展平板拖车租赁业务的租赁公司之一，平板拖车是一种早期的多式联运形式，被称为"背载式运输"。[3]有了运载工具，货运拖车可以很容易地接到有轨电车上。从历史上看，运输系统是被分割的，每一种运输方式（驳船、拖车、托盘车、拖拉机、有轨电车、远洋船舶、仓储设施）都与其他的运输工具相互竞争，而不是相互协调。最近的数十年来，XTRA参与了这些运输方式的全球整合，生产出最终适合全球货运运输的多式联运设备。

伯克希尔收购XTRA公司时，其CEO是刘易斯·鲁宾，总部设在康涅狄格州的韦斯特波特，公司从事拖车租赁和货运多式联运业务。不过，公司管理费用高，资产回报率低，利润平平。伯克希尔收购XTRA公司后不到三年，鲁宾就被公司资深高管威廉·弗朗茨所取代，总部从韦斯特波特迁至圣路易斯。此后，XTRA公司剥离了货柜和多式联运业务，专注于卡车租赁业务。这项改革旨在减少管理费用，提高资产利用效率，并提高利润。在伯克希尔收购之后，进行上述任何一项改革都很罕见，更不用说同时进行这三项改革了。XTRA公司的故事提醒大家，尽管伯克希尔一向雄心壮志，并拥有良好的历史记录，很少出手干预子公司的经营，但它终究是一家企业，它的文化没有童话故事。

记住，伯克希尔的模式是有局限性的，犯错也是不可避免的，这有助于公司避免陷入怀旧的陷阱，在未来也能生存下去。阅读巴菲特的年度致股东的信，你会发现他会坦承自己的错误，包括本书里曾提及的那些错误。例如，1993年，伯克希尔收购德克斯特鞋业时，巴菲特误判了情况，并在德克斯特鞋业无法生存时将其并入了布朗鞋业。1998年，伯克希尔对通用再保险的收购最终被证明是有价值的，但在刚收购的那些年份，股东付出了惨痛代价，管理层也为此而焦虑不安。巴菲特很早就吸取了这一教训，比如最初收购伯克希尔–哈撒韦公司，就是非常典型的案例。

在伯克希尔，自主经营权是神圣不可侵犯的。然而，不干涉的做法并不意味着放任自流，尽管这两者看起来很接近。完全放手不管时，即使利大于弊，结果也可能会造成重大影响。收购利捷航空的时候，对其充分放权最终导致了令巴菲特不满意的资产负债表管理和成本结构，这促使巴菲特在2009年要求理查德·桑图里辞职，让戴维·索科尔接手。这种自主权中隐含的信任是导致2011年那场内幕交易危机的原因之一。当时，索科尔在宣布收购路博润之前，自己先行购买了路博润的股票。

巴菲特独具慧眼，知人善任，尤其擅长挑选杰出的经理人。而伯克希尔以高管的长期在任为荣，只有少数例外情况，显得特别扎眼。在20世纪90年代，范奇海默兄弟公司先后更换过几任总裁，包括从斯科特-费泽的部门主管职位上提任的理查德·本特利；1998年，本特利从范奇海默兄弟公司辞职，而他本人和伯克希尔都没有发表任何评论。之后，帕特里克·伯恩继任，但他在公司也只待了两年。[4]2002年，宠厨餐厅的CEO希拉·奥康奈尔·库珀在工作5个月后，毫无征兆地离开了这家公司。[5]2006年，巴里·泰特尔曼从乔丹家具公司的管理层退出，开始了艺术生涯，让他的兄弟艾略特全权负责公司事务。[6]尽管这些离职通常不代表出了什么特殊问题，但它们可能会在子公司引起动荡。巴菲特的继任者必须慎重挑选旗下子公司的经理人。

巴菲特在收购方面有一套独特的方法，这让伯克希尔受益匪浅，但其他人很难效仿。大多数公司，包括大型企业集团，都会拟定正式的并购计划，描绘出扩张的领域和蓝图，有时甚至指明收购目标。相比之下，当巴菲特在年度致股东的信里描述特定的交易时，他称伯克希尔的收购策略是"漫不经心的"[7]和"机缘巧合的"，[8]既不是"精心设计的"，也不是"复杂精密的"。[9]巴菲特认为，伯克希尔没有并购计划是一项强大的优势。任何一项计划，都可能限制判断和决策，而这都是谨慎地进行收购的大忌。

在并购市场上，公司通常会聘请投资银行和其他中介机构进行交易撮合。巴菲特倾向于避免这样做。[10]事实上，伯克希尔通常不会主动发起并购，而是对卖方的提议做出回应。以下是35笔交易的来源，这些交易的信息出现在伯克希尔的公开披露文件里。[11]其中，11笔交易是由卖家主动跟伯克希尔取得联系；[12]9笔交易是巴菲特现在的商界好友跟巴菲特接洽的；[13]7笔交易是亲朋好友联系了巴菲特；[14]4笔交易是伯克希尔直接联系了卖方；[15]3笔交易是经由陌生人或熟人安排的；[16]只有1笔交易来自伯克希尔聘请的经纪人，那就是索科尔聘请花旗收购路博润的那笔非同寻常的交易。

在一笔典型的收购中，会计师负责查验公司的内部控制和财务报表数据，律师则负责调查合同、合规和诉讼情况。这类审核通常在公司总部进行，同时还会举行会议，让主要人物互相了解，并参观工厂设施。这个过程可能会持续几周或数月之久。值得骄傲的是，伯克希尔无须这样做。[17]巴菲特会用很短的时间来评估对方，通常不到一分钟。[18]达成交易时绝不拖泥带水，有时甚至一通电话就能谈妥。[19]开会的话，也通常是不到两个小时就能结束。[20]每个项目一旦开启，它的进度总是"很快"[21]或"迅速"[22]推进，也可以说是"马上"[23]或"立即"[24]完成；一般情况下，每个项目花费的平均时长可能在一个星期左右。[25]

正式合同在一周、十天或一个月之内签订。[26]涉及数十亿美元的大交易也可以在一个月内完成。[27]即使是对上市公司的收购，伯克希尔的交易速度也高于平均水平。举几个例子：中美能源的交易是在两次简短的会议后达成的；肖氏工业的收购在6月提出，8月签署合同；本杰明-摩尔涂料的收购从7月开始，12月结束。

并购双方常常讨价还价。这些套路包括：卖方会给出一个预计不会被对方接受的高价，以及买方会给出一个惊人的低价。有些人喜欢讨价还价，他们认为这是最经济的创造价值的方式。巴菲特认为这样做纯属浪费时间。他想要一口价，在这个价格上，双方要么同意，要么放弃。

巴菲特的出价就是最后的价格。当他给你出价时，你得到的是大多数人认为的"最佳价格""最终报价"或"最高出价"。巴菲特的出价就是伯克希尔会购买并坚持的价格。有几次，卖家找到巴菲特，要求更高的价格，在所有这些情况下，巴菲特都一口回绝，无一例外。[28]

伯克希尔的子公司经历过广泛的收购实践，而接替巴菲特的高管大多拥有丰富的实战经验，他们会把自己的风格和技能运用到并购相关工作当中。但在风格或程序上的偏离并不会破坏伯克希尔的文化。有些人，比如玛蒙集团的高管，显然在很大程度上会遵循巴菲特的做法，他们会把握机会，等待卖方开口；而其他人，如路博润和迈铁的高管，则会制定战略并寻找目标。在收购市场上，如果接班人采取一种更接近巴菲特而非竞争对手的方式，大概率会更有优势。但是，无论他们怎么做，更大的挑战可能是抗拒想要超越巴菲特的诱惑。

罗素公司：去中心化的得与失

21世纪初，在被鲜果布衣收购之前，罗素公司签署了主要的授权协议，生产带有流行标志的运动服装。它与数十所美国大学签订了合同，并与美国国家篮球协会签订了一笔大单。麻烦的是，贴着罗素公司商标的货品实际上是在洪都拉斯等地的工厂生产的。在洪都拉斯，公司高管用木板封住工厂，驱逐工人，以报复他们企图成立工会的行为。

这种不当行为引起了一些人的注意，其中包括一群要求大学终止许可协议的大学生。2009年，洪都拉斯工厂的一名前员工在伯克希尔年度大会上发言，报告了相关情况，并要求公司进行回应。罗素公司的经营活动违反了伯克希尔的诚信和声誉原则，在发现这些问题后，鲜果布衣立即进行了纠正。

罗素工厂事件凸显了巴菲特的继任者将面临的挑战，管理如此庞杂的公司业务绝非易事。这一事件也说明了公司的去中心化也会存在一些弊端。当涉及子公司可能违反公司政策或法律时，信息必须立即送达伯克希尔总部。但现有的管理框架是非正式的，它在很大程度上取决于子公司经理人的自觉性，他们是否能尽早报告坏消息。在伯克希尔"诚信至上"的独特文化背景下，这样的管理框架可能是可行的。而且，既然要给子公司充分的自主经营权，伯克希尔总部也必须相信他们会主动上报。

由于巴菲特还在舞台中央，许多人在某些问题上对伯克希尔不置一词。但巴菲特最终会离开，大家可能不再会无偿信任伯克希尔。继任者不但要保证公司的永续经营，还要保证其诚信可靠。如果伯克希尔不得不控制争议，而不是未雨绸缪，出人意料的结果可能会导致政府机构实施激进的、不利于伯克希尔的改革。罗素工厂事件既是伯克希尔行为规范的一个例外，也是考虑对其子公司进行正式监管的一个理由。

尽管伯克希尔因其良好的企业社会责任意识而广受赞誉，[29]但批评人士抱怨称，在履行社会责任和促进可持续发展等问题上，伯克希尔缺乏全集团范围的报告。[30]伯克希尔的许多子公司，包括布鲁克斯、佳斯迈威、肖氏工业和路博润，都是企业管理的先锋。它们与全球众多精英公司一道，发布正式的社会责任和可持续发展声明，并就公司对待利益相关者（特别是国内外雇员）和环境的方式出具审计报告。

伯克希尔的不同寻常之处在于，它的结构不适合在母公司层面发布正式的公司报告。伯克希尔子公司的数量和规模可能会让人忽视其内部的一些评估和报告工作。批评人士敦促伯克希尔制定统一的政策，包括一份社会责任声明或可持续发展章程。制定集团公司层面的政策可能会过度地干涉子公司的自主经营权，但出具一份综合报告也是有价值的，它可以让外界看到伯克希尔子公司如何采用不同的方式承担社会责任，并确保它们遵守规范。

例如，在地毯行业，肖氏工业让全行业重新认识到自身在环境保护和可持续发展方面的责任。[31]20世纪90年代，人们开始意识到，使用不可生物降解的人造纤维制造地毯会带来很高的环境成本，这些地毯的处理是一项重大的废物管理课题。随后，肖氏工业开始推广地毯回收计划，利用汽水瓶等回收塑料生产合成纱线，并开发了一种聚烯烃衬底材料，将原材料使用量减少一半。

麦克莱恩公司则启动了一项"绿色优势计划"来管理其货运车队。[32]这项计划旨在减少环境影响和提高业务效率。采取的措施包括：通过降低卡车高速行驶速度来提高汽油里程数，以及回收数千加仑的农产品清洗用水。麦克莱恩公司还斥资700万美元，在其配送中心安装高效照明设备，并投资1亿美元研发自动化调度技术，以规划卡车运输，从而降低了车队的运输成本，也减少了对环境的影响。[33]

顶点砖材生产一种环保产品：[34]这种黏土砖材制品提供了有效的隔热，从而减少了能源损耗，降低了制造成本。自1891年顶点砖材公司成立以来，它就在配送点附近建立了工厂，现在的环保设计协议书也采用了类似的方式，要求产地和配送中心的物理半径在500英里⊖以内。[35]顶点砖材还实现了黏土废料和锯末的回收再利用。此外，公司的开垦计划为失去森林栖息地的野生动植物创造湿地。顶点砖材因其在环保方面的卓越贡献，赢得了许多奖项。[36]

在员工保障方面，布鲁克斯和许多服装鞋帽和运动设备制造商一样，对于耐克公司遭遇的客户愤怒记忆犹新。20世纪90年代末和21世纪初，客户因了解到耐克公司的亚洲工厂存在虐待劳工行为，引发大规模

⊖　1英里＝1609.344米。——译者注

的愤怒和抵制以示抗议，公司不得不进行改革。许多因素导致了耐克公司的越界行为，包括竞争激烈的市场、残酷无情的成本压力，等等。20世纪90年代末和21世纪初，运动鞋的价格大幅下降，耐克通过寻找最便宜的制鞋方法来参与竞争，其中包括一些不当的对待劳工的做法。[37]

布鲁克斯没有出现耐克曾遇到的这种困境，这要归功于它专注于高端品牌、高端价格的商业模式。布鲁克斯跑鞋是一种专为跑步爱好者设计的运动装备，在专卖店销售的鞋类单价较高。布鲁克斯不是运动领域的低成本生产商，其海外工厂也不是低成本工厂。正如其CEO吉姆·韦伯在接受本书采访时所说的那样，他的客户很看重公司在承担企业社会责任方面所做的努力。[38]

在伯克希尔，保留子公司的自主经营权至关重要，这既关乎企业文化，也缘于企业之间巨大的需求差异。例如，珠宝公司关注的是合乎道德的矿产开采；家居公司关注的是保护森林环境；运输公司致力于减少燃料的使用和排放；能源公司致力于开发可再生能源。对于一些公司来说，它们优先考虑内部运营，而另一些公司则关注供应链；对于一些管理者来说，他们关心的是员工的安全，而另一些管理者则关注特定的客户类型。对于伯克希尔来说，在子公司各自努力的同时，自身也不妨收集和公布集团整体的工作成果。

随着伯克希尔向国际领域扩张，对内控系统和综合报告的需求可能会增加。一些子公司以全球业务为主，包括迈铁、伊斯卡、路博润、通用再保险等。还有一些子公司拥有重要的海外业务，包括CTB国际公司、冰雪皇后、飞安公司、拉森-朱赫、贾斯廷公司和伯克希尔-哈撒韦能源公司。其中大多数公司，至少在加拿大和墨西哥有一些业务（如本杰明-摩尔涂料、鲜果布衣、佳斯迈威、玛蒙集团），许多制造公司在亚洲拥有或运营工厂（如布鲁克斯和TTI）。不过，从2006年开始收购伊斯卡，到2013年完成收购之前，伯克希尔只收购美国公司。

考虑到全球化的进程将有助于扩大伯克希尔的收购范围，这可能是一个有利的时机，因为在伯克希尔最初发展的数十年里，曾在美国出现的代际家族财富的积累和流动现象，正在亚洲和拉丁美洲重演。不过，在走向全球的过程中，对集中的内部控制和集团报告的需求将会加剧。

内部价值观的冲突与调和

巴菲特的继任者面临的最后一项挑战是，要认识到，即使伯克希尔的所有文化特质都是可取的，其内部的价值观也不可避免地会发生冲突。范奇海默兄弟公司曾经关闭了它在辛辛那提的工厂，在那里它已经运营了一个多世纪，并转移到成本更低的圣安东尼奥，但最终还是关闭了这家工厂。管理者应该如何平衡"成本节约"和"社区影响"之间的关系？这个决定应该由谁来做？是伯克希尔还是范奇海默兄弟公司的管理者呢？

克莱顿房屋公司或迈铁公司的管理者应该如何评估将自动导致工厂关闭或裁员的收购？伯克希尔避免敌意收购，但会给予子公司经营自主权。那么，如果一家子公司提出敌意收购，会发生什么呢？就像普里茨克家族在玛蒙集团的时候，戴维·索科尔在伯克希尔收购中美能源公司之前，偶尔会这么做。

或者说，假设在"基于创业精神的企业扩张"和"保持适度稳健的财务结构"之间出现了冲突，应当何去何从？例如，为利捷航空的核心机队扩张提供资金，其审慎的债务水平是多少？飞安公司如果想获取更多的市场份额，需要多少台飞行模拟器？或者，对于肖氏工业公司来说，什么才更重要？是去中心化组织的自主价值，还是通过垂直整合和集中监督而节省的成本？

伯克希尔的文化为其自身价值体系内的权衡提供了指导。除影响伯克希尔声誉或资本配置的决策外，子公司的经理人对所有事项都有决策权。管理者可以自由行事，但这是建立在总部知情同意和赢得信任的基础上的。违反公司禁令的行为则是不被允许的，它会导致总部收回授权，甚至包括更换CEO。伯克希尔不会容忍道德上的瑕疵。

所有的自主权都有一条底线，那就是前述由子公司自行决策的所有事项，伯克希尔都可以一票否决。这揭示了伯克希尔"股东导向"的终极要义。正如路博润公司的CEO詹姆斯·汉布里克在接受本书采访时所说的那样，他和同事都没有聘任合同，不过他们都为伯克希尔服务，他们都要对它负责。[39]

来自特利丹与通用电气的参考

对伯克希尔永续经营持怀疑态度的人士指出，伯克希尔有可能重蹈特利丹公司（Teledyne, Inc.）的覆辙。特利丹公司是1960年由亨利·辛格尔顿博士创立的综合性企业集团。[40]辛格尔顿通过收购数十家不同的公司建立了特利丹集团，最初的业务集中在科技领域，但最终涵盖了消费、金融和保险等一揽子业务。[41]辛格尔顿和他的联合创始人都是亲力亲为的管理者，积极参与制定业务战略，并为子公司部署战术。他们的敏锐被证明是有价值的，产生了令人印象深刻的阶段性经营成果。

具有讽刺意味的是，辛格尔顿的管理团队是如此有价值，以至于他们成为组织不可或缺的一部分。1989年辛格尔顿退休后的几年里，公司进行了大规模重组。公司首先通过分拆，剥离了一些业务，其余部分则在1996年并入阿勒格尼-陆德伦公司。[42]然后，在1999年，阿勒格尼-陆德伦公司剥离了两项业务，一项是消费产品，另一项主要是航空航天和电子产品。后者也就是今天的特利丹科技公司（Teledyne Technologies Inc.），它在卡内基梅隆大学前校长罗伯特·梅拉比安的领导下，通过收购一步步成长起来。它所经营的科技业务与原来的特利丹公司类似，但却是一家完全不同的公司。[43]

伯克希尔的文化与早先的特利丹公司截然不同，因此这种命运不太可能发生在伯克希尔身上。伯克希尔是彻底去中心化的，管理者拥有巨大的自主经营权。所有的经营决策，包括雇员、仓库、制造、采购、营销、分销、定价等，都是由各子公司的经理人自行做出的。伯克希尔总部没有会议，没有预算或规划活动，也没有官僚主义习气。

伯克希尔的经理人天生具有创业精神，他们有权按照自己认为合适的方式来保护和拓宽各自公司的护城河。伯克希尔去中心化的企业文化，以及长期主义的经营视角，不只是其现任董事长的个人特质，还融进了企业日常运营中。辛格尔顿在特利丹实行的是集权管理，他对公司来说是必不可少的；而伯克希尔奉行的是去中心化，所以巴菲特并非不可或缺。

另一个可以拿来进行比较的案例是通用电气公司，这是一家与伯克希尔规模相仿的大型企业集团。1892年，托马斯·爱迪生将他成立14年的电气公司与另外两家公司合并，共同创立了通用电气公司。直到今天，在很大程度上，通用电气的文化仍然要归功于爱迪生的价值观和领导力，尤其是他的发明精神。今天的通用电气也体现了杰克·韦尔奇留下的印记。1981~2001年，韦尔奇曾担任通用电气的董事长，他的事迹至今仍为大众所津津乐道。他曾宣布，通用电气只会保留排名第一或第二的业务。他说，其他所有业务都将被关闭或出售。这种要求传达了"适者生存"的目标，促成了一个高度竞争的企业文化。弱肉强食，适者生存，那些不符合标准的业务被扔进了通用电气历史的垃圾箱。

巴菲特向伯克希尔灌输了一种异于通用电气的文化，这种文化可能会持续更久。伯克希尔的做法是，只做一次收购决定，即在决定是否收购的时候。它寻找的是那些已被证明盈利能力较强、经营管理优秀、杠杆率低、股本回报率高的企业，一旦进行了收购，就绝不轻易关闭或出售一家企业。伯克希尔的股东手册写道：

> 不论价格高低，对于出售伯克希尔拥有的任何优质公司，我们都没有丝毫兴趣。只要我们预期子公司至少能产生一些现金，只要我们对子公司的经理人和劳资关系感觉良好，我们也非常不愿意出售表现不佳的企业。我们希望不要重蹈资本配置错误的覆辙，正是这些错误让我们陷入了如此糟糕的境地。有人建议，可以通过主要的资本支出，让我们认为糟糕的那些业务恢复令人满意的盈利能力。对于此种建议，我们采取了非常谨慎的反应。然而，"金拉米式"（ginrummy）的管理行为（每次都放弃你认为最没有希望的业务）不符合我们的风格。我们宁可让我们的整体业绩受到一点损失，也不愿抛弃旗下的任何事业。[44]

本章小结

伯克希尔的收购模式、不干涉的管理方式、缺乏非财务方面的集中报告，以及去中心化结构，有时会造成问题。记住这些挑战，扬长避短，将有助于伯克希尔的长治久安。想学习伯克希尔运作模式的局外人，也应当根据自己的实际情况适当进行调整，而不是盲目模仿，东施效颦。我们将在最后一章探讨这一话题。

第 16 章

伯克希尔，精彩继续

美国商业新闻社：和伯克希尔的双向选择

2000～2009年，洛里·洛基每年都名列《慈善纪事报》（*chronicle of Philanthropy*）最大的捐赠者之一。[1]洛基创立了美国商业新闻社（Business Wire），后来在2005年被伯克希尔以6亿美元的价格收购。洛基出生于俄勒冈州的波特兰市，毕业于斯坦福大学，他的捐款对象是包括波特兰州立大学、斯坦福大学和俄勒冈大学在内的多所大学。截至伯克希尔收购时，洛基的捐赠总额已达1.6亿美元；收购以后，捐赠总额更是超过4亿美元。[2]

二战期间，洛基曾在美国陆军服役，后来担任《太平洋星条旗报》（*Pacific Stars & Stripes*）的编辑。之后，洛基又进入斯坦福大学主修新闻学，并担任校报编辑。后来，洛基供职于现已更名为合众国际社的合众通讯社，以及多家报纸和公关公司。

1961年，洛基在旧金山租了一间9×12英尺的办公室，以独资企业的方式运行美国商业新闻社，一开始只有7名客户，[3]其业务聚焦于向新闻机构分发企业新闻稿件。在四个月内，洛基将客户数量从7位增加到22位。在那些日子里，工作人员的主要任务是输入客户通过电话收到的信息。

没过几年，洛基就在波士顿和西雅图设立了办事处。

1979年，洛基在旧金山的一家报纸上刊登了一则分类广告，他面试并雇用了一名25岁的英语专业学生凯茜·巴伦·塔姆拉兹。塔姆拉兹通过电话记录口述内容，然后编辑客户提交的新闻稿件，统一格式后分发。1980年，洛基在纽约开设了办事处。由于塔姆拉兹是纽约长岛本地人，曾在那里当过一个夏天的出租车司机，所以由她在当地冲锋陷阵。

在接下来的三十年里，洛基、塔姆拉兹和数百名员工一起，将美国商业新闻社发展到在全球拥有30家办事处，在世界范围内产生了超过1亿美元的营业收入。在互联网时代，美国商业新闻社迅速适应环境变化，利用一切可以利用的技术；在全球化的背景下，它同样灵活地在全球范围内扩展业务，从欧洲开始，然后逐渐渗透到亚洲各地。今天，美国商业新闻社拥有超过25 000家客户，为其在全球150个国家发布新闻。

2005年11月，塔姆拉兹给巴菲特写了一封信，解释她为什么认为美国商业新闻社和伯克希尔将会是很好的合作伙伴。下面这段话引人注目：

> 我们管理严格，尽量减少不必要的开支。这里没有秘书，也没有高高在上的管理层。但是，如果是为了获得技术优势，推动业务发展，我们不惜一掷千金。[4]

2005年12月，洛基任命塔姆拉兹为公司总裁兼CEO。2006年1月，伯克希尔同意收购美国商业新闻社。正如巴菲特在描述此次收购时所说：

> 洛基的故事就像许多选择伯克希尔的企业家一样，他们把伯克希尔作为自己为之奋斗一生的事业的归宿。美国商业新闻社提供了一个绝佳范例，让人们看到一个好主意，一个人才，再加

上努力工作，在一起可以碰撞出什么。[5]

本书提到了许多靠节俭、认真、真诚、主动而取得成功的案例。那么，我们能从伯克希尔及其子公司那里学到什么呢？

伯克希尔的文化特质是为其特殊环境量身定做的。伯克希尔拥有一个非典型的股东群体，他们喜欢公司的独特性。本书描述的伯克希尔经理人和子公司员工，其普遍特征就是他们相信企业文化的重要性。从伯克希尔的案例来看，我们可以通过践行特定的价值观来受益。伯克希尔在许多领域提供了值得借鉴的经验。

从伯克希尔可以学到什么

伯克希尔之所以能管理如此庞大又复杂的组织，其秘诀就是精简管理。从极其成功的业绩记录来看，伯克希尔似乎管理有方，因此可能会有一个值得研究的商业管理模式。但深入研究的结果可能会令人感到惊讶。你找不到关于预算审查、客户会议、营销、现值分析、组织结构图、人力资源管理或其他商学院会教授的东西。伯克希尔并不使用这些工具。

从伯克希尔旗下子公司的故事里，可以归纳出一些基本原理，而不是典型的教科书式的经验教训。首先，要擅长精打细算，特别是要将成本最小化，这是盖可保险、家具和珠宝商店等商业模式的基础，在这些生意中，低价会增加销量和利润。一个相关的启示是：避免成本高昂的债务。在大萧条期间，本·布里奇曾经经历过使用杠杆的危机，他的传承五代经营的珠宝连锁店一直明智地避开杠杆操作。伯克希尔的其他子公司后来也在公司历史上吸取了这一教训。例如，鲜果布衣在20世纪80

年代因过度杠杆收购导致破产。比尔·查尔德从挥霍无度的岳父手中继承了威利家居。森林河房车和东方贸易公司是最近的案例。

将利润再投资于有前途的业务，这是伯克希尔文化推动其收购的核心堡垒。就像路博润的詹姆斯·汉布里克所做的，依靠并购新业务保持公司活力；像迈铁公司那样，通过稳定的"补强型"和"增强型"收购来建立一家公司；或者像伯克希尔-哈撒韦能源公司那样，成为行业的中坚力量。同时，避免向再投资回报率不高的企业增加投入，比如《布法罗新闻报》和喜诗糖果。还有一点是致力于永续经营，但知道何时退出，就像巴菲特在20世纪80年代关闭了伯克希尔-哈撒韦的纺织工厂，20年后又关闭了德克斯特鞋业的制造工厂一样。

培育企业家精神，回报可能是巨大的，比如克莱顿房屋公司围绕人造住房业务，建立起多重收入流；顽强的小约翰·贾斯廷，成功打造了牛仔靴和砖材的品牌；伽蓝则建立起"伽蓝动物"系列产品线；无论是飞安公司培训飞行员，还是利捷航空提供共享飞机的部分所有权，都创建了全新的行业模式，填补了相应的市场空白。鼓励小微企业一步一个脚印地成长和壮大，即使是没有系统规划，也可以做到集腋成裘、积沙成塔。就像冰雪皇后一样，它的建立来源于无数成功的加盟故事。此外，通过现有产品的地域扩张来推动增长，麦克莱恩在这方面就做得很好，它在全国各地都建立了物流配送中心。

不过，除了要开疆拓土、勇往直前以外，也要坚持做好自己的主业，例如伯灵顿北方圣达菲铁路公司，一个半世纪以来都坚守铁路行业。伯克希尔的其他子公司曾因为错误的多元化经营而受挫，如盖可保险曾试图向保险客户提供信用卡，肖氏工业曾试图打造自己的地毯品牌，与零售客户竞争。通用再保险的过度承保一度让其身陷险境。佳斯迈威因为无视石棉的危害差点破产。要学会从上述错误中吸取教训。

此外，给予商业合作伙伴充分的自主权，他们很可能会闯出一片天地，比如本杰明-摩尔涂料的油漆经销商、克莱顿房屋的区域经理、冰雪皇后的加盟商、斯科特-费泽的产品经销商，或者宠厨的厨房顾问，等等。此外，还要尽可能地支持商业合作伙伴。比如伯克希尔曾支持宠厨的厨房顾问，避免他们的产品受到抵制。尽管面临经济不景气的挑战，伯克希尔仍然支持本杰明-摩尔涂料的分销商。但是，支持归支持，不能让任何人破坏公司的商业声誉。对于游走于尺度边缘的管理者，绝不能心慈手软，手下留情。

对于家族企业来说，要解决令人烦恼的固有挑战，就要强调家族声誉和传承的价值观。出售给伯克希尔的家族企业，比如喜诗糖果、乔丹家具、明星家具、威利家居、本-布里奇珠宝、赫尔兹伯格珠宝、范奇海默兄弟公司、内布拉斯加家具城，都拥有强大的企业文化，就算没有伯克希尔，这些企业也能维持下去。但是，随着家庭成员的增加和个人利益的复杂化，把公司出售给伯克希尔，既强化了永续经营的能力，也增强了公司运营的灵活性。

公司要赚钱，赚很多钱，但不要忽视长期的视角。我们来对比一下布鲁克斯公司的情况：在一系列短期股东的运作下，布鲁克斯苦苦挣扎了数十年；归属伯克希尔后，布鲁克斯的经营视角可以放眼50年，它也因此蓬勃发展起来。要知道，人们看重无形资产，尤其是对永续经营的承诺，这一点在伯克希尔的众多收购中随处可见。伯克希尔经常能以低于商业价值的价格收购公司，其中大多数都是家族企业；还有一些因破产而收购的公司，如鲜果布衣和佳斯迈威；以及其他几家公司，包括冰雪皇后和利捷航空。

最重要的是，要强调诚信为本，这是伯克希尔众多故事的核心。比如，克莱顿房屋公司如何为客户着想；国民赔偿保险公司如何提供铁打的保险承诺；以及玛蒙集团的普里茨克兄弟，和巴菲特本人，他们是如何做到一诺千金的。

马克尔公司：微缩版的伯克希尔

许多人都想复制伯克希尔。他们梦想创建伯克希尔式的企业集团，就像看到一部文学名著，想要模仿写出一部伟大的小说一样。模仿者不太可能达到和伯克希尔同样的规模或同样的结果，但建立迷你版的伯克希尔还是有希望的。很多公司，包括伯克希尔–哈撒韦的几家子公司——迈铁、玛蒙集团、斯科特–费泽和伯克希尔–哈撒韦能源公司，都有意识地采用了伯克希尔的模式。

在一众模仿伯克希尔的公司当中，马克尔公司是其中的佼佼者。马克尔公司是弗吉尼亚州里奇蒙德的一个家族企业，已经传至家族第三代，它在保险领域有着深厚而持久的根基。自1990年以来，马克尔公司就购入了数量可观的伯克希尔股票。除此之外，这家市值达数十亿美元的上市公司管理着令人印象深刻的证券投资组合。自2005年以来，马克尔公司已经收购了十多家公司，这些子公司从事各种各样的业务，包括制造、消费、医疗保健、商业服务和金融服务等。并且，马克尔对子公司的收购遵循着和伯克希尔相似的价值观体系，[6]其中最主要的是，马克尔也提供"永续经营"的承诺。

通过采用伯克希尔的模式，马克尔等公司在收购市场上创造了相对于对手（如私募股权投资公司和杠杆收购运营商）的竞争优势。其优势在于，这些公司使用自己的企业资本进行投资，而竞争对手则利用他人的资金进行投资，期望在短时间内获得回报。举例来说，从设计机制上看，私募股权公司更有利于短期交易，因为它们创建的基金通常只有10

年的寿命（5年播种，5年收获），而投资者在6年后会要求兑现回报。支持者解释了这种商业模式的优点，它的价值源于诸如纪律和专业等特性。[7]伯克希尔及其效仿者则通过提供自主决策、永续经营和其他有价值的非金钱利益，来参与并购市场上的竞争。

对于上市公司来说，从伯克希尔引进的最重要的价值观，是它的长期经营视角。在分析师和活跃股东的持续监督下，上市公司的管理者面临着交出短期业绩（比如最近一季度）的巨大压力。然而，如果能忽视短期波动，长期收益会随着时间的推移而获得复利增长。对于一家上市公司而言，专注于长期的目标，并在5年或10年的周期内取得成果，可能是一项有价值的成就。

如何平衡工作与生活的关系

巴菲特曾开玩笑说，他的工作太棒了，他会跳着踢踏舞去上班。他引用罗纳德·里根的名言：“人们说，努力工作不会导致死亡。但我想，为什么要冒这个险呢？”然而，无论伯克希尔掌舵者的情况如何，子公司的管理者通常工作繁重。为了打造本书中所讨论的这些企业，公司创始人和领导者通常要付出一些个人生活方面的代价。我们已经看到，一些领导者强调了平衡的重要性，比如多丽丝·克里斯托弗为了使事业和家庭生活相平衡，创建了宠厨餐厅；小巴尼特·赫尔兹伯格在7岁的儿子批评他是工作狂后，减轻了自己的工作量。

B夫人也是工作狂。除了她的家庭，她的生活里只有经营内布拉斯加家具城这一件事。作为一个家族企业，许多家庭成员也在此工作，家庭和企业之间几乎没有什么明确的界限。她的商店就是她的全部存在，她醒着的大部分时间都在里面度过。晚年时，B夫人承认：“我现在一个人住，这就是我一直工作的原因。我讨厌回家。我工作是为了避开坟墓。"许多人对她的这种耐力感到惊奇，有些人认为这值得效法。[8]但大多数人会说，无论辛苦工作能带来多少回报，除了工作以外，他们还希望拥有自己的生活。

吉姆·克莱顿在自己的回忆录中，庆幸自己一生事业有成，但也提到了他的三段婚姻。[9]其后代同时继承了家族企业的好处和坏处，坏处通常包括：复杂的人际关系和令人喘不过气的家族期望，这可能会导致他们出现酗酒、好赌或其他不良行为。据报道，这种情况在特伦斯·渡边身上就发生过。渡边是东方贸易公司的第二代所有者和管理者，2007年他在拉斯维加斯的赌场累计赔了1.27亿美元，弄得几乎倾家荡产。[10]哈里采取了另一种极端的做法，他完全不插手家族的巧克力生意，专心打理自己的葡萄园。

贾斯廷公司的CEO兰迪·沃森提供了明智的建议："努力工作是件好事。但是，如果你有孩子，请参加他们所有的活动。你可以在一家公司工作30年甚至50年，但你的孩子只能读一次小学一年级。"[11]宠厨的前CEO玛拉·戈特沙尔克奉行"努力工作，尽情玩乐"的座右铭，她赞同沃森的建议，并指出这条建议适用于孩子们的成长始终："下班后，我要去陪我的女儿练习游泳。"[12]

慈善精神在伯克希尔蔚然成风

洛里·洛基这位慈善家就像催化剂一样，感染着伯克希尔的其他经理人，他们也纷纷慷慨解囊。另一个非同寻常的例子与飞安公司创始人、已故的艾伯特·李·乌尔奇发起的项目有关。终结失明是他的夙愿，乌尔奇创建了ORBIS国际飞行眼科医院，为世界各地的外科医生提供培训。乌尔奇和他的儿子詹姆斯，致力于在发展中国家根除白内障致盲风险。为了做到这一点，他利用在飞安公司习得的知识，创建了手术模拟设备，培训眼科医生为当地社区服务。

慈善精神的第三个典范是长期担任赫尔兹伯格珠宝CEO的杰弗里·科门特。多年来，每逢圣诞节，科门特都会装扮成圣诞老人，走访美国各地的儿童医院，和罹患重病的孩子们一起分享欢乐。科门特在他催人泪下的自传中说，他之所以要这么做，是因为他在这些孩子身上看到了奇妙的、纯真的希望。[13]

伯克希尔一些子公司的客户、员工和其他相关人士都参与了慈善活动。例如，冰雪皇后的数千家加盟商支持着儿童奇迹网络医院的运营。[14]自1984年以来，医院已经收到了超过1亿美元的捐赠，使冰雪皇后成为医院"创办者"（Founders Circle）中为数不多的公司之一。[15]冰雪皇后筹措的善款主要来自顾客捐赠的零钱、商店举办的活动，以及"奇迹气球"的爱心销售。自1986年以来，麦克莱恩的员工也为儿童奇迹网络医院筹集了超过6500万美元善款，位列医院的"合伙伙伴"（Partners）。[16]

伯克希尔子公司高管感兴趣的慈善活动具有多样性，就像伯克希尔集团的多元化一样。小约翰·贾斯廷对美国西部传统和牛仔竞技充满热情。1988年，他出资340万美元，在得克萨斯州沃斯堡建立了总耗资为1740万美元的威尔-罗杰斯马术中心。[17]在小贾斯廷的支持下，全美马术总决赛创建了一个运动医学项目，其中包括贾斯廷牛仔危机基金，为受伤的牛仔竞技表演者及其家人提供经济援助。[18]

同为得州人的小德雷顿·麦克莱恩是家族食品杂货批发商和分销商的第三代管理者，他是贝勒大学的慷慨捐赠者，[19]其捐赠包括学校中央行政大楼的48音铸铜钟楼。

犹他州的比尔·柴尔德和他的家人一起创立了威利家居，他向美国印第安人服务机构捐款数百万美元，并为印第安人提供奖学金。像麦克莱恩和其他伯克希尔公司的管理者一样，柴尔德也支持高等教育，他向犹他大学、杨百翰大学、迪克西州立大学和韦伯州立大学捐赠了大笔资金。2003年，柴尔德家族向犹他大学医院捐款300万美元，成立威廉-帕特里夏·柴尔德急救中心。

　　来自新英格兰地区的哈罗德·阿方德是德克斯特鞋业的创始人，他30亿美元的净资产几乎都拿来支持缅因州和马萨诸塞州的大学、奖学金和社区中心。哈罗德资助了波士顿学院、缅因大学和马萨诸塞大学的建设项目，通常也会要求学校与周边社区共享这些基础设施。[20]

　　从事慈善事业意味着付出金钱和时间。埃德·布里奇就是其中之一，他是儿童珠宝协会（Jewelers for Children）的董事会成员和前任主席。儿童珠宝协会成立于1999年，是一家非营利性组织。截至2013年，儿童珠宝协会为遭受疾病、虐待和忽视的儿童，累计筹集了4300多万美元善款。[21]长期担任《布法罗新闻报》负责人的斯坦福·利普西筹集了1400万美元善款，用于修复由弗兰克·劳埃德·赖特（Frank Lloyd Wright）在1907年设计的达尔文-马丁之家（Darwin Martin House）。

　　在艺术方面，雪莉·赫尔兹伯格和小巴尼特·赫尔兹伯格向堪萨斯城的考夫曼表演艺术中心（Kaufman Center for the Performing Arts）捐赠了数百万美元，并在那里命名了赫尔兹伯格大厅（Helzberg Hall）。赫尔兹伯格夫妇的捐赠还包括堪萨斯城动物园。来自田纳西州的艺术爱好者吉姆·克莱顿，向诺克斯维尔艺术博物馆（Knoxville Museum of Art）捐赠了500万美元，用于建造一座新建筑，这是田纳西州历史上最大的一笔艺术捐赠。克莱顿还捐了100万美元，在他孩子出生的医院里建了一个分娩中心。[22]

　　无论是在财富还是慈善方面，普里茨克家族都显得与众不同。十几位家族成员的净资产超过10亿美元，在《福布斯》400富豪榜上名列前茅；他们在全球范围内资助了无数的学院、中心、画廊、奖项、学校和研究所，近至自己的家乡芝加哥，远至东方的柬埔寨。其中包括：芝加哥艺术学院的画廊、芝加哥大学的医学院、西北大学的一个法律研究项目，以及伊利诺伊州理工学院的一个工程中心。

查理·芒格以伯克希尔股票的形式，向各种各样的慈善事业捐赠了数亿美元。受益者包括芒格家族的母校——密歇根大学（包括一笔1.1亿美元的捐赠）、斯坦福大学（4300万美元）和哈佛大学。这些捐赠包括：在斯坦福大学法学院捐助的商业教授指定席位；在加州圣马力诺的亨廷顿图书馆捐助的芒格研究中心；在哈佛西湖中学捐助的芒格科学中心。哈佛西湖中学是一所位于洛杉矶的预科学校，芒格的许多子孙都曾在此接受教育。

巴菲特把他所有的财富都捐给了慈善机构，包括比尔-梅琳达·盖茨基金会以及巴菲特子女组织的基金会。在企业慈善史上，这是非比寻常的举动。无论是通过基金会还是学校，其他的商界巨头也留下了以他们名字命名的不朽遗产，除了芒格和普里茨克以外，还有卡内基、福特、凯洛格和洛克菲勒。巴菲特"不走寻常路"，他没有以自己名字命名的建筑或基金会，隐隐透露出一种"天下为公"的情怀。我们大多数人都希望留下一些持久的印记，巴菲特也不例外。不过，巴菲特的遗产最终不是用金钱来衡量的，而是用伯克希尔以及它的价值观、它的员工和它的业务来衡量的。

本章小结

巴菲特经常说，在玩扑克的时候，如果你不知道谁是菜鸟，那么你就是了。伯克希尔的文化特征构成了可以信赖的基础：它是理性的，那些精打细算、待人真诚、珍惜声誉、重视家风、自我驱动的公司和管理者，自然值得信任。因此，充分放权是一种基于信任的信仰。只要对所托付的事情心中有数，这种信仰就不是盲目的。反过来，那些基础的产业更容易掌握，所以我们也不难理解，为什么伯克希尔钟情于业务简单的公司。

通过坚守简单、基本的业务，有助于降低成为冤大头的风险，有利于总部和子公司之间相互信任、和平相处，并将那些重视上述特质的团队成员聚集在一起。这是一个大有希望的成功秘诀，无论是在过去还是将来，它都适用于伯克希尔，也适用于其他组织。我们可以根据自己的实际需求，对相关的参数进行调整。最后，永远记住，价值观会带来永恒的价值。

后　记

　　沃伦·巴菲特卓然超群，伯克希尔–哈撒韦独树一帜。公司无法复制，巴菲特不可替代，但在巴菲特向公司注入了一套卓越的价值观之后，后巴菲特时代的伯克希尔也会继续发展下去。和往常一样，巴菲特的话也恰如其分："伯克希尔特殊的企业文化在我们的子公司中根深蒂固。我离开后，这些业务也不会错过任何一分一秒。"[1]我们都希望，那辆众所周知的卡车[⊖]，可以再过十年或更久再来。无论它何时到来，我们都会难过。然而，正如巴菲特在1997年《巴菲特致股东的信》研讨会上所打趣的那样——如果巴菲特真的不在了，那么伯克希尔其他股东的损失不会大于他本人的损失。

　　为了勾勒出伯克希尔公司的企业文化，我考察了伯克希尔总部及其子公司。这些公司充满了令人尊敬的价值观：盖可保险的节俭，克莱顿房屋公司的诚信，本杰明–摩尔涂料的珍视信誉。我们见过B夫人、布里奇和柴尔德等家族企业。我们也检视了很多企业家：飞安公司的艾伯特·李·乌尔奇、利捷航空的理查德·桑图里、贾斯廷公司的小约翰·贾斯廷，以及塑造了冰雪皇后的众多企业家。我们探讨了拥有高度自主权的公司，如宠厨和斯科特–费泽的分部。我们还发现了一些精明的投资者，他们通过再投资或收购来发展企业，特别是迈铁、路博润、麦克莱恩和伯克希尔–哈撒韦能源公司。我们看到一些企业专注于基本业务，坚守自己的主营业务，比如肖氏工业、鲜果布衣和伯灵顿北方圣达

　　⊖　巴菲特经常被问到，如果自己被卡车撞了，伯克希尔的股东该何去何从。——译者注

菲铁路公司。

　　尽管伯克希尔的子公司数量众多、种类繁多，但我们能够看到，所有的子公司都遵循共同的价值观。最终，我们亲眼见证了所有这些子公司对"永续经营"都抱有相同看法。其中许多子公司都曾经历过多次易手，被杠杆收购运营商或私募股权公司轮番折腾。我们看到，有很好的先例可以让我们相信，即使创始人离开，权力下放的大型企业仍可以永续经营。就像玛蒙集团那样，在标志性人物普里茨克兄弟离开之后，玛蒙集团依然生机勃勃。

　　巴菲特擅长选贤任能，他总是能找到杰出的经理人。巴菲特的记录并不完美，但他的"击球率"足以让他进入名人堂。巴菲特对无形的人格品质的洞察力是罕见的，如果没有巴菲特，伯克希尔在用人方面可能会无所适从。巴菲特曾指出，尽管竞争对手提供了更丰厚的薪酬，但还没有任何一位高管离开伯克希尔去加入竞争对手的公司。巴菲特激励并留住管理者，他们想要巴菲特以他们为荣。这一点大概只有巴菲特能做到。巴菲特拒绝跟风，不会人云亦云，他在收购时决策果断，不接受任何第三方的插手，这些都得益于他每天巨大的阅读量和惊人的记忆力。这种不可估量的价值可能在巴菲特之后难以为继。

　　后巴菲特时代的伯克希尔预计将出现滑坡，交易可能不会再主动找上门来。伯克希尔提出的报价可能不会像以前那样令人满意。谈判可能不会那么有利。通过筛选的可能是一些平庸的业务或令人失望的经理人。如果没有出现大型交易或者杰出的经理人，伯克希尔的回报率可能会下滑。但如果没有一些特别的干扰，其回报率也不会令人失望到需要拆分伯克希尔，或做出其他根本性变革。相比之下，伯克希尔的永续经营会占据上风。

　　巴菲特平易近人的作风，以及美国中西部人的敏锐、高超的谈判技巧和娴熟的写作风格，都是独一无二的。后巴菲特时代的伯克希尔，其交易可能会以不同的方式处理，致股东的信的语气可能也会有所不同，年度股东大会可能会让人觉得怅然若失。但伯克希尔还是会继续收购新业务，读者们会继续研究伯克希尔的年度致股东的信，股东们会继续蜂拥至奥马哈参加年度股东大会。

在后巴菲特时代，巴菲特的继任者将扮演新的守护者的角色，他们将继续领导伯克希尔向前发展，他们将设定自己的路线和风格，公司将永远不会再和以前一样。然而，伯克希尔的核心价值观已被证明拥有永续的能力。虽然我们很难想象没有巴菲特的伯克希尔，但我们相信在后巴菲特时代，这家机构将超越巴菲特个人，巴菲特的精神遗产也必将熠熠生辉，永远传承下去。

注　释

前言

1. For example, Steven M. Davidoff, "With His Magic Touch, Buffett May Be Irreplaceable for Berkshire," *New York Times*, May 22, 2013.

2. 伯克希尔"直接子公司"的确切数量，取决于这一概念在法律、运营或者职能方面是如何定义的。附录提供了一份根据公开记录汇编的清单，列出了伯克希尔旗下直接和间接的子公司。

3. 在伯克希尔旗下，拥有集团所有文化特征的子公司包括：玛蒙集团、麦克莱恩、克莱顿房屋公司。

引言

1. 伯克希尔的很多股东因此成为亿万富翁，其中包括：沃伦·巴菲特、戴维·戈特斯曼（David S. Gottesman）、早期投资者荷马（Homer）和诺顿·道奇（Norton Dodge）、1980 年买入 4300 股的斯图尔特·霍雷西（Stewart Horejsi）、查理·芒格、本杰明·格雷厄姆的堂弟伯纳德·萨纳特（Bernard Sarnat）以及小沃尔特·斯科特；一些股东通过其他途径成为亿万富翁，包括比尔·盖茨。See Richard Teitelbaum, "Berkshire Billionaire Found With More Shares Than Gates," *Bloomberg News*, Sept. 17, 2013.

2. 许多伯克希尔子公司的创始人或管理层，通过建立和经营这些企业而致富，其中包括若干位列"福布斯 400 富豪榜"的亿万富翁。亿万富翁或准亿万富翁包括：德克斯特鞋业的哈罗德·阿方德（已故）；克莱顿房屋公司的吉姆·克莱顿；威利家居的威廉·柴尔德；宠厨的多丽丝·克里斯托弗；赫尔兹伯格珠宝的小巴尼特·赫尔兹伯格；美国商业新闻社的洛里·洛基；麦克莱恩的德雷顿·麦克莱恩；玛蒙集团的普里茨克兄弟（已故）；利捷航空的理查德·桑图里；飞安公司的艾伯特·李·乌尔奇；伊斯卡的史戴夫·韦特海默。

3. See Jim Clayton & Bill Retherford, *First A Dream* (FSB Press, 2002), 260.

4. John W. Mooty, telephone interview by the author, October 2, 2013.

5. See Doris Christopher, *The Pampered Chef* (New York: Doubleday, 2005), 123 ("our salespeople can earn six-figure incomes . . . with almost no capital at risk").

6. See Michael E. Porter, *Competitive Advantage: Creating and Sustaining Business Performance* (New York: Free Press 1998).

7. See "Fitch Downgrades Berkshire Hathaway," *CPI Financial* (March 16, 2009).

8. Craig E. Aronoff & John L. Ward, *Family Business Values* (Basingstoke, UK: Palgrave MacMillan 2001, 2011), 14.

9. Lawrence H Kaufman, "Leaders Count: The Story of BNSF Railway" (*Texas Monthly* / Texas A&M University Press 2005), 20-21.

10. 这些数据被广泛引用。例如, Keanon J. Alderson, *Understanding The Family Business* (2011), 57.

11. Lawrence H Kaufman, "Leaders Count," 340 (quoting Grinstein).

12. 见伯克希尔－哈撒韦年报，财务报表（2013），28～29页（资产负债表显示，其股票市值为1150亿美元，其主要以账面价值列示的总资产为4850亿美元；利润表显示，其总营业收入为1820亿美元，其中150亿美元来自投资）。

13. Jeff Benedict, *How to Build a Business Warren Buffett Would Buy: The R. C. Willey Story* (Salt Lake City, Utah: Shadow Mountain 2009), 1.

14. Ibid.

15. Berkshire-BNSF Joint Prospectus and Proxy Statement (December 23, 2009), 35-39.

16. 我自己的人生经历与本书提到的一些交易有类似之处。在我职业生涯的起步阶段，我在纽约生意兴隆的 Cravath, Swaine & Moore 律师事务所做了一名收入丰厚的企业律师。在那里，我至少有成为合伙人的一线希望，而且在离开这家知名律师事务所之后，我还极有可能成为其他公司的合伙人。然而，命运却把我领向了另一个十字路口，那就是大学的教授职位，最初在耶希瓦大学本杰明·卡多佐法学院，后来在波士顿大学和乔治·华盛顿大学。

在律师事务所和其他私人公司的合伙人分红，远远超过乔治·华盛顿大学、波士顿大学和本杰明·卡多佐法学院的薪酬。但教授职位也有一定价值的补偿，包括拥有终身教职，享有学术自由。我放弃了更高的薪水，来换取大学对永续和自主的承诺。向伯克希尔出售公司的企业主也做了类似的计算：较少地持有现金或股票，同时获得伯克希尔对永续经营和自主决策的承诺，以及伯克希尔文化提供的其他价值作为补偿。

对此不屑一顾的人会告诉你，将现金（薪水）支付与这种无形资产进行比较，简直是牛头不对马嘴。他们会说，二者价值无法相比，薪水用金钱衡量，无形资产则用完全不同的标准衡量。从这种观点来看，由于无形资产的货币价值是根据某人在交换其他价值时，多收或少收的金钱而推断出来的，因此不可能简单地确定无形资产的货币价值。

自主决策或永续经营的"对价"，不能轻易地用金钱来衡量。（这一难题让人回想起一则经典的信用卡广告，广告展示了一系列商品和它们的价格：一部电影10美元，一捧爆米花5美元。接下来是经典台词：与家人在一起的时光，无价。）显然，将这些无形资产转化为货币价值，与计算年金或自由现金流的现值是不同的。但无形资产的存在增加了双方在讨论商业收购时达成协议的可能性。

17. See Dale A. Oesterle, *The Law of Mergers & Acquisitions* (Eagan, MN: West Group, 3d ed. 2010) (discussing such an example and related research).

18. See Warren E. Buffett, "The Superinvestors of Graham-and-Doddsville," *Hermes, The Columbia Business School Magazine* (1984). Graham's books include *Security Analysis* (with David Dodd), *The Intelligent Investor*, and *The Interpretation of Financial Statements*. See Lawrence A. Cunningham, *How to Think Like Benjamin Graham and Invest Like Warren Buffett* (New York: McGraw Hill, 2001).

第1章

1. 现在仍然活跃的企业有：哥伦比亚保险公司、内布拉斯加事故保险公司、大陆分水岭保险公司、柏树保险公司、堪萨斯国民火灾和海事保险公司，以及红杉火灾和事故保险公司。

2. 1981年，伯克希尔把这家公司卖给了布鲁斯·萨根。这笔交易发生在1985年伯克希尔关闭纺织业务之前，之后伯克希尔巩固了永不出售子公司的政策。

3. Alice Schroeder, *The Snowball: Warren Buffett and the Business of Life* (New York: Bantam, 2008), 359 (quoting $209 million).

4. Ibid., 377.

5. Katharine Graham, *Personal History* (New York: Vintage, 1998), 511-5, 530-7; Deborah A. DeMott, "Agency Principles and Large Block Shareholders," *Carlozo Law Review* 19 (1997): 321-40.

6. 随着合伙人身份的改变，这家律师事务所的名称也随之变化，大致如下：Munger, Tolles & Hills (1962-1966); Munger, Tolles, Hills & Rickershauser (1966-1975); Munger, Tolles & Rickershauser (1975-1986); and Munger, Tolles & Olson (since 1986).

7. Janet Lowe, *Damn Right! Behind the Scenes with Berkshire Hathaway Billionaire Charlie Munger* (Hoboken, N.J.: Wiley, 2000), 112-13.

8. Schroeder, *The Snowball*, 331.

9. Ibid., 318, 319.

10. Ibid., 344-45.

11. Ibid., 345; Lowe, *Damn Right!*, 126-27.

12. The historical facts concerning See's may be found in *International Directory of Company Histories*, vol. 30 (Detroit, Mich.: St. James, 2000) (hereafter cited as *IDCH*, See's); the See's company website; and Margaret Moos Pick, *See's Old Time Candies* (San Francisco: Chronicle, 2005).

13. Schroeder, *The Snowball*, 345.

14. William N. Thorndike Jr., *The Outsiders: Eight Unconventional CEOs and Their Radically Rational Blueprint for Success* (Boston: Harvard Business Review, 2012), 174.

15. 伯克希尔－哈撒韦公司，1991 年年报，1992 年 2 月 28 日，巴菲特致股东的信：根据我们最终获得的 100% 所有权计算，卖家要求的名义价格是 4000 万美元。但由于喜诗糖果账上有 1000 万美元的现金，因此卖家的实际出价是 3000 万美元。当时，芒格和我还没有充分认识到特许经营权的经济价值，看着这家公司仅有的 700 万美元的有形净资产，我们提出，2500 万美元是我们能接受的最高价格（我们没有开玩笑）。幸运的是，卖家接受了我们的报价。

16. *IDCH*, See's.

17. David Kass, comment on Warren Buffett, "Warren Buffett's Meeting with University of Maryland MBA Students—November 15, 2013," *Dr. David Kass: Commentary on Warren Buffett and Berkshire Hathaway*, December 8, 2013.

18. In the Matter of Blue Chip Stamps et al., SEC File No. HO-784.

19. Schroeder, *The Snowball*, 408, note 23.

20. Ibid., 410.

21. Complaint, Securities and Exchange Commission v. Blue Chip Stamps, No. 76-1009 (DC Cir. June 9, 1976).

22. 蓝筹印花公司收购了韦斯科金融 80% 的股份，其余 20% 的股份则属于公众流通股，由芒格担任韦斯科金融的董事长；1983 年，蓝筹印花公司和伯克希尔合并，伯克希尔接手了韦斯科金融的股份。2011 年，韦斯科金融并入伯克希尔；伯克希尔以现金加股票的方式，总共支付了约 5.5 亿美元，收购了其剩余股份。"Berkshire Hathaway Inc. to Acquire Outstanding Common Stock of Wesco Financial Corporation Not Presently Owned," February 7, 2011.

23. Obituary of Edward H. Butler Sr., *New York Times*, March 10, 1914.

24. Michael Dillon, *The Life and Times of Edward H. Butler, Founder of* The Buffalo News *(1850-1914): A Crusading Journalist Navigates the Gilded Age*, Mellen Studies in Journalism, Series 5 (Lewiston, N.Y.: Edwin Mellen, 2003).

25. Murray B. Light, *From Butler to Buffett: The Story Behind* The Buffalo News (Amherst, N.Y.: Prometheus, 2004), 105, 133.

26. Ibid., 195.

27. Ibid., 196-97.

28. Ibid., 197.

29. Buffalo Courier-Express, Inc. v. Buffalo Evening News, Inc., 441 F. Supp. 628 (W.D.N.Y. 1977).

30. Buffalo Courier-Express, Inc. v. Buffalo Evening News, Inc., 601 F.2d 48 (2d Cir. 1979) (Friendly, J.).

31. Berkshire Hathaway Inc., *2012 Annual Report*, chairman's letter, 3.

32. 米诺科是矿产和资源公司的英文缩写音译，这是一家由哈里·奥本海默的南非英美资源公司和戴比尔斯联合矿业有限公司设在卢森堡的投资机构。

33. For details on the Salomon preferred stock, see Schroeder, *The Snowball*, 541, 901-2nn73,81.

34. Warren E. Buffett, Before the Subcommittee on Telecommunications and Finance of the Energy and Commerce Committee of the U.S. House of Representatives (1991), reprinted in the *Wall Street Journal*, May 1, 2010. 巴菲特在每两年写给伯克希尔旗下公司 CEO 的信中写道："假设我们所从事的一切商业活动，都会被一位聪明但不太友好的记者报道，然后登上一份全国性报纸的头版头条，我们要确保自己是无懈可击的。"

Quoted in Robert Miles, *The Warren Buffett CEO: Secrets from the Berkshire Hathaway Managers* (Hoboken, N.J.: Wiley, 2003), 357-58.

35. Anthony Bianco, "The Warren Buffett You Don't Know," *BusinessWeek*, July 5, 1999, p. 54.

第2章

1. See James B. Stewart, *Den of Thieves* (New York: Touchstone, 1992).

2. Most of the historical facts concerning Scott and Fetzer can be found in *International Directory of Company Histories*, vol. 12 (Detroit, Mich.: St. James, 1996).

3. 关于伯克希尔收购斯科特 – 费泽的确切金额，各方报道的说法不同，大概是因为这笔钱是以现金和承担特定负债的方式支付的。例如，施罗德在《滚雪球》中提到是 3.2 亿美元或 2.3 亿美元，或者是 4.1 亿美元；在伯克希尔 – 哈撒韦公司 1986 年年报巴菲特致股东信的部分，提到是 3.15 亿美元。

4. See, for example, the Buy American Act of 1933, 41 U.S.C. 10a-10d, as amended by the Barry Amendment addressing military uniforms.

5. Berkshire Hathaway, Inc., *2013 Annual Report*, 64.

6. Berkshire Hathaway, Inc., *2010 Annual Report*, chairman's letter.

7. 此外，伯克希尔收购德克斯特鞋业的实际成本，远远高于 4.43 亿美元的收购价，因为它是以伯克希尔的股票支付的。支付的股票占伯克希尔股份的 1.6%，在 2007 年价值 35 亿美元。

8. Berkshire Hathaway, Inc., *1991 Annual Report*, chairman's letter.

9. Ibid.

10. 据说，在鲁尼和弗朗西丝·赫弗南结婚之前，这位老人告诉鲁尼，他们不欢迎鲁尼在布朗鞋业工作。Berkshire Hathaway, Inc., *1991 Annual Report*, chairman's letter.

11. Ibid.

12. 相关的实例包括：应用承保（伯克希尔买下了 81% 的股份）；中部州保险（伯克希尔买下了 82% 的股份，凯泽一家保留了 18% 的股份）；内布拉斯加家具城（伯克希尔买下了 90% 的股份，B 夫人为自己和其他管理层保留了 10% 的股份）；范奇海默兄弟公司（伯克希尔买下了 84% 的股份；赫德曼家族保留了 16% 的股份）。

13. 例如：肖氏工业（伯克希尔最初持有 80% 的股份）；伊斯卡（伯克希尔最初持有 80% 的股份）；玛蒙集团（伯克希尔最初持有 60% 的股份）。

14. For profiles of the company and selected personnel, see Guy Rolnik, "Who on Earth Is Jacob Harpaz?," *Haaretz*, July 15, 2009; and Tali Heruti-Sover, "Their Hearts Belong to Iscar," *Haaretz*, September 29, 2012.

15. Berkshire Hathaway, Inc., *2006 Annual Report*, chairman's letter.

第3章

1. E.g., Berkshire Hathaway, Inc., *2010 Annual Report*, chairman's letter.

2. See, e.g., Eric Van den Steen, "On the Origin of Shared Beliefs (and Corporate Culture)," *Rand Journal of Economics* 41 (2010): 617.

3. See Terrence E. Deal and Allan A. Kennedy, *Corporate Cultures: The Rites and Rituals of Corporate Life* (Reading, Mass.: Addison-Wesley, 1982).

4. 伯克希尔的一些与所有者相关的商业原则适用于母公司，但不适用于子公司。例如，许多陈述的主题仅仅与上市公司有关，包括：根据股价来决定分红政策，渴望以公平的价格交易股票，或者关注股票价格与内在价值之间的关系。还有一些原则仅仅针对伯克希尔 – 哈撒韦公司，而不涉及子公司层面，比如巴菲特不愿使用伯克希尔股票支付收购对价，因为它会稀释原有股东的权益。

5. See chap. 14, including tables 14.1 through 14.4.

6. Ibid.

7. Ibid., combining data from tables 14.1 and 14.2.

8. Anthony Bianco, "The Warren Buffett You Don't Know," *BusinessWeek*, July 4, 1999.

9. See Ronald Chan, *Behind the Berkshire Hathaway Curtain: Lessons from Warren Buffett's Top Business Leaders* (Hoboken, N.J.: Wiley, 2010), 100.

10. See L. J. Rittenhouse, *Investing Between the Lines* (New York: McGraw-Hill, 2013).

11. See, e.g., Moody's October 8, 2013, report on Berkshire Hathaway.

12. Craig E. Aronoff and John L. Ward, *Family Business Values* (New York: Palgrave Macmillan 2001, 2011), 16: "A stable, trustworthy . . . firm with a long-term orientation has a distinct competitive advantage."

13. See John Kotter and James Heskett, *Corporate Culture and Performance* (New York: Free Press, 1992).

14. See Deal and Kennedy, *Corporate* Cultures.

15. See John Mackey and Rajendra Sisodia, *Conscious Capitalism: Liberating the Heroic Spirit of Business* (Boston: Harvard Business Review Press, 2013); and James Collins and Jerry Porras, *Built to Last* (New York: Harper Business 1994).

16. See Robert Mondavi and Paul Chutkow, *Harvests of Joy: How the Good Life Became Great Business* (Boston: Houghton Miffiin Harcourt, 1998).

17. Aronoff and Ward, *Family Business Values*, 8-10.

第4章

1. The historical facts concerning GEICO can be found in William K. Klingaman, *GEICO: The First Forty Years* (Washington, D.C.: GEICO, 1994); in *International Directory of Company Histories,* vol. 40 (Detroit, Mich.: St. James, 2001) (hereafter cited as *IDCH*, GEICO); and on the company's website.

2. GEICO website. Buffett has put the initial investment at $200,000. Berkshire Hathaway, Inc., *2004 Annual Report*, chairman's letter.

3. Klingaman, *GEICO*, 15.

4. *IDCH*, GEICO.

5. Klingaman, *GEICO*, 12.

6. Ibid., 31.

7. 这班火车是这一时期纽约和华盛顿之间的主要交通运输工具。Bruce F. Smith (president, Pennsylvania Railroad Technical and Historical Society), e-mail to author, February 13, 2014.

8. 戴维森的办公室位于盖可保险大楼 6 楼，此后数十年间，盖可保险办公楼多次迁址。*IDCH*, GEICO.

9. Berkshire Hathaway, Inc., *1995 Annual Report,* chairman's letter.

10. The article is reproduced at p. 24 of the chairman's letter in Berkshire Hathaway, Inc., *2005 Annual Report*.

11. Klingaman, *GEICO*, 65 (1960 figures).

12. GEICO website.

13. Klingaman, *GEICO*, 100.

14. Ibid., 96.

15. Berkshire Hathaway, Inc., *1986 Annual Report*, chairman's letter. For additional detail about this multifaceted crisis, see Klingaman, *GEICO*, 104-22.

16. 1985 年，伯恩离开盖可保险，开始经营消防队员基金。后来，伯恩领导成立了白山保险公司，获得了伯克希尔的大量投资。

17. Berkshire Hathaway, Inc., *1986 Annual Report*, chairman's letter.

18. Ibid.

19. Berkshire Hathaway, Inc., *1990 Annual Report*, chairman's letter.

20. Berkshire Hathaway, Inc., *1996 Annual Report*, chairman's letter.

21. Berkshire Hathaway, Inc., *2010 Annual Report*, chairman's letter.

22. Berkshire Hathaway, Inc., *2006 Annual Report*, chairman's letter.

23. See Geraldine Fabrikant, "A Maestro of Investments in the Style of Buffett," *New York Times*, April 23, 2007.

24. Berkshire Hathaway, Inc., *2004 Annual Report*, chairman's letter.

25. Berkshire Hathaway, Inc., *1997 Annual Report*, chairman's letter; and Berkshire Hathaway, Inc., *1998 Annual Report*, chairman's letter.

26. Berkshire Hathaway, Inc., *1999 Annual Report*, chairman's letter.

27. Berkshire Hathaway, Inc., *1997 Annual Report*, chairman's letter; and Berkshire Hathaway, Inc., *1998 Annual Report*, chairman's letter.

28. See Phil Gusman, "Nomura Auto Insurance All About Price; Independent Agent Role Diminishing," *Property Casualty 360°*, October 16, 2013 (noting 9.9 percent market share as of mid-2013); Berkshire Hathaway, Inc., *2006 Annual Report*, chairman's letter; and Berkshire Hathaway, Inc., *2009 Annual Report*, chairman's letter (noting 8.1 percent).

29. Berkshire Hathaway, Inc., *2010 Annual Report*, chairman's letter.

30. Berkshire Hathaway, Inc., *1998 Annual Report*, chairman's letter.

31. See Andrew Kilpatrick, *Warren Buffett: The Good Guy of Wall Street* (New York: Primus/Donald I. Fine, 1992), 73.

32. Robert Dorr, "'Unusual Risk' Ringwalt Specialty," *Omaha World Herald*, March 12, 1967.

33. National Indemnity website.

34. Jack Ringwalt in *Tales of National Indemnity Company and Its Founder*, as quoted in Roger Lowenstein, *Buffett: The Making of an American Capitalist* (New York: Random House, 1995), describing the memoir as "a hilarious romp past the characters, not always savory, in the back alleys of the insurance business" (133).

35. Lowenstein, *Buffett*, 134.

36. Ibid.; Berkshire Hathaway, Inc., *1992 Annual Report*, chairman's letter.

37. E.g., Dean Starkman, "AIG's Other Reputation: Some Say the Insurance Giant is Too Reluctant to Pay Up," *Washington Post*, August 21, 2005.

38. See "Insurance Regulators Scrutinize New Owners," *Des Moines Register*, August 11, 2013.

39. National Indemnity website.

40. Berkshire Hathaway, Inc., *2000 Annual Report*, chairman's letter; Berkshire Hathaway, Inc., *2003 Annual Report*, chairman's letter.

41. See Chris Chase, "What Are the Odds of a Perfect NCAA Bracket?" *USA Today*, March

19, 2013, crediting DePaul University math professor Jay Bergen with the figure.

42. Berkshire Hathaway, Inc., *1992 Annual Report,* chairman's letter.

43. Berkshire Hathaway, Inc., *1997 Annual Report*, chairman's letter.

44. Berkshire Hathaway, Inc., *1999 Annual Report*, chairman's letter.

45. See Steve Jordon, "National Indemnity Has Been a Foundation of Berkshire Hathaway's Strategy," *Omaha World-Herald*, April 24, 2005.

46. See Berkshire Hathaway, Inc., *2008 Annual Report*, chairman's letter.

47. *International Directory of Company Histories*, vol. 24 (Detroit, Mich.: St. James, 1999).

48. Cologne Re is formally called Kölnische Rückversicherungs-Gesellschaft AG.

49. Judy Greenwald, "General Re Consolidates Its Lead: Acquisition of National Re Seen as Strategic Move and a Good Fit for Reinsurer," *Business Insurance*, July 8, 1996; Leslie Scism, "General Re Agrees to Buy National Re in Deal Valued at About $940 Million," *Wall Street Journal*, July 2, 1996.

50. See Andrew Kilpatrick, Of Permanent Value: The Story of Warren Buffett (Birmingham, Ala.: Andy Kilpatrick Publishing Empire, 2011), 283-84.

51. See Berkshire Hathaway, Inc., *1998 Annual Report*, chairman's letter.

52. Klingaman, *GEICO*, 137.

53. Mark A. Hoffman, "Warren Buffett Accepts Blame for General Re's Poor Results," *Business Insurance*, March 18, 2002; Steve Jordon, "General Re Is the Key to Berkshire's Ignition, Underwriting Losses," *Omaha World-Herald*, April 28, 2002.

54. Berkshire Hathaway, Inc., *2002 Annual Report*, chairman's letter.

55. Ibid.

56. See Berkshire Hathaway, Inc., *2007 Annual Report*, chairman's letter.

57. See Maurice R. Greenberg and Lawrence A. Cunningham, The AIG Story (Hoboken, N.J.: Wiley, 2013), 171-202.

58. Ibid., 178-79.

59. Steve Jordon, "Buffett Urged to Dump Boss at Gen Re: A Report Says Prosecutors Are Asking for the CEO's Removal," Omaha World-Herald, April 7, 2008.

60. See Noah A. Gold, "Corporate Criminal Liability: Cooperate and You Won't Be

Indicted," *Georgetown Journal of Law and Public Policy* 8, 147-165 (2010).

61. United States v. Stein, 541 F.3d 130 (2d Cir. 2008).

62. "Brandon Leaves Gen Re Under a Cloud," *Reactions*, May 1, 2008, quoting Justin Fuller, analyst at Morningstar.

63. Ibid., noting continued high ratings and positive commentary from AM Best and Standard & Poor's.

64. Berkshire Hathaway, Inc., *2005 Annual Report*, chairman's letter. 在伯克希尔其他规模较小的保险公司中，有三家特别具有创业精神，分别是：提供船舶保险和其他服务的美国船主协会，其对船主的价值，类似于面向车主的 3A 级汽车俱乐部；应用承保公司开展创新，将工资支付服务与工人赔偿保险结合起来；堪萨斯金融担保公司则通过与美国十几个州的数百名银行家建立直接关系，不断发展壮大。另外两家公司，也就是伯克希尔 – 哈撒韦家乡公司和护卫保险公司，面向的是小型企业。还有两家家族企业，一家为残疾人或失业者支付每月的信用卡账单（中部州保险），另一家承保异常风险（美国责任保险），用保险术语来说就是"超额保险"。

第5章

1. See Jim Clayton and Bill Retherford, *First a Dream* (Knoxville, Tenn.: FSB, 2002). Some of the historical facts concerning Clayton Homes can be found in *International Directory of Company Histories*, vol. 54 (Detroit, Mich.: St. James, 2003) (hereafter cited as *ICDH*, Clayton).

2. 不过，它们并非寇比真空吸尘器。

3. The facts in this paragraph appear in Clayton and Retherford, *First a Dream*, p. 236.

4. Ibid.

5. See *ICDH*, Clayton; Clayton Homes corporate personnel, e-mail to author, February 18, 2013.

6. Clayton and Retherford, *First a Dream*, 193.

7. Ibid., 256.

8. Berkshire Hathaway, Inc., *2003 Annual Report*, chairman's letter.

9. See Denver Area Meat Cutters v. Clayton, 209 S.W.3d 584 (Tenn. Ct. App. 2006); Denver Area Meat Cutters v. Clayton, 120 S.W.3d 841 (Tenn. Ct. App. 2003).

10. Clayton and Retherford, *First a Dream*, 93-94.

11. Berkshire Hathaway, Inc., *2009 Annual Report*, chairman's letter.

12. Ibid.

13. See John Mackey and Rajendra Sisodia, *Conscious Capitalism: Liberating the Heroic Spirit of Business* (Boston: Harvard Business Review Press, 2013), 285; Andrew Kilpatrick, *Of Permanent Value* (Birmingham, Ala.: Andy Kilpatrick Publishing Empire, 2011), 483: "An average furniture store turns over inventory one or two times a year."

14. 塞缪尔为什么给他的店取名为乔丹家具，至今仍是一个商业之谜。

15. Michael Roberto, Bryant University, "Jordan's Furniture: Shoppertainment," *Professor Michael Roberto's Blog*, October 27, 2009.

16. Berkshire Hathaway, Inc., *1997 Annual Report*, chairman's letter; Berkshire Hathaway, Inc., *1999 Annual Report*, chairman's letter.

17. Berkshire Hathaway/Jordan's Furniture, press release, October 11, 1999.

18. The historical highlights concerning Benjamin Moore may be found in *International Directory of Company Histories*, vol. 38 (Detroit, Mich.: St. James, 2001) (hereafter cited as *IDCH*, Benjamin Moore).

19. Federal efforts to reduce the use of lead-containing paint began in the 1970s and lasted through the early 1990s.

20. *IDCH*, Benjamin Moore.

21. Jane Applegate, "Moore's Program Lays the Base Coat for Minority-Owned Paint Stores," *Los Angeles Times*, August 31, 1993; Jane Applegate, "Minority Businesses Get a Head Start on Ownership," *Washington Post*, September 20, 1993.

22. Robert H. Mundheim, "Deals Without Bankers: Salomon and Benjamin Moore," *Concurring Opinions* (blog), May 21, 2013.

23. Robert Mundheim, author telephone interview (January 21, 2014).

24. Berkshire Hathaway, Inc., *2000 Annual Report*, chairman's letter.

25. Denis Abrams (Benjamin Moore) interview on *Nightly Business Report*, May 2, 2007.

26. Ibid. 艾布拉姆斯表示，伯克希尔没有给营业收入或利润设定目标值。

27. James Covert, "Margaritaville Memo: Execs May Walk Plank," *New York Post*, June 26, 2012.

28. James Covert, "Brooklyn Paint Dealers Say Buffett Rolled All Over Them," *New York Post*, October 14, 2013.

29. See Steve Jordon, "Warren Buffett Says He Replaced Benjamin Moore's CEO to Keep a Promise," *Omaha World-Herald*, October 16, 2013 (reporting that Buffett said Benjamin Moore generated $1.5 billion in profit during the previous decade).

30. James Covert, "Warren Buffett Fired Benjamin Moore CEO After Bermuda Cruise," *New York Post*, June 15, 2012.

31. James Covert, "Warren Buffett Cans Benjamin Moore CEO," *New York Post*, September 27, 2013.

32. Warren Buffett letter to Denis Abrams, June 16, 2013.

33. James Covert, "Boxed in by Lowe's," *New York Post*, June 29, 2012.

34. Covert, "Warren Buffett Fired Benjamin Moore CEO After Bermuda Cruise."

35. Covert, "Warren Buffett Cans Benjamin Moore CEO."

36. Benjamin Moore, press release.

37. Kim Freeman, who wrote in response to my blog post of this story.

38. Michael Searles, author interview at Berkshire Hathaway annual meeting, Omaha (May 4, 2014).

39. Historical facts concerning Johns Manville can be found in *International Directory of Company Histories*, vol. 64 (Detroit, Mich.: St. James, 2004) (hereafter cited as *IDCH*, Johns Manville).

40. See Sloan Wilson, *The Man in the Gray Flannel Suit* (Simon & Schuster, 1955).

41. See Paul Brodeur, *Outrageous Misconduct: The Asbestos Industry on Trial* (New York: Pantheon, 1985).

42. *IDCH*, Johns Manville.

43. Ibid.

44. Borel v. Fibreboard Paper Products, 493 F.2d 1076 (5th Cir. 1973).

45. Stephen Solomon, "The Asbestos Fallout at Johns-Manville," *Fortune* (May 7, 1979).

46. *IDCH*, Johns Manville.

47. Berkshire Hathaway, Inc., 2000 *Annual Report*, chairman's letter.

48. Ibid.

49. Peter Lattman & Geraldine Fabrikant, "Buffett's Favor for Now-Fallen Deputy Perplexed People Working for Him," *New York Times* (April 28, 2011).

50. An autobiographical feature on Mr. Raba appeared in Vanessa Small, "New at the Top: To Meet Warren Buffett, This Outdoorsman Didn't Stay Lost in the Woods," *Washington Post*, October 27, 2013.

51. See Johns Manville, *We Build Environments: 2012 Sustainability Report* (Denver, Colo.: Johns Manville, 2013).

52. David Vogel, *The Market for Virtue: The Potential and Limits of Corporate Social Responsibility* (Washington, D.C.: Brookings Institute, 2005), 48-54.

第6章

1. Barnaby J. Feder, "Rose Blumkin, Retail Queen, Dies at 104," *New York Times*, August 13, 1998.

2. Ibid.

3. See Alice Schroeder, *The Snowball: Warren Buffett and the Business of Life* (New York: Bantam Dell, 2008), 493-94, naming Mohawk as the supplier.

4. Berkshire Hathaway, Inc., *1983 Annual Report*, chairman's letter.

5. Schroeder, *The Snowball*, 501.

6. See Jeff Benedict, *How to Build a Business Warren Buffett Would Buy: The R. C. Willey Story* (Salt Lake City: Shadow Mountain, 2009), 1.

7. Stephen W. Gibson, "R.C. Willey Got Its Humble Start Selling Refrigerators to Farmers," *Deseret News* (Salt Lake City), April 11, 1999.

8. *International Directory of Company Histories*, vol. 72 (Detroit, Mich.: St. James, 2005).

9. Benedict, *The R. C. Willey Story*, 25.

10. Ibid., 158.

11. Ibid., 49, 54.

12. Ibid., 79.

13. Lynn Arave, "R.C. Willey Has Hot Dog of a Slogan," *Deseret News* (Salt Lake City), January 15, 2002; Benedict, *The R. C. Willey Story*, 85-86.

14. Benedict, *The R. C. Willey Story*, 87-89.

15. Ibid.

16. Ibid., 91-93.

17. Berkshire Hathaway, Inc., *1995 Annual Report*, chairman's letter; Berkshire Hathaway, Inc., *1999 Annual Report*, chairman's letter.

18. Benedict, *The R. C. Willey Story*, 110-12.

19. Ibid., 115.

20. Berkshire Hathaway, Inc., *1999 Annual Report*, chairman's letter.

21. Benedict, *The R. C. Willey Story*, 134.

22. Berkshire Hathaway, Inc., *1999 Annual Report*, chairman's letter.

23. William H. Child, email to author, May 20, 2014.

24. Facts in the discussion of Star Furniture may be found in a lecture by Melvyn Wolff (Distinguished Leaders Series, Bauer College of Business, University of Houston, March 8, 2005).

25. Ibid.

26. Background concerning Helzberg may be found in *International Directory of Company Histories*, vol. 40 (Detroit, Mich.: St. James, 2001); Ann F. Schulte, *So Far: The Story of Helzberg Diamonds* (Kansas City, Mo.: Helzberg's Diamond Shops, 1990); Barnett C. Helzberg, *What I Learned Before I Sold to Warren Buffett: An Entrepreneur's Guide to Developing a Highly Successful Company* (Hoboken, N.J.: Wiley, 2003).

27. Kevin Coleman, "Rough Start Taught Helzberg Lessons: Perseverance Key to Success," *Columbia Daily Tribune* (Missouri), November 3, 2006.

28. Helzberg, *What I Learned*, xv; Jennifer Mann Fuller, "Warren Buffett to Buy Helzberg Shops; No Plans to Change Location of Headquarters, Management," *Kansas City Star* (Missouri), March 11, 1995.

29. Helzberg, *What I Learned*, xvii; Don Dodson, "Jewelry Firm Sold to Berkshire Hathaway; Dream Comes True," *The News-Gazette* (Champaign-Urbana, Ⅲ.), May 3, 2004.

30. Details in this and ensuing paragraphs draw on Berkshire Hathaway, Inc., *1995 Annual Report*, chairman's letter; Helzberg, *What I Learned*, xv; and Joyce Smith, "Multifaceted Advice: Jeweler Barnett Helzberg Shares Some Secrets Behind His Success," *Kansas City Star* (Missouri), April 9, 2003, reviewing Helzberg's autobiography.

31. See Nick Wreden, "Key to Elevator Pitch: Get Their Attention," *South Florida Sun-Sentinel*, February 11, 2002 (adapted from a Harvard Business School Publishing newsletter).

32. Berkshire Hathaway, Inc., *1995 Annual Report*, chairman's letter: "It took us awhile to get together on price."

33. Helzberg, *What I Learned*, xviii; Dodson, "Jewelry Firm Sold to Berkshire Hathaway", reporting on Helzberg's remarks in a lecture at the University of Illinois College of Business.

34. 具体数字尚未公开披露，但小巴尼特曾说过，他的要价是伯克希尔最终支付价格的两倍。监管文件显示，伯克希尔最终支付的价格为 7510 股自家股票；1995 年 3 月 10 日，也就是伯克希尔宣布收购赫尔兹伯格珠宝的那一天，其收盘价为每股 22 200 美元。

35. Helzberg, *What I Learned*, xvii; Smith, "Multifaceted Advice," reviewing Helzberg's autobiography.

36. Fuller, "Warren Buffett to Buy Helzberg Shops."

37. Historical facts concerning Ben Bridge may be found in *International Directory of Company Histories*, vol. 60 (Detroit, Mich.: St. James, 2004) (hereafter cited as *IDCH*, Bridge).

38. Victoria Gomelsky, "Ed Bridge: Best in the West," *National Jeweler*, August 1, 2003, 58, interview with Ed Bridge, grandson of Ben Bridge.

39. *IDCH*, Bridge.

40. *IDCH*, Bridge; David Volk, "Building a 'Bridge' That Lasts," *Puget Sound Business*

Journal, July 17, 1992, 18, interview with Ed Bridge, grandson of Ben Bridge.

41. Ibid.

42. Ibid.

43. Berkshire Hathaway, Inc., *2000 Annual Report*, chairman's letter.

44. 伯克希尔鼓励子公司开展各种收购，以促进自身的业务增长；同时也鼓励子公司的 CEO 向总部报告任何可能的其他收购机会。在伯克希尔，按照这种政策行事是一种根深蒂固的价值观。这一点在家族企业中体现得尤为明显。例如，内布拉斯加家具城的 B 夫人有一个妹妹，名叫瑞贝卡·弗里德曼。B 夫人向巴菲特介绍了瑞贝卡一家，说他们在奥马哈拥有一家波仙珠宝店。伯克希尔很快就收购了波仙珠宝，收购原因和方式与对其他家族企业的收购相同。

45. Berkshire Hathaway, Inc., *1997 Annual Report*, chairman's letter.

46. Berkshire Hathaway, Inc., *1995 Annual Report*, chairman's letter.

第7章

1. 很多伯克希尔子公司的经理人都获得过"霍雷肖-阿尔杰奖"，包括克莱顿房屋公司的吉姆·克莱顿、宠厨的多丽丝·克里斯托弗，以及飞安公司的艾伯特·李·乌尔奇。伯克希尔董事会成员、伯克希尔-哈撒韦能源公司的股东沃尔特·斯科特曾担任过霍雷肖-阿尔杰协会的主席。

2. A. L. Ueltschi, *The History and Future of FlightSafety International* (New York: FlightSafety International, 1999), 26-29. For additional background on FlightSafety, see *International Directory of Company Histories*, vol. 29 (Detroit, Mich.: St. James, 1999).

3. Ueltschi, *The History and Future of FlightSafety International*, 34.

4. Ibid., 44.

5. Bruce N. Whitman, telephone interview by the author, February 10, 2014.

6. Ueltschi, *The History and Future of FlightSafety International*, 56.

7. Bruce N. Whitman, interview by the author at FlightSafety offices, New York, January 14, 2014.

8. Ueltschi, *The History and Future of FlightSafety International*, 68; Whitman, interview, January 14, 2014.

9. Whitman, interview, January 14, 2014.

10. Ueltschi, *The History and Future of FlightSafety International*, 70.

11. Berkshire Hathaway, Inc., *1996 Annual Report*, chairman's letter.

12. Whitman, interview, February 10, 2014.

13. Ibid.

14. Ibid.

15. Historical facts about NetJets may be found in *International Directory of Company Histories*, vol. 36 (Detroit, Mich.: St. James, 2001) (hereafter cited as *IDCH*, NetJets).

16. Anthony Bianco, "What's Better Than a Private Plane? A Semiprivate Plane," BusinessWeek, July 21, 1997, 52.

17. Richard T. Santulli, telephone interview by the author, January 24, 2014; see also Warren Berger, "Hey, You're Worth It (Even Now)," *Wired*, June 2001.

18. *IDCH*, NetJets.

19. William Garvey, "Viewpoint: A Head for Business," *Business & Commercial Aviation*, February 1, 2011.

20. *IDCH*, NetJets.

21. 新进入者包括伦敦国际航空公司提供的联合乘机服务，以及庞巴迪航空集团和美国航空公司的包机附属公司 AMR Combs 联合提供的公务机解决方案项目。

22. *IDCH*, NetJets.

23. Bianco, "What's Better Than a Private Plane?," 52.

24. *IDCH*, NetJets.

25. Santulli, interview.

26. Berkshire Hathaway, Inc., *1998 Annual Report*, chairman's letter.

27. Santulli, interview.

28. Ibid.

29. Ibid.

30. E.g., Berkshire Hathaway, Inc., *2004 Annual Report*, chairman's letter; and Berkshire Hathaway, Inc., *2007 Annual Report*, chairman's letter.

31. Santulli, interview.

32. Santulli, interview; Ravi Nagarajan, Berkshire Hathaway: In Search of the "Buffett Premium," *The Rational Walk*, 2011, 70, 116-17.

33. E.g., Berkshire Hathaway, Inc., *2009 Annual Report*, chairman's letter.

34. Nagarajan, "Buffett Premium," 117, notes 19-20 (containing references).

35. The facts concerning Garan, Inc., can be found in *International Directory of Company Histories,* vol. 64 (Detroit, Mich.: St. James, 2004).

36. See Garan company website; and Nina S. Hyde, Fashion Notes, Washington Post, November 4, 1979.

37. Ramon F. Adams, *Western Words: A Dictionary of the Range, Cow Camp and Trail* (Norman: University of Oklahoma Press, 1944).

38. Irvin Farman, *Standard of the West: The Justin Story* (Fort Worth: Texas Christian University Press 1996), 127. Good background about Justin Industries may be found in *International Directory of Company Histories*, vol. 19 (Detroit, Mich.: St. James,1998) (hereafter cited as *IDCH*, Justin).

39. Farman, *Standard of the West*, 133.

40. Ibid., 138.

41. Ibid., 136-37.

42. Ibid., 153-54.

43. Ibid., 155.

44. Farman, *Standard of the West*, 157-58.

45. *IDCH*, Justin.

46. Farman, *Standard of the West*, 172-73.

47. Ibid., 177-83.

48. See Peppercorn Learning, "Selling a Commodity? Baloney!," Pepper Group.

49. See Ronald Chan, *Behind the Berkshire Hathaway Curtain: Lessons from Warren Buffett's Top Business Leaders* (Hoboken, N.J.: Wiley, 2010), 27-28, recounting an interview with Watson.

50. Berkshire Hathaway, Inc., *2000 Annual Report*, chairman's letter.

51. Chan, *Behind the Berkshire Hathaway Curtain*, 30.

52. Ibid.

53. See Martha Deller, "Top CEO, Strategic Management, Randy Watson of Justin Books," *Fort Worth Business Press*, August 23, 2013.

54. Ibid.

55. Edwin E. Lehr, *Colossus in Clay: Acme Brick Company* (Marceline, Mo.: Walsworth, 1998), 237.

56. Good background about Dairy Queen may be found in *International Directory of Company Histories*, vol. 39 (Detroit, Mich.: St. James, 2001); Caroline Hall Otis, *The Cone with the Curl on Top: The Dairy Queen Story, 1940-1980* (Minneapolis: International Dairy Queen, 1990); and Bob Miglani, *Treat Your Customers: Thirty Lessons on Service and Sales That I Learned at My Family's Dairy Queen Store* (New York: Hyperion, 2006).

57. Otis, *The Cone with the Curl on Top*, 11.

58. Ibid., 34, quoting Sam Temperato.

59. Ibid., 56-57.

60. See William L. Killion, "The Modern Myth of the Vulnerable Franchisee: The Case for a More Balanced View of the Franchisor-Franchise Relationship," *Franchise Law Journal* 23 (2008): 28.

61. 特许经营提供了一种商业模式，同时迎合了许多美国人两种相互矛盾的信念：一方面，他们对经营小型企业心怀敬意；另一方面，他们又认为，大型企业才有可能成功。特许经营既能带来独资企业的个人收益，又能享受大型企业的竞争优势。Thomas S. Dicke, *Franchising in America: The Development of a Business Method, 1840-1980* (Chapel Hill: University of North Carolina Press, 1992). 特许经营也具有美国梦的特质。一位中等收入的企业家，拿出一个相对较低的初始投资，可以拥有和经营一家企业。如今，这已成为一种标准的商业模式，在加盟组织的协调下，吸引了数百万人参与建立属于自己的事业。

1970 年左右，冰雪皇后和全国其他众多特许经营授权商面临困境。特许经营的热潮兴起于 20 世纪 60 年代，当时在 1000 个品牌下，涌现出 67 万家特许经营店。See Harry Kursh, *The Franchise Boom* (Englewood Cliffs, N.J.: Prentice Hall,

1968). 然而，繁荣很快变成了萧条。批评家们齐声谴责，肆无忌惮的特许经营权授予者掠夺天真的有志者，媒体上充斥着这类故事的大量报道。很多加盟商都是"夫妻店"的经营者，他们梦想着经营一家企业，但缺乏经验和能力。但现实并不像那些负面报道所暗示的那么糟糕。事实上，美国联邦贸易委员会认为，这些问题只是偶尔出现，而非普遍存在。Killion, "The Modern Myth," 26-27nn56-57, quoting FTC's general counsel. 威斯康星大学的研究人员得出结论，特许经营的净经济效应是积极正面的，特别是在提供拥有一家企业的机会方面，这是属于创业者的美国梦。Urban B. Ozanne and Shelby D. Hunt, The Economic Effects of Franchising (Washington, D.C.: Government Printing Office, 1971).

62. Killion, "The Modern Myth," 25.

63. John W. Mooty, telephone interview by the author, October 3, 2013.

64. Otis, *The Cone with the Curl on Top*, 81-82.

65. Ibid., 82.

66. Ibid., 94; Mooty, interview.

67. Otis, *The Cone with the Curl on Top*, 121.

68. Susan Feyder, "Auto Dealer's Death Influenced IDQ's Decision to Sell," *Star- Tribune*, November 22, 1997.

69. Mooty, interview.

70. Ibid.

71. Stephanie Steinberg, "Around the Water Cooler with Dairy Queen's CEO," *U.S. News & World Report*, July 23, 2013.

72. Michael Webster, "GE Capital Provides $26.5 Million to Dairy Queen Franchisee," *Franchise-Info*, April 27, 2011.

73. Otis, *The Cone with the Curl on Top*, 67, quoting Sam Temperato.

第8章

1. See, e.g., the classic work of Douglas McGregor, The Human Side of Enterprise (1960; annotated ed., New York: McGraw-Hill, 2005).

2. Doris Christopher, *The Pampered Chef: The Story of One of America's Most Beloved*

Companies (New York: Currency Doubleday 2005). Additional resources concerning the Pampered Chef include Karen Linder, *The Women of Berkshire Hathaway: Lessons from Warren Buffett's Female CEOs and Directors* (Hoboken, N.J.: Wiley, 2012), chap. 3; Doris Christopher, *Come to the Table* (New York: Hachette, 2008); and *International Directory of Company Histories*, vol. 18 (Detroit, Mich.: St. James, 1997).

3. Michele L. Fitzpatrick, "Recipe for Success," *Chicago Tribune*, April 14, 1996.

4. Linder, *The Women of Berkshire Hathaway*, 76-77.

5. Robert A. Mamis, "Master of Bootstrapping Administration," *Inc.*, August 1, 1995.

6. Christopher, The Pampered Chef, 111.198.

7. Ibid., 148.

8. Ibid., 124, 126.

9. Ibid., 173.

10. Ibid., 173.

11. Ibid., 162-67.

12. Ibid., 166-67. 伯克希尔的其他子公司也以同样的方式克服了这一困境。威利家居的比尔·柴尔德说："如果增长过快，公司的基础设施和系统就无法应对。基础设施和系统的进化必须与销售额的增长保持在同一水平。否则，公司在产品交付等方面就会变得效率低下，其结果是不断抬高的成本和不断降低的客户满意度。"

    Quoted in Jeff Benedict, How to Build a Business Warren Buffett Would Buy: The R. C. Willey Story (Salt Lake City: Shadow Mountain, 2009), 108-9. 在成为伯克希尔子公司以前，有些企业就因为没有遵守这一原则而酿成苦果。See chap. 11 for the example of Brooks Sports, Inc.

13. Berkshire Hathaway, Inc., *2002 Annual Report*, chairman's letter.

14. Christopher, The Pampered Chef, 243-44.

15. Ibid., 196, 242.

16. Berkshire Hathaway, Inc., *1981 Annual Report*, chairman's letter.

17. See Ronald Chan, *Behind the Berkshire Hathaway Curtain: Lessons from Warren Buffett's Top Business Leaders* (Hoboken, N.J.: Wiley, 2010), 116.

18. Ibid., 118.

19. Doris Christopher, author interview at Berkshire Hathaway annual meeting, May 3, 2014.

20. See Jordan v. Scott Fetzer Co., No. 4:07-CV-80, 2009 WL 1885063 (M.D. Ga. June 30, 2009).

21. See Joseph Cahill, "Here's the Pitch: How Kirby Persuades Customers to Shell Out $1,500 for Vacuum," *Wall Street Journal*, October 4, 1999; Greg Dawson, "Kirby Always Cleaning Up After Others," *Orlando Sentinel*, August 27, 2004.

22. See Lee Howard, "Ex-Kirby Employees Can Join Suit," *The Day* (New London, Conn.), March 28, 2012.

23. See Cahill, "Here's the Pitch"; Dawson, "Kirby Always Cleaning Up After Others."

24. See Jordan v. Scott Fetzer Co., No. 4:07-CV-80, 2009 WL 1885063 (M.D. Ga. June 30, 2009); Howard, "Ex-Kirby Employees Can Join Suit."

25. See Robert P. Miles, *The Warren Buffett CEO: Secrets from the Berkshire Hathaway Managers* (Hoboken, N.J.: Wiley, 2003), 357-58, quoting Buffett's written instructions.

26. Alice Schroeder, *The Snowball: Warren Buffett and the Business of Life* (New York: Bantam Dell, 2008), 482.

27. Berkshire Hathaway, Inc., *2009 Annual Report*, chairman's letter.

28. Ibid.

29. In late 2010, Sokol was serving as chairman, CEO, and president of NetJets as well as chairman of both MidAmerican Energy and Johns Manville.

30. Berkshire Hathaway, Inc., 2011 annual meeting, transcript (on file with the author), Buffett's opening comments.

31. Ibid.

32. Ibid., Buffett responding to shareholder questions.

33. See Steve Schaefer, "Buffett Breaks Out Elephant Gun for $9B Lubrizol Buy," Forbes, March 14, 2011.

34. See Katya Wachtell, "Meet John Freund: Warren Buffett's Broker of 30 Years and the City Banker Who Alerted Him to Sokol's Deception," *Business Insider*, May 2, 2011.

35. See also, "David Sokol Defends His Controversial Lubrizol Stock Purchases," CNBC transcript, April 1, 2011.

36. Ruling of the Court on Defendants' Motion to Dismiss, In re Berkshire Hathaway Inc. Deriv. Litig., No. 6392-VCL, 2012 WL 978867 (Del. Ch. Mar. 19, 2012).

37. Berkshire Hathaway, Inc., 2011 annual meeting, transcript, Buffett responding to shareholder questions.

38. Ibid., Munger responding to shareholder questions.

39. The Salomon incident is noted in chap. 1.

40. Ben Berkowitz, "Sokol Affair Tarnishes Buffett Style," *Globe & Mail*, March 31, 2011, quoting Charles Elson of the University of Delaware: "The fact that this could happen does raise questions as to the effectiveness of the company's controls to prevent something like this from happening."

41. Berkshire Hathaway, Inc., *2010 Annual Report*, chairman's letter.

42. Jenny Strasburg, "Buffett Is Seen as Too Trusting," *Wall Street Journal*, March 31, 2011.

43. Berkowitz, "Sokol Affair Tarnishes Buffett Style," quoting John C. Coffee of Columbia University Law School: "It's the kind of behaviour that, as a matter of corporate governance, sophisticated companies try to avoid."

44. 即便是有更精细的控制系统，也很难说索科尔内幕交易事件不会发生。假设伯克希尔有大型的合规部门，有详细的命令和控制，包括通过合规委员会清算个人投资的特定程序。如果伯克希尔指责索科尔违反长期以来的一般性政策尚且不能阻止索科尔的交易，那么增加一层官僚机构也毫无益处。相反，命令和控制可能会取代自治和信任文化的价值，并激发更多游走边缘的行为。

其实，包括伯克希尔在内的许多公司，都有一套明文规定，禁止员工交易受限证券。伯克希尔的受限名单包括其持有股份的公司证券。除此之外，伯克希尔的政策适用范围更广，其禁止的证券交易还包括伯克希尔潜在的收购对象。编制公司拥有的全部证券清单很容易，但不可能保证这份清单还包括将来可能收购的公司。受规则约束的指挥与控制文化可以限制前者，但不能限制后者，要想尽可能避免这类情况，需要一定程度的自治和信任。

45. Berkshire Hathaway 2011 annual meeting, transcript, Munger responding to shareholder

questions.

46. See Buffett's testimony before the Subcommittee on Telecommunications and Finance of the Energy and Commerce Committee of the U.S. House of Representatives (1991), reported in "Buffett's 1991 Salomon Testimony," *Wall Street Journal*, May 1, 2010. 巴菲特告诫大家的开场白是这样的："遵守合规的精神与要求合规的命令一样重要，甚至更加重要。我要下正确的指令，也需要全面的内部控制。但我也要求所罗门兄弟公司的每一位员工都成为自己的合规官。首先是要遵守规则，然后我希望他们扪心自问，自己是否经得起记者通篇的严词报道，是否愿意出现在当地报纸第二天的头版，读者包括他们的配偶、孩子和朋友。如果他们能够通过这项测试，就不必担心我接下来要说的话：如果你让公司损失金钱，我能够容忍；但如果你让公司名誉扫地，我会毫不留情。"

47. 在 2011 年伯克希尔–哈撒韦股东大会的文本中，巴菲特回应了股东的问题。通过严正谴责索科尔，审计委员会向伯克希尔所有员工发出了明确警告。在授权巴菲特公开发布时，这份报告强调：这样的一份公开声明，将向所有为伯克希尔工作的人士，以及接受伯克希尔服务的人士表明，公司将认真对待自身的政策和指令。所有站在法庭中央的代表，其言论反映的都是公司政策，而不是公关。我们希望通过这份报告，发出一个响亮的信号，即大力宣讲和推广这些政策，并阻止任何可能在未来考虑违反这些政策精神或规定的人士。

48. 索科尔内幕交易事件促使伯克希尔的一些股东在伯克希尔注册地特拉华州起诉公司董事会。这些股东认为，董事会未能维持适当的内部控制系统。这一控诉呼应了公众对伯克希尔公司自主与信任文化的批评。他们说，董事会放弃了命令与控制结构，糟蹋了自己的监督角色。法院驳回了这一说法，称其说辞"极其无力"。Ruling of the Court on Defendants' Motion to Dismiss, In re Berkshire Hathaway Inc. Deriv. Litig., No. 6392-VCL, 2012 WL 978867 (Del. Ch. Mar. 19, 2012). 这些股东还试图起诉索科尔，为伯克希尔追回 300 万美元的利润，但董事会拒绝了。董事会有权决定公司是否应该起诉某人，除非股东能证明董事会不能公正行事。股东们无法证明，在是否起诉索科尔的问题上，伯克希尔董事会的独立性受到了损害。特拉华州法院承认，巴菲特的新闻稿对此事具有一定影响，暗指索科尔和巴菲特之间的亲密关系可能会让董事会产生偏见。但法院表示，那只是传言而已，不足以影响董事会的判断。Ibid.

49. 索科尔内幕交易事件也反映出伯克希尔对公众看法的敏感性，这也为巴菲特的告诫提供了依据。也就是说，员工的所作所为，如果被报纸头版报道会是什么样子，巴菲特会据此来测试员工的表现是否得体。假设索科尔在第一次给巴菲特打电话时说：“我认为路博润是一家有吸引力的公司，以至于我刚刚为自己买了1000万美元股票，我认为你应该为伯克希尔也考虑一下。”如果当初明白告知，故事的结局也许就会改写。此外，如果索科尔这样说，有可能会进一步消除人们对其行为的怀疑，他可以说：“如果伯克希尔愿意以成本价购买我的股票，我很乐意出售。”巴菲特可能会这样回答：“不用了，没关系。如果我们最终买下了路博润，你就有权拥有这些股票。”

50. Dickstein Shapiro, "Statement of Dickstein Shapiro Partner Barry Wm. Levine, Attorney for David Sokol," press release, April 27, 2011.

51. Benedict, *How to Build a Business Warren Buffett Would Buy*, 55-56.

52. Ibid., 56. 有一些业务，自主经营可以为品牌提供背书。例如，伯克希尔旗下的众多报业，以《布法罗新闻报》为代表，伯克希尔的管理层避免参与有关内容或观点的决策。《奥马哈世界先驱报》是一家规模较大的报纸，其高管只负责日常的监督管理。公司的员工尊重新闻职业道德和报纸编辑政策，并珍视自主权，以及来自老板的信任。

53. Kevin T. Clayton, author's survey of Berkshire executives, October 3, 2013.

54. Jim Clayton and Bill Retherford, *First a Dream* (Knoxville, Tenn.: FSB, 2002), 99.

55. James L. Hambrick, telephone interview by the author, December 20, 2013.

第9章

1. Berkshire Hathaway, Inc., *2013 Annual Report*, 64; W. Grady Rosier (CEO, McLane Company), letter to the author, September 23, 2013.

2. Historical facts concerning McLane may be found in Martha Kahler and Jeff Hampton, *McLane Company, Inc.: The First One Hundred Years* (Temple, Tex.: McLane Company, 1994); see also *International Directory of Company Histories*, vol. 13 (Detroit, Mich.: St. James, 1996).

3. Actually $3.8 million to be more precise. Kahler and Hampton, *McLane*, 63.

4. Ibid., 63.

5. Ibid., 58-59, 62.

6. Ibid., 63.

7. Ibid., 63.

8. See "Berkshire Unit Invests in Missouri Beverage," St. *Louis Post-Dispatch*, April 26, 2013.

9. 按地域划分的增长战略，在伯克希尔的一些子公司中表现很明显，例如 BH 媒体收购了满足特定地区阅读需求的当地报纸；美国家居服务公司收购了在特定地区开展业务的当地房产经纪公司。在国际舞台上，伊斯卡通过在欧洲多国连续收购，不断发展壮大。以上三家公司未来都有巨大的增长机会。

10. See Lawrence A. Cunningham, *Outsmarting the Smart Money* (New York: McGraw-Hill, 2002).

11. 其他企业还包括：本 – 布里奇珠宝公司、伯灵顿北方圣达菲铁路公司、德克斯特鞋业、飞安公司、通用再保险公司。

12. 例如，在与伯克希尔"联姻"的前 20 年里，喜诗糖果创造了近 4 亿美元的利润，但只新增了 1800 万美元的投入，剩下的利润全部分配给伯克希尔。Berkshire Hathaway, Inc., *1991 Annual Report*, chairman's letter. 喜诗糖果的销售额，从 1972 年的 2900 万美元，增长到 1991 年的 1.96 亿美元；其税前利润，从 1972 年的 420 万美元，增长到 1991 年的 4240 万美元。喜诗糖果能够取得 1991 年的业绩，靠的仅仅是 2500 万美元的净资产，包括 1971 年的 700 万美元，以及伯克希尔后来陆续投入的 1800 万美元。在此期间，喜诗糖果产生的其余盈余，累计高达 4.1 亿美元，被伯克希尔用于其他用途。2013 年，喜诗糖果的年利润额达到了 8000 万美元。David Kass, "Remarks of Warren Buffett at University of Maryland on November 15, 2013," *Robert H. Smith School of Business Blog*, December 8, 2013.

13. See Prem C. Jain, *Buffett Beyond Value* (Hoboken, N.J.: Wiley, 2010), 139: "1986 ～ 1994 年，斯科特 – 费泽的利润总额为 5.554 亿美元，但其中的大部分资金都没有再投入到斯科特 – 费泽。"

14. Michael D. Sorkin, "Paul Cornelsen Dies, Former Ralston Exec Won Battlefield Command from Gen. George Patton," *St. Louis Post Dispatch*, January 1, 2012.

15. See Hunter v. MiTek Industries, 721 F.Supp. 1102 (E.D. Mo. 1989).

16. Thomas J. Manenti, telephone interview by the author, October 2, 2013.

17. Jim Healey, *MiTek: A Global Success Story: 1981-2011* (St. Louis, Mo.: MiTek, 2012), 66.

18. Manenti, interview, October 2, 2013.

19. Berkshire Hathaway, Inc., *2001 Annual Report*, chairman's letter.

20. 事实证明, 雷盛集团是一家强硬的谈判者, 它在伯克希尔最初报价的基础上讨价还价。雷盛集团提出, 伯克希尔的报价忽视了迈铁公司最近发生的一起并购。最终, 伯克希尔还是接受了雷盛集团的还价。Healey, *MiTek*, 72-73.

21. Thomas J. Manenti, telephone interview by the author, February 12, 2014.

22. Gibraltar Steel Corporation, press release.

23. 还有一个例子, 2000 年, 内布拉斯加家具城收购了位于艾奥瓦州的主妇购物中心公司; 2005 年, 内布拉斯加家具城又出售了它的非零售制造部门。Andrew Kilpatrick, *Of Permanent Value: The Story of Warren Buffett* (Birmingham, Ala.: Andy Kilpatrick Publishing Empire, 2011), 533.

24. Manenti, interview, October 2, 2013.

25. Historical facts concerning Lubrizol may be found in *International Directory of Company Histories*, vol. 30 (Detroit, Mich.: St. James, 2000).

26. Lubrizol-Noveon, press release, April 2004.

27. James L. Hambrick, telephone interview by the author, December 20, 2013.

28. Ibid.

29. Jefferies Research Analyst Report, December 2006, noting that Noveon's private equity sponsors had made deep cuts in its R&D.

30. Jefferies Research Analyst Report, December 2006.

31. See Ian Austen and Nathaniel Popper, "Paper or Plastic: Britain Joining Currency Trend," *The New York Times*, December 20, 2013.

32. Robert Westervelt, "Lubrizol: Maintaining Margins and Adding Growth to the Mix,"

Chemical Week, September 20, 2010.

33. Peter Rea (former Baldwin Wallace University professor and expert on corporate ethical culture who had researched Lubrizol), email to author, January 8, 2014; see also Alan Kolp and Peter Rea, *Integrity Is a Growth Market* (Mason, Ohio: Atomic Dog, 2005).

34. Jefferies Research Analyst Report, December 2006.

35. 一些报道指出，卖方无法接受路博润更高的报价，因为他们已和巴斯夫化学公司达成独家协议。而另一些报道则认为，巴斯夫化学公司的报价更有可能成交，且融资更安全，因此卖方才做出这一决定。Compare "BASF Will Purchase Cognis for $3.9 Billion," *Star-Ledger* (Newark, N.J.), June 23, 2010, with "BASF Close to Cognis Deal as Owners Reject Lubrizol's Offer," *Chemical Week Business Daily*, June 21, 2010.

36. Westervelt, "Lubrizol: Maintaining Margins."

37. Hambrick, interview, December 20, 2013.

38. Berkshire Hathaway, Inc., *2011 Annual Report*, chairman's letter.

39. Jefferies Research Analyst Report, October 2010.

40. See Ronald Chan, *Behind the Berkshire Hathaway Curtain: Lessons from Warren Buffett's Top Business Leaders* (Hoboken, N.J.: Wiley, 2010), 134, calling it a "distressed company" as of 1991.

41. See Jeffrey L. Rodengen, *Kiewit: An Uncommon Company* (Ft. Lauderdale, Fla.: Write Stuff Enterprises, 2009), 155.

42. Ibid., 80, 95, 98.

43. Ibid., 98.

44. Jeff Pelline, "California Energy Relocating to Omaha," *San Francisco Chronicle*, June 20, 1991.

45. Ibid.

46. Judy Schriener, "No Grand Plan but Plenty of Cash," *Engineering News*, March 22, 1993.

47. California Energy Co., Inc., press release, January 10, 1995.

48. See Edward B. Flowers, *U.S. Utility Mergers and the Restructuring of the New Global*

Power Industry (Westport, Conn.: Quorum, 1998).

49. James Miller, "CalEnergy Ends $1.92 Billion Bid," *Wall Street Journal*, August 18, 1997.

50. "Cal Energy Board Okays $1.16 Billion Buyout of Kiewit's 30% Stock Holding," Global Power Report, September 19, 1997.

51. Chan, *Behind the Berkshire Hathaway Curtain*, 136.

52. Ron Insana, Street Signs interview, CNBC, October 25, 1999.

53. Ibid.

54. Ibid.

55. 北方天然气公司成立于20世纪30年代，最初的总部设在奥马哈。Berkshire Hathaway, Inc., *2002 Annual Report*, chairman's letter. 1985年，北方天然气公司（1980年后更名）与休斯敦天然气公司合并。根据合并协议，保留公司位于奥马哈的总部，让北方天然气公司的CEO留任，并保留公司名称。然而，在一年之内，休斯敦天然气公司违背了全部三项承诺：将总部迁往休斯敦，由肯尼斯·雷出任CEO，公司更名为安然。在接下来的15年时间里，安然公司开发了令人兴奋的、以能源为基础的金融项目，其中夹杂着精心设计的会计诡计。See Bethany McLean and Peter Elkind, *The Smartest Guys in the Room: The Amazing Rise and Scandalous Fall of Enron* (New York: Portfolio, 2003).

2001年底，就在安然的欺诈行为被揭露之前，它以北方天然气公司的管道作为抵押，获得了来自同城竞争对手达力智的融资。安然很快发生违约，达力智接管了北方天然气公司的管道。此后不久，达力智自身也面临着财务问题。2001年7月下旬的一个周五，为了筹集流动资金，达力智的高管打电话给中美能源，希望出售北方天然气公司，他们在接下来的周一就签订了合同。Berkshire Hathaway, Inc., *2002 Annual Report*, chairman's letter.

56. Berkshire Hathaway, Inc., *2008 Annual Report*, 71; Ravi Nagarajan, "Berkshire Hathaway: In Search of the 'Buffett Premium,'" *The Rational Walk*, March 1, 2011, 115.

57. See Richard H. Thaler, *The Winner's Curse: Paradoxes and Anomalies of Economic Life* (Princeton, N.J.: Princeton University Press, 1994).

58. Berkshire Hathaway, Inc., *2013 Annual Report*, chairman's letter.

59. 另一个以资本为导向的收购案例是珠宝供应商 Richline。Richline 的起源更像是企业家的一个梦想，而不是通常意义上的企业管理者。2006 年 5 月，在位于西雅图的本 – 布里奇珠宝连锁店，巴菲特在午餐会上做了一次演讲。现场观众包括公司的一些供应商，其中一家小型黄金珠宝制造商的老板丹尼斯·乌尔里希当时也在场。2007 年 1 月，乌尔里希向巴菲特毛遂自荐，他提议说，如果有伯克希尔的资本做后盾，他可以通过收购在珠宝供应行业建立一支力量。巴菲特同意了。

在成立 Richline 的第一天，伯克希尔就收购了 Aurafin 和 Bel-Oro 国际公司，这两家企业都是小型珠宝制造商，一家由乌尔里希所有，另一家由竞争对手戴夫·梅莱斯基所有。不久之后，Bel-Oro 国际又收购了三家公司：Michael Anthony Jewelers、Inverness Corporation 和 Leach Garner。接着，Leach Garner 又收购了三家公司：Excell Manufacturing、Findings, Inc. 和 Stern Metals。很快，至少 8 家小型珠宝制造商合并成一家更强大的企业集团。毫无疑问，未来还会有更多厂商加入。2013 年，Richline 收购了珍珠专业厂商 HONORA, Inc.。Richline 的增长一直以地理位置和产品为导向，但其最终的动机是：集中小型经营者的资金，以发挥规模优势。

60. Berkshire Hathaway, Inc., *2012 Annual Report*, chairman's letter; and Berkshire Hathaway, Inc., *2013 Annual Report*, chairman's letter.

第10章

1. Anthony B. Hatch, "Railway Industry Update," presented at Railway Interchange 2011, Minneapolis, Minn., September 18-21, 2011.

2. Lawrence H. Kaufman, Leaders Count: The Story of BNSF Railway (Austin: Monthly Custom Publishing/Texas A&M University Press, 2005), 198-99. Kaufman's book offers an excellent and comprehensive treatment, on which this section draws heavily. The section is supplemented by notes from interviews of rail industry analysts and investors developed by Steven Keating of the George Washington University Investment Office (hereafter cited as Keating, Interview Notes).

3. See Frank N. Wilner, Railroad Mergers: History, Analysis, Insight (New York: Simmons-

Boardman, 1997).

4. 1980 年，伯灵顿北方圣达菲铁路公司收购了同样成立于 1849 年的圣路易斯 – 旧金山铁路公司，这家公司的主要线路是连接芝加哥和西雅图，并有支线延伸到亚拉巴马州、得克萨斯州和怀俄明州。截至 1994 年，伯灵顿北方圣达菲铁路公司已成为美国同类铁路公司中规模最大的一家。

5. Kaufman, *Leaders Count*, 266.

6. Ibid., 266, 268.

7. Ibid., 230.

8. Ibid., 227.

9. Ibid., 225.

10. Keating, Interview Notes.

11. Kaufman, *Leaders Count*, 171.

12. Ibid., 268-69.

13. Ibid., 274.

14. Ibid., 282-83.

15. Ibid., 320.

16. Ibid.

17. Ibid., 323.

18. Ibid., 328.

19. Berkshire Hathaway, Inc., *2013 Annual Report*, 64-65.

20. Keating, Interview Notes.

21. Ibid.

22. Berkshire-BNSF Joint Prospectus and Proxy Statement, December 23, 2009, 35-39.

23. Kaufman, *Leaders Count*, 344, 371 (Rose).

24. 2013 年底，伯灵顿北方圣达菲公司宣布管理层交接，此前一直担任董事长和 CEO 的罗斯成为公司的执行董事长，而此前一直担任总裁的艾斯，则继续担任总裁，并兼任公司 CEO。BNSF, "BNSF Railway Announces CEO, Executive Chairman Transition," press release, December 11, 2013.

25. For a rich and fascinating history of Shaw Industries, on which this section draws, see

Randall L. Patton, *Shaw Industries: A History* (Athens: University of Georgia Press, 2002).

26. Ibid., 85.

27. Ibid., 152.

28. Ibid.

29. Berkshire Hathaway, Inc., *2000 Annual Report*, chairman's letter.

30. Ibid.

31. Berkshire Hathaway, Inc., *2004 Annual Report*, chairman's letter, noting that 肖氏工业的成本"如今仍面临着不小的压力", 但它"2004 年的有形资产回报率高达 25.6%", 是一家"实力雄厚"的公司。当然，始于 2008 年的房地产行业低迷行情，给肖氏工业带来了挑战。

32. Historical facts concerning Fruit of the Loom may be found in *International* Directory of Company Histories, vol. 25 (Detroit, Mich.: St. James, 1999) (hereafter cited as IDCH, Fruit of the Loom).

33. Psalm 127:3.

34. 历史学家对"union suit"一词的含义争论不休。一些人认为它描述的是衣服，是内裤和汗衫的组合，在腰部拼接在一起的一套完整服装。还有些人说，这个名词引自那些著名的穿过这身衣服的人士，即南北战争期间的联邦军队。不管怎样，戈德法布把这一名词用以命名他刚刚成立的公司 Union Underwear Company。IDCH, Fruit of the Loom.

35. Ibid.

36. David Greising, "Bill Farley in on Pins and Needles," *BusinessWeek*, September 18, 1989, 58; Jonathan R. Laing, "Love that Leverage!" *Barron's*, May 1, 1989, 6.

37. Michael Oneal, "Fruit of the Loom Escalates the Underwars," *BusinessWeek*, February 22, 1988, 114.

38. "Profit Surges 38 Percent on Moves to Reduce Labor Expenses," *Wall Street Journal*, April 16, 1998.

39. 巴菲特总结了这笔交易。买方：费城与雷丁煤炭钢铁公司，一家无烟煤生产商，虽然业务不断下滑，但账上有大量现金并享受税收抵免。卖方：联合内衣公司，账上有 500 万美元现金，年税前利润 300 万美元。条款：交易对价为 1500 万美元，支付方式如下：一、900 万美元的无息应付票据，来源是联合内衣公司超过 100 万美元盈余的 50%；二、联合内衣公司现有现金结余中的 250 万美元；三、剩下的 350 万美元，显然是由费城与雷丁煤炭钢铁公司用现金支付。在 2001 年致股东的信里，巴菲特谈到了这笔交易："那都是陈年往事了；现在一想到这样的交易，我就会起鸡皮疙瘩。" Berkshire Hathaway, Inc., *2001 Annual Report*, chairman's letter.

40. There had been several other final bidders in an active process during which the administrators identified as many as twenty-nine prospective buyers. Fruit of the Loom Bankruptcy Disclosure Statement (Dec. 28, 2001) (filed on Form 8-K with the Securities and Exchange Commission).

第11章

1. Jim Weber, telephone interview by the author, October 11, 2013.

2. Historical facts about Brooks may be found in *International Directory of Company Histories*, vol. 32 (Detroit, Mich.: St. James, 2000) and Liz Murtaugh Gillespie, *Running Through the First 100 Years* (Seattle, Wash.: Brooks Sports, Inc., 2014) .

3. Jeanne Sather, "Shoemaker Brooks Takes Its First Steps on Comeback Trail," Puget Sound Business Journal, July 1, 1994, 6.

4. Helen Jung, "Brooks Shoe Chief Wants to Run Up Profits, Reputation," *Knight- Ridder/ Tribune Business News*, January 31, 1994.

5. Leigh Gallagher, "Runner's World," *Forbes*, February 22, 1999, 96.

6. Weber, interview; see Catherine New, "Brooks' CEO Jim Weber Explains How He Turned Around a Near-Bankrupt Business," *Huffington* Post, April 24, 2013.

7. The anecdote is from the telephone interview with Jim Weber.

8. Weber, interview.

9. Ibid.

10. Joel Silvey, email to author (April 3, 2014). Some of the historical facts concerning Forest River may be found at Joel Silvey's website *Pop-up Camper History*.

11. Sherman Goldenberg, "RVB Announces '05 Newsmaker of the Year," *RV Business*, November 17, 2005.

12. Berkshire Hathaway, Inc., *2005 Annual Report*, chairman's letter.

13. Ibid.

14. Ibid. 在 2005 年致股东的信里，巴菲特简明扼要地解释了这件事：皮特是一位杰出的企业家。几年前，皮特把一家比现在小得多的公司卖给了杠杆收购运营商，后者立即告诉他应当如何经营这家公司。没过多久，皮特就走了，生意很快就破产了，然后皮特又把它买了回来。你大可放心，我不会告诉皮特如何管理他的公司。

15. Berkshire Hathaway, Inc., *2005 Annual Report*, chairman's letter.

16. Ibid.

17. Berkshire Hathaway, Inc., *2010 Annual Report*, chairman's letter.

18. Berkshire Hathaway, Inc., *2005 Annual Report*, chairman's letter.

19. Berkshire Hathaway, Inc., *2012 Annual Report*, inside back cover.

20. Berkshire Hathaway, Inc., *2013 Annual Report*, inside back cover.

21. Berkshire Hathaway, Inc., *2013 Annual Report*, chairman's letter.

22. Sherman Goldenberg, "Berkshire Hathaway to Purchase Forest River," *RV Business*, July 20, 2005.

23. Michael J. De La Merced, "Berkshire to Buy Oriental Trading Co.," *New York Times*, November 2, 2012.

24. Dawn McCarty, "Oriental Trading Co. Files for Bankruptcy in Delaware," Bloomberg, August 25, 2010.

25. Berkshire Hathaway-Oriental Trading, "Berkshire Hathaway to Acquire Oriental Trading," press release, November 2, 2012.

26. "CTB Inc. Founder Howard S. Brembeck Dies at 100," *Grain News*, December 7, 2010.

27. CTB, "CTB International Corp. Announces Agreement to Be Acquired by Berkshire Hathaway," press release (August 19, 2002).

28. *International Directory of Company Histories*, vol. 26 (Detroit, Mich.: St. James, 1999).

29. 从技术上讲，买家是韦斯科金融公司，当时蓝筹印花公司持有其 80% 的股份，随后蓝筹印花公司并入了伯克希尔。多年以来，韦斯科金融公司一直由伯克希尔副董事长查理·芒格执掌帅印，旗下也有少许子公司。

30. Berkshire Hathaway, Inc., *2000 Annual Report*, chairman's letter.

31. Units Magazine, National Apartment Association, August 1, 2012, vol. 36, issue 8.

32. Berkshire Hathaway, Inc., *2013 Annual Report*, chairman's letter.

33. Andrew Kilpatrick, *Of Permanent Value: The Story of Warren Buffett* (Birmingham, Ala.: Andy Kilpatrick Publishing Empire, 2011), 585.

34. Berkshire Hathaway, Inc., *2006 Annual Report*, chairman's letter.

35. Berkshire Hathaway, Inc., *2010 Annual Report*, chairman's letter.

36. Berkshire Hathaway, Inc., *2006 Annual Report*, chairman's letter.

37. Ibid.

38. Ibid.

39. Berkshire Hathaway, Inc., *2010 Annual Report*, chairman's letter; and Berkshire Hathaway, Inc., *2013 Annual Report*, chairman's letter.

40. Berkshire Hathaway, Inc., *1985 Annual Report*, chairman's letter.

第12章

1. 2008 年，伯克希尔收购了玛蒙集团 60% 的股份，并计划在接下来的几年里逐步增持，直到 2014 年达到 100%。

2. Jeffrey L. Rodengen, *The Marmon Group: The First Fifty Years* (Ft. Lauderdale, Fla.: Write Stuff Syndicate, 2002). Historical facts concerning the Marmon Group may also be found in *International Directory of Company Histories*, vol. 70 (Detroit, Mich.: St. James, 2005) (hereafter cited as *IDCH*, Marmon); and in Cynthia Hutton, "The Pritzkers: Unveiling a Private Family," *Fortune*, April 25, 1988.

3. 亚伯兰·尼古拉斯的小儿子唐纳德，也就是杰伊和罗伯特的另一个兄弟，也有这样的基因，他在生前建立了凯悦连锁酒店，并于 1972 年去世，享年 39 岁。

4. 伯克希尔也有同样的政策。但考虑到伯克希尔通常不会插手经营事务，实际上鲜有执行这一政策。在某种程度上，伯克希尔可能会参与一些类似于扭转困局的事情，但它往往只涉及财务而不涉及运营。也就是说，伯克希尔会改善经营业绩，但不会重组制造、分销和其他业务基础结构。

5. Some aspects of the saga are recorded in one of the resulting lawsuits, Schulwolf v. Cerro Corp., 380 N.Y.S.2d 957 (Sup. Ct. N.Y. 1976), which also references the proxy statement and other transaction documents.

6. Frederick C. Klein, "Family Business: The Pritzkers Are an Acquisitive Bunch Which Pays Off Well," *Wall Street Journal*, March 27, 1975.

7. Wells Lamont has been an exhibitor at Berkshire Hathaway annual meetings.

8. Rodengen, *The Marmon Group*, 11, 58.

9. *IDCH*, Marmon.

10. Smith v. Von Gorkom, 488 A.2d 858 (Del. 1985).

11. Ibid.

12. Rodengen, *The Marmon Group*, 73.

13. *IDCH*, Marmon: "20 世纪 80 年代末，玛蒙集团已经发展到如此程度，以至于一些观察家开始质疑其公司结构是否有处理其所持股份的能力。从技术上和地域上说，这些股份都变得越来越分散化。"

14. See Taina Rosa, "Sentinel Capital Takes Colson Group," *Daily Deal*, April 17, 2012; "Contify, Advent, Goldman Sachs to Acquire Trans Union," February 18, 2012.

15. For details of ITW's corporate history, see *ITW: Forging the Tools of Excellence*, ITW.

16. Ross Foti, "John Nichols Takes Charge," *Forward Online*, May/June 2005. By 2012, ITW had 800 businesses, which signaled its maximum, as two successive CEOs embarked on a divestiture program to scale back the number by 25 percent. See Meribah Knight, "Retooling: ITW's New CEO Plots Change While Preserving Culture," *Crain's Chicago Business*, March 25, 2013.

17. Foti, "John Nichols Takes Charge."

18. 在一定程度上，收购价格是收益变量的函数，具体对价要到 2014 年收购期结束时才能知道。

19. Berkshire Hathaway, Inc., *1988 Annual Report*, chairman's letter; and Berkshire Hathaway, Inc., *2008 Annual Report*, chairman's letter.

20. The Marmon Group LLC, *2012 Annual Brochure*.

21. James E. Schrager, "Pritzker Deliberate and Clear," *Chicago Tribune*, November 6, 2011.

22. See David Roeder, "In a Town That Beckons the Dealmaker, Jay Pritzker Was the Biggest," *Chicago Sun Times*, January 29, 1999.

23. Klein, "Family Business." As the investment banker J. Ira Harris explained during this period, that collegiality "gives them the kind of flexibility that doesn't exist elsewhere at their level of operations. They've closed a lot of important deals because they were able to move faster than the competition."

24. Marylin Bender, "Another Gamble for the Pritzkers," *New York Times*, February 26, 1984.

25. Ibid.

26. William Gruber, "The Marmon Group Catalogs 39 Percent Drop in Profits," *Chicago Tribune*, May 13, 1991.

27. Bender, "Another Gamble for the Pritzkers."

28. Rodengen, *The Marmon Group*, 69, quoting Robert C. Gluth, executive vice president and treasurer.

29. Tony Kaye, "The Marmon Group Keen to Expand Atlas to Asia," *The Age* (Australia), September 2, 1995.

第13章

1. Berkshire-BNSF Joint Prospectus and Proxy Statement, December 23, 2009, 35-39; Scott A. Barshay (Cravath, Swaine & Moore, counsel for BNSF), e-mail to the author, February 22, 2014.

2. See Prem C. Jain, *Buffett Beyond Value* (Hoboken, N.J.: Wiley, 2010), 173.

3. See Berkshire Hathaway, Inc., *2013 Annual Report*, note 4 to "Consolidated Financial Statements." This is Berkshire's actual purchase price and tax basis, not adjusted for inflation.

4. 根据当时的报道，伯克希尔的总资产为 4850 亿美元，这低估了伯克希尔的价值。因为报道主要是拿历史成本减去折旧，而不是按市值计算。

5. Andrea Frazzini, David Kabiller, and Lasse H. Pedersen, "Buffett's Alpha," National Bureau of Economic Research Working Paper No. 19681 (Cambridge, Mass.: National Bureau of Economic Research, 2013).

6. In 2008, Berkshire invested in $4.4 billion of 11.45 percent notes of Wrigley when Mars, Inc. acquired it, and the debt was extinguished in 2013. Berkshire Hathaway, Inc., *2013 Annual Report*, note 3 to "Consolidated Financial Statements."

7. Graham Holdings, "Graham Holdings and Berkshire Hathaway Reach Agreement in Principle for Berkshire Hathaway to Acquire WPLG-TV," press release, March 12, 2014.

8. The historical facts concerning the Washington Post Company may be found in the *International Directory of Company Histories*, vol. 20 (Detroit, Mich.: St. James, 1998), on which this section draws heavily.

9. New York Times Co. v. United States, 403 U.S. 713 (1971).

10. Katharine Graham, *Personal History* (New York: Vintage, 1998), 441-42.

11. Donald E. Graham, "Mr. Buffett Joins a Board," *Concurring Opinions* (blog), May 20, 2013.

12. Graham, *Personal History*, 534.

13. Historical facts about brand development and acquisitions by P&G in this section can be found in *International Directory of Company Histories*, vol. 67 (Detroit, Mich.: St. James, 2005); see also Davis Dyer, Frederick Dalzell, and Rowena Olegario, *Rising Tide: Lessons from 165 Years of Brand Building at Procter & Gamble* (Boston: Harvard Business School Press, 2004).

14. E.g., Michael Barnett, "Ten Brands that Gain the Most Admiration from Marketers," *Marketing Week*, August 2, 2012.

15. 1997 年以来，我一直是宝洁公司的股东；1998 年以来，我也一直是吉列公司的股东，直到它和宝洁合并。文中的股价来源于我的年度对账单。碰巧的是，我在 2000 年 3 月以每股 61.625 美元的价格，买入了大量宝洁股票。

16. "12 CEOs in 12 Decades," P&G. See Dyer, Dalzell, and Rowena, *Rising Tide*, 301-30, referring to the period as a crisis and pointing to problems arising from Jager's reorganization effort, including impaired morale, disempowerment, lack of collaboration,

insufficient attention to supporting management systems, and other cultural problems.

17. See Ellen Byron, "P&G and Gillette Find Creating Synergy Can Be Harder Than It Looks," *Wall Street Journal*, April 24, 2007.

18. Ray Fisman, "Culture Clash: Even a Merger Made in Heaven Can Get Off to a Rocky Start," *Slate*, December 3, 2013.

19. Robert J. Hagstrom, *The Warren Buffett Way*, 3d ed. (Hoboken, N.J.: Wiley, 2013), 103.

20. Obituary, *New York Times*, December 27, 1985.

21. Glenn Collins, "Shift in Focus Is Expected at Coca-Cola," *New York Times*, October 20, 1997; Hagstrom, *The Warren Buffett Way*, 105.

22. Tammy Joyner, "Impact on Morale, Corporate Culture at Firm to Suffer [as] Coke Slims," *Atlanta Journal and Constitution*, January 27, 2000; Amanda Andrews, "Fizz Falls Flat for Drink That was the Tops," *Express on Sunday* (U.K.), February 20, 2005.

23. Wang Zhuoqiong, "The Endless Quest to Quench Palates," *China Daily*, June 14, 2013.

24. See James B. Stewart, "For Coke, Challenge Is Staying Relevant," *New York Times*, February 28, 2014.

25. This profile of Walmart draws on *International Directory of Company Histories*, vol. 63 (Detroit, Mich.: St. James, 2004).

26. Jeffrey L. Rodengen, *The Marmon Group: The First Fifty Years* (Write Stuff Syndicate, 2002), 47.

27. See Patricia Sellers and Suzanne Barlyn, "Can Wal-Mart Get Back the Magic?," *Fortune*, April 29, 1996; Carol J. Loomis, "Sam Would Be Proud," *Fortune*, April 17, 2000.

28. See Andrew Kilpatrick, *Of Permanent Value: The Story of Warren Buffett* (Birmingham, Ala.: Andy Kilpatrick Publishing Empire, 2011), 613.

29. Berkshire Hathaway, Inc., *2013 Annual Report*, note 4 to "Consolidated Financial Statements."

30. Historical facts about USG Corporation may be found in *International Directory of Company Histories*, vol. 26 (Detroit, Mich.: St. James, 1999); and Thomas W. Foley, *United States Gypsum: A Company History (1902-1994)* (Chicago: USG Corporation, 1995).

31. Foley, *United States Gypsum*, 49.

32. Christina Duff, "Costly Recapitalization Drives USG Corp. to the Wall," *Wall Street Journal*, June 3, 1992.

33. James P. Miller, "USG Modifies 'Prepackaged' Chapter 11 Plan," *Wall Street Journal*, January 25, 1993.

34. "Berkshire Hathaway Reports Big Stake in USG," *New York Times*, November 28, 2000.

35. Jonathan D. Glanter, "Asbestos Bankruptcies Face Setbacks on Two Fronts," *New York Times*, June 4, 2004.

36. Sandra Guy, "USG Chairman Foote to Retire; CEO to Take Over," *Chicago SunTimes*, September 27, 2011.

37. H. Lee Murphy, "Focus: Corporate Boards," *Crain's Chicago Business*, October 4, 2010.

38. Holly LaFon, "Warren Buffett Owns 30% of USG After Converting Crisis-Era Notes," *GuruFocus*, January 3, 2014.

39. Guy, "USG Chairman Foote to Retire."

40. Jim Metcalf, interview by Sara Eisen, *Bloomberg Surveillance*, Bloomberg TV, November 7, 2013.

41. Berkshire Hathaway, Inc., *2013 Annual Report*, chairman's letter.

42. Historical highlights about Heinz in this section can be found in *International Directory of Company Histories*, vol. 36 (Detroit, Mich.: St. James, 2001); see also Robert C. Alberts, *The Good Provider: H.J. Heinz and His 57 Varieties* (Boston: Houghton Mifflin, 1973); and Eleanor Foa Dienstag, *In Good Company: 125 Years at the Heinz Table, 1869-1994* (New York: Warner, 1994).

43. Annie Gasparo, "Three More Longtime Executives Leaving Heinz," *Dow Jones*, January 13, 2014.

44. Berkshire Hathaway, Inc., *2012 Annual Report*, chairman's letter.

第14章

1. 范·佩尔在邮件里还说："这一人事变动可能会让你感到意外，你可能会有疑虑或担忧。我可以向您保证，拉森 – 朱赫将继续致力于满足您未来的定制相框需求。此外，我个人还收到了沃伦·巴菲特的承诺，他表示，伯克希尔 – 哈撒韦公司无意出售拉森 – 朱赫，他仍然对公司及全行业的前景充满信心。在接下来的 30 天里，我将进入'学习模式'……请您保持耐心，我会了解更多关于企业和定制相框行业的知识。"

2. Noah Buyayar and Laura Colby, "Buffett Leans on 29-Year-Old to Oversee Problems," *Bloomberg BusinessWeek*, January 21, 2014.

3. I published a different version of this overview as "Buffett's Ultimate Achievement: Berkshire Is Bigger than Him," Beyond Proxy (blog), April 14, 2013.

4. Berkshire Hathaway, Inc., *2006 Annual Report*, chairman's letter.

5. E.g., Berkshire Hathaway, Inc., *2012 Annual Report*, chairman's letter; and Berkshire Hathaway, Inc., *2013 Annual Report*, chairman's letter.

6. 其他长期在伯克希尔子公司任职的高管包括：盖可保险的托尼·奈斯利（1961年起进入公司，1993 年起担任 CEO）；内布拉斯加家具城的埃文·布鲁姆金和罗恩·布鲁姆金（1983 年伯克希尔收购内布拉斯加家具城时，年轻的他们就在此工作）；喜诗糖果的布拉德·金茨勒（1987 年加入伯克希尔）。

7. Ross Foti, "John Nichols Takes Charge," *Forward Online*, May/June 2005.

8. Ibid.

9. 巴菲特做出这些承诺的信件，都发布在伯克希尔 – 哈撒韦公司官网上。

10. 根据本书所做的调查，绝大多数股东都表示，伯克希尔是他们最大的持仓之一。

11. 例如，2001 ～ 2012 年，伯克希尔 – 哈撒韦 A 类股票的换手率从未超过 0.34%，B 类股票的换手率从未超过 0.615%。不过，近年来伯克希尔 – 哈撒韦对 B 类股票进行了拆分，并用它来支付对 BNSF 的收购，B 类股票数量增加。（见表 14-5）对比一下伯克希尔最近收购的两家上市公司。从 2001 年到后来被伯克希尔收购，BNSF 股票的换手率高达 3%，其中有 6 年超过 1%，而且一直高于伯克希尔。路博润股票的换手率高达 3.6%，其中有 9 年超过 1%，而且一直高于伯克希尔。相比其他保险公司，伯克希尔的换手率也很低：安达保险的换手率一直在

0.966% 以上，最高可达 2.873%；好事达保险的换手率一直高于 0.886%，最高可达 2.785%。最后，将伯克希尔与各种企业集团进行比较，如通用电气、联合技术、丹纳赫、罗致恒富、Fluror 或 Level 3，这些公司在同一时期的换手率，有时会高达 6%，而且一直高于 1%，通常在 4% 或 5% 左右。

表14-5　相关公司股票周转率

	伯克希尔A股	伯克希尔B股	BNSF	路博润	通用电气	联合技术公司	丹纳赫	罗致恒富	Level 3通信	Fluror	ACE	好事达保险
2001年	0.060	0.538	0.857	1.056	0.549	1.332	1.777	0.911	4.337	1.689	1.795	0.934
2002年	0.064	0.449	0.867	0.846	0.691	1.437	1.926	1.145	4.824	1.532	2.124	0.857
2003年	0.072	0.457	0.822	0.969	0.504	1.220	1.628	1.173	3.035	1.797	1.472	0.886
2004年	0.057	0.398	1.017	1.741	0.524	1.066	1.114	1.412	2.067	1.898	1.152	0.909
2005年	0.078	0.430	1.442	1.420	0.477	0.895	1.234	1.329	1.874	2.012	1.230	1.062
2006年	0.082	0.369	1.747	1.129	0.605	0.901	1.076	1.663	2.095	2.877	0.966	1.033
2007年	0.103	0.304	2.243	1.940	0.921	1.159	1.346	1.827	1.743	3.644	1.338	1.576
2008年	0.240	0.564	3.033	2.662	1.982	1.800	2.024	2.876	2.186	6.172	2.873	2.373
2009年	0.239	0.615	2.692	3.183	2.798	1.583	1.841	2.987	2.324	5.272	1.822	2.785
2010年	0.346	2.085	0.585	2.797	1.706	1.286	1.393	2.570	2.052	3.698	2.146	2.205
2011年	0.151	1.324		3.605	1.522	1.290	1.465	2.994	2.255	3.211	1.641	2.373
2012年	0.157	0.981			1.085	1.138	1.131	2.371	1.700	2.583	1.186	2.124

注：GE, General Electric; UT, United Technologies; DHR, Danaher; R. Half, Robert Half; LLL, Level 3 Communications.

12. 例如，在表 14-5 中，除伯克希尔和通用电气以外的所有公司，都由机构持有 80% ~ 90% 股份，机构持有通用电气约 60% 的股份。

13. Debbie Bosanek (assistant to Warren Buffett), e-mail exchange with author, March 7-8, 2014. I reference the historical figures and the sources in *The Essays of Warren Buffett: Lessons for Corporate America* (New York: Cunningham Group, 1997, 2001, 2008, 2013).

14. See Andrew Kilpatrick, Of Permanent Value: The Story of Warren Buffett(Birmingham, Ala.: Andy Kilpatrick Publishing Empire, 2011), chap. 170.

15. See Andrew Ross Sorkin, "For Buffett, the Past Isn't Always Prologue," *New York Times*, May 6, 2013, quoting Munger's admonition to "the many Mungers in the audience" at Berkshire's 2013 annual meeting. Munger has in recent years transferred a substantial portion of his Berkshire shares to charitable organizations and family

members. See Steve Jordan, "Donations Bring the Value of Charlie Munger's Berkshire Stock Below \$1 Billion," *Omaha World-Herald*, June 13, 2013.

16. 比尔·盖茨通过他拥有的卡斯凯德投资公司，持有大量的伯克希尔 A 类股票。

17. 在伯克希尔集中持股的大多数公司，如可口可乐、IBM 和宝洁，股东集中持股的投资组合也是罕见的。这种情况在美国运通和富国银行更为常见，因为伯克希尔的一些股东，同样集中持有这两家公司的股票。

18. 伯克希尔的股东结构，与其他有重要创始股东的企业集团更为相似，比如丹纳赫（由米切尔·罗尔斯和史蒂文·罗尔斯创建并控制）和 Level 3 通信（由伯克希尔董事会成员沃尔特·斯科特创建并控制）。

19. 本书所做的股东调查显示，几乎 100% 的受访者都认为，伯克希尔是最好的合伙企业，并以股东利益为导向。

20. 本书所做的股东调查显示，没有人表示愿意接受低于 30% 的溢价，大多数人表示不愿意出售，除非最低溢价达到 50%，还有相当一部分股东表示，除非达到至少 100% 的溢价，否则不会考虑出售伯克希尔的股票。

21. I published a different version of this overview as "Should Berkshire Hathaway Go Private?," Beyond Proxy (blog), April 15, 2013.

22. E.g., Warren E. Buffett, "An Owner's Manual," Berkshire Hathaway, first published in June 1996, updated March 1, 2014.

23. Howard G. Buffett, e-mail to the author, March 6, 2014.

第15章

1. Berkshire Hathaway, Inc., *2001 Annual Report*, chairman's letter.

2. 2003 年，耶路货运和巷道快递合并；2009 年，合并后的公司更名为耶路巷道公司，简称 YRC。

3. See Jean-Paul Rodrigue and Brian Slack, "Intermodal Transportation and Containerization," in *The Geography of Transport Systems* (New York: Routledge, 2013), chap. 3, concept 6.

4. Geert De Lombaerde, "Fechheimer President Exits," *Cincinnati Business Courier*, May 16, 1998; Andrew Kilpatrick, *Of Permanent Value: The Story of Warren Buffett*

(Birmingham, Ala.: Andy Kilpatrick Publishing Empire, 2011), 438.

5. See Karen Linder, *The Women of Berkshire Hathaway: Lessons from Warren Buffett's Female CEOs and Directors* (Hoboken, N.J.: Wiley, 2012), 93.

6. "Barry Tatelman Leaves Jordan's Furniture," *Boston Globe*, December 21, 2006.

7. Berkshire Hathaway, Inc., *1985 Annual Report*, chairman's letter (discussing Scott Fetzer: "Haphazard approach to acquisitions . . . no master strategy, no corporate planners.").

8. Berkshire Hathaway, Inc., *2000 Annual Report*, chairman's letter (regarding Justin: "Here again, our acquisition involved serendipity").

9. Berkshire Hathaway, Inc., *1996 Annual Report*, chairman's letter (regarding Kansas Bankers Surety: "Carefully crafted and sophisticated acquisition strategy").

10. See Deborah DeMott, "The Skeptical Principal," *Concurring Opinions* (blog), May 21, 2013.

11. 本附注中提到的公司摘自巴菲特致股东的信对相关收购的描述。一些收购涉及有趣的故事，这使得有些消息来源难以分类。比如 BNSF 和盖可保险，它们是伯克希尔逐步获得控股权的。盖可保险的渊源，可以追溯到数十年前的本杰明·格雷厄姆；内布拉斯加家具城（通过奥马哈的人脉）；克莱顿房屋公司（最初由田纳西大学阿尔·欧希尔教授的学生提出建议，后来伯克希尔直接联系了卖家）。

12. 卖方主动联系的案例（这里指严格意义上的"卖方主动"，如果卖方是通过第三方的渠道联系上的，则归为其他类）：范奇海默兄弟公司；赫尔兹伯格珠宝（纽约街头偶遇）；本 – 布里奇珠宝（在与巴尼特·赫尔兹伯格交谈后，埃德·布里奇给伯克希尔打来电话）；迈铁公司（征得同意后，子公司 CEO 给巴菲特邮寄了包裹）；拉森 – 朱赫；森林河房车；美国商业新闻社（实际上是 CEO 出面，意味着老板同意）；伊斯卡；Richline（公司老板在本·布里奇的午餐会上听到了巴菲特的演讲）；明星家具（通过居间人，由 B 夫人和柴尔德提供背书，由罗伯特·德纳姆负责联络）；威利家居（通过居间人，柴尔德请 B 夫人帮忙）。

13. 通过业务联系的案例：通用再保险公司（罗纳德·弗格森）；美国责任保险公司（弗格森）；应用承保公司（阿吉特·贾因与企业主达成交易）；冰雪皇后（鲁迪·卢瑟去世前一年被引荐给银行家，后来迅速成交）；本杰明 – 摩尔涂料

（罗伯特·蒙德海姆）；利捷航空（客户；理查德·桑图里致电）；肖氏工业集团（在讨论流产的保险交易之后）；麦克莱恩（拜伦·特罗特，高盛集团）；玛蒙集团（可追溯至1954年，当时巴菲特初遇杰伊·普里茨克）。

14. 通过亲朋好友的案例：国民赔偿保险公司（杰克·林沃尔特）；中部州保险公司（比尔·凯泽）；堪萨斯金融担保公司（在侄女的生日派对上）；布朗鞋业（约翰·卢米斯与弗兰克·鲁尼一起打高尔夫球）；XTRA（朱利安·罗伯森）；TTI（约翰·罗奇，小贾斯廷的朋友）；中美能源公司（小沃尔特·斯科特）。

15. 伯克希尔主动出击的案例：斯科特–费泽（在收购竞争处于弱势之际，写信给CEO）；乔丹家居（含蓄地询问B夫人、比尔·柴尔德和梅尔文·沃尔夫）；佳斯迈威集团（宣布交易破裂；伯克希尔接手）；鲜果布衣（在破产时提出报价）。

16. 通过陌生关系联络的案例：CORT（熟人发送传真）；飞安公司（两家公司的股东均致函罗伯特·德纳姆）；贾斯廷公司（有人发来传真，提议共同投资）。

17. 玛蒙集团（"以杰伊喜欢的方式……只用玛蒙集团的财务报表报价，没有咨询顾问，没有吹毛求疵"）；范奇海默兄弟公司（从未去过位于辛辛那提的总部）；波仙珠宝（没有尽职调查）。

18. 宠厨（"我花了大约十秒钟就做出决定"）；飞安公司（"我想了大约60秒"）；迈铁公司（"我只花了一分钟"）。

19. 本–布里奇珠宝（埃德·布里奇致电巴菲特）。

20. 拉森–朱赫（"我们在90分钟内达成了交易"）；明星家具（我们"只开了一次两小时的会议，就达成了这笔交易"）；麦克莱恩（"只开了一次两小时的会议"）；TTI（早上会面，"午餐前达成协议"）。

21. 利捷航空（"我们很快达成了一笔7.25亿美元的交易"）；CORT（"快速成交"）。

22. 宠厨（"我们立即达成了协议"）。

23. 乔丹家居（"我们很快就签署了一份协议"）；贾斯廷公司（"见面后不久，我们以5.7亿美元现金收购了贾斯廷公司"）；克莱顿房屋（"不久"）；Richline（"很快就达成了协议……"）。

24. 迈铁公司（"我们提出了现金报价……不久就达成了协议"）；堪萨斯金融担保公司（"不久我们就达成了一笔交易"）；美国商业新闻社（不久"我们就达成了协议"）。

25. 森林河房车（6 月 22 日提出报价，6 月 28 日达成协议）。

26. 佳斯迈威（"一周后我们就签了一份合同"）；拉森 – 朱赫（"十天之内我们就签了一份合同"）；飞安公司（"一个月后，我们就签了合同"）。

27. 麦克莱恩（"29 天后，沃尔玛就拿到了钱"）。

28. 以下摘自美国证券交易委员会对相关交易的备案。本杰明 – 摩尔涂料（伯克希尔提出报价，对方没有提出异议）；BNSF（伯克希尔提出报价，对方希望加价，伯克希尔拒绝）；克莱顿房屋（伯克希尔提出报价，对方董事会要求 CEO 提出更多条件，伯克希尔拒绝）；CTB 国际公司（伯克希尔提出报价，实际上咨询费下降了 1/4，伯克希尔一锤定音）；冰雪皇后（伯克希尔提出报价，对方没有讨价还价）；鲜果布衣（因破产而被拍卖，伯克希尔在拍卖接近尾声时，一次性报价成交）；伽蓝公司（对方要价每股 60 美元以上；伯克希尔出价每股 60 美元并成交）；通用再保险（巴菲特提出了换股比率，对方表示赞同）；佳斯迈威（伯克希尔提出报价，对方董事会想要更多，伯克希尔拒绝）；贾斯廷公司（伯克希尔提出报价，有一位原先的竞标者选择放弃，对方未进一步讨价还价）；路博润（伯克希尔提出报价，对方试图得到更多，伯克希尔拒绝）；肖氏工业（伯克希尔提出报价；对方董事会 / 银行要求更多；伯克希尔说这是我们能给的最高价）；XTRA（伯克希尔出价 59 美元 / 股；对方问是否为最高价，伯克希尔说是的）。

在收购上市公司的案例中，只有两次例外，即卖方寻求更高的卖价，并获得伯克希尔更高的出价。但在这两笔交易中，巴菲特和伯克希尔都有投资伙伴参与。而且披露信息显示，正是投资伙伴表示，价格可以商量。其中一笔交易涉及亨氏食品公司，伯克希尔与 3G 资本合作，各拿下亨氏食品公司 50% 的股份。买家出价每股 70 美元；亨氏食品公司要求更多，买家提高价格，最终以每股 72.50 美元成交。另一笔交易涉及中美能源公司（后更名为伯克希尔 – 哈撒韦能源公司）。在这笔交易中，伯克希尔的共同投资者沃尔特·斯科特和戴维·索科尔也加入进来。竞标价为 34.60 美元 / 股；卖家让买家将价格先涨到 35 美元 / 股，最后以 35.05 美元 / 股成交。记录显示，如果是巴菲特和伯克希尔单独对这笔交易进行谈判，他们是不会让步的。

29. 例如，根据波士顿大学企业公民中心的"企业声誉和社会责任最受尊敬的美

国公司排名"，2008 年伯克希尔在 203 家公司中排名第 9，这个结果是根据
20 000 人的调查数据分析得出的。

30. Elaine Cohen, "Warren Buffett on Sustainability: Not," *CSR-Reporting*, June 12, 2010.

31. Randall L. Patton, *Shaw Industries: A History* (Athens: University of Georgia Press, 2002), 180.

32. 见麦克莱恩官网。

33. See "Top Green Providers," *Food Logistics*, June 1, 2013.

34. 见顶点砖材官网。

35. E.g., U.S. Green Building Council, Leadership in Energy and Environmental Design (LEED) Rating Systems.

36. See "Lean and Green," *Ceramic Industry*, August 1, 2009.

37. David Vogel, *The Market for Virtue: The Potential and Limits of Corporate Social Responsibility* (Washington, D.C.: Brookings Institute, 2005), 77-78, 93-94.

38. Jim Weber, telephone interview by the author, October 11, 2013.

39. James L. Hambrick, telephone interview by the author, December 20, 2013.

40. Douglas A. Kass, a noted investor and Berkshire skeptic, raised the example in questions to Buffett at the 2013 Berkshire Hathaway annual meeting. See Andrew Ross Sorkin, "For Buffett, the Past Isn't Always Prologue," *New York Times*, May 6, 2013.

41. For an account of Teledyne and Singleton by the latter's second-in-command, see George A. Roberts (with Robert J. McVicker), *Distant Force: A Memoir of the Teledyne Corporation and the Man Who Created It* (Thousand Oaks, Calif.: Teledyne Corporation, 2007).

42. Ibid., 249-50.

43. Simon M. Lorne (Teledyne director), e-mail to author, January 3, 2014.

44. Warren E. Buffett, "An Owner's Manual," Berkshire Hathaway, first published in June 1996, updated March 1, 2014.

第16章

1. See "Notice, Online Discussion Next Week: What Motivates Top Donors," *Chronicle of*

Philanthropy, January 23, 2009.

2. See "Lokey Gives UO Largest Gift: $74.5M," *Portland Business Journal*, October 15, 2007.

3. Karen Linder, *The Women of Berkshire Hathaway: Lessons from Warren Buffett's Female CEOs and Directors* (Hoboken, N.J.: Wiley, 2012), 97-101.

4. Ibid., 112; Berkshire Hathaway, Inc., *2005 Annual Report*, chairman's letter.

5. Ibid.

6. Thomas S. Gayner (Markel Corporation), telephone interview by the author, February 13, 2014.

7. See, e.g., David Carey and John E. Morris, *King of Capital: The Remarkable Rise, Fall, and Rise Again of Steve Schwarman and Blackstone* (New York: Crown Business, 2010). For a critical view, see Eileen Appelbaum and Rosemary Batt, *Private Equity at Work* (New York: Russell Sage Foundation, 2014).

8. Andrew Kilpatrick, *Of Permanent Value: The Story of Warren Buffett* (Birmingham, Ala.: Andy Kilpatrick Publishing Empire, 2011), 423.Jim Clayton and Bill Retherford, *First a Dream* (Knoxville, Tenn.: FSB, 2002), 76, 211-12, 228, 285.

9. Jim Clayton and Bill Retherford, *First a Dream* (Knoxville, Tenn.: FSB, 2002), 76, 211-12, 228, 285.

10. See Alexandra Berzon, "The Gambler Who Blew $127 Million," *Wall Street Journal*, December 5, 2009.

11. Ronald Chan, *Behind the Berkshire Hathaway Curtain: Lessons from Warren Buffett's Top Business Leaders* (Hoboken, N.J.: Wiley, 2010), 35-36.

12. Ibid., 119.

13. Jeffrey W. Comment, Santa's Gift: *True Stories of Courage, Humor, Hope & Love* (Hoboken, N.J.: Wiley, 2002).

14. Caroline Hall Otis, *The Cone with the Curl on Top: The Dairy Queen Story, 1940-1980* (Minneapolis: International Dairy Queen, 1990), 129, 152.

15. Children's Miracle Network Hospitals, corporate partners page.

16. Ibid.; Martha Kahler and Jeff Hampton, *McLane Company, Inc.: The First One Hundred*

Years (Temple, Tex.: McLane Company, 1994), 35, 49.

17. Irvin Farman, *Standard of the West: The Justin Story* (Fort Worth: Texas Christian University Press, 1996), 190, 216-21.

18. Ibid., 227.

19. Kahler and Hampton, *McLane*, 35.

20. See Richard Pérez-Peña, "Harold Alfond, Donor and Shoe Factory Owner, Dies at 93," *New York Times*, November 17, 2007.

21. Jewelers for Children, board listing.

22. Clayton and Retherford, *First a Dream*, 263-67.

后记

1. Warren E. Buffett, "An Owner's Manual," Berkshire Hathaway, first published in June 1996, updated March 1, 2014.

附录

1. Information concerning McLane draws in part on Martha Kahler and Jeff Hampton, *McLane Company, Inc.: The First One Hundred Years* (Temple, Tex.: McLane Company, 1994), 58, 90.

2. Information concerning MiTek draws in part on Jim Healey, *MiTek: A Global Success Story, 1981-2011* (St. Louis, Mo.: MiTek, 2012), 145.

附　录
伯克希尔-哈撒韦公司组织结构[⊖]

伯克希尔-哈撒韦公司组织结构复杂，权力高度分散。母公司拥有至少50家重要的直属子公司；这些直属子公司又拥有至少225家附属公司、部门或分支机构。而后者又总共拥有至少200个业务部门。业务部门又拥有下属的65个业务单元，下设12个业务子单元。

总的来说，伯克希尔家族包括至少425家运营子公司、75个业务部门、25家分支机构和25个业务单元。除了这些实体之外，至少还有50家壳公司，以及众多的附属公司、合资企业和工厂。总共有近600个业务单元。（相比之下，用同样的方法衡量，通用电气大约有300个业务单元。）

⊖　具体子公司及业务部门清单请访问机工新阅读网站（www.cmpreading.com），搜索本书书名。